Maneras y motivos en Historia del Derecho

The Figuerola Institute
Programme: Legal History

The Programme "Legal History" of the Figuerola Institute of Social Science History –a part of the Carlos III University of Madrid– is devoted to improve the overall knowledge on the history of law from different points of view –academically, culturally, socially, and institutionally– covering both ancient and modern eras. A number of experts from several countries have participated in the Programme, bringing in their specialized knowledge and dedication to the subject of their expertise.

To give a better visibility of its activities, the Programme has published in its Book Series a number of monographs on the different aspects of its academic discipline.

Publisher:
Carlos III University of Madrid

Book Series:
Legal History

More information at www.uc3m.es/legal_history

Maneras y motivos en Historia del Derecho

Jesús Vallejo

UNIVERSIDAD CARLOS III DE MADRID

2014

A Mario, que ya estaba.
A Maricarmen y Ada, que vinieron después.
A Isabel, que sólo pudo asomarse.
A Patricia, que cerró la cuenta.

Historia del derecho, 23

Venta: Editorial Dykinson
c/ Meléndez Valdés, 61 – 28015 Madrid
Tlf. (+34) 91 544 28 46
E-mail: info@dykinson.com
http://www.dykinson.com

Diseño: TallerOnce
Motivo de cubierta: "Pope by Himself", por Jesús Vallejo

ISBN: 978-84-9031-785-3
ISSN: 2255-5137

Depósito Legal: M-642-2014

Versión electrónica disponible en e-Archivo
http://hdl.handle.net/10016/18090

Índice

PRÓLOGO

Después de releer uno de los artículos que se reeditan en este pequeño libro, Manuel Martínez Neira me propuso reunir los de temática similar y publicarlos de nuevo en este sello editorial. La ocurrencia fue suya, pero no crea el lector que lo digo para aligerar mi responsabilidad: accedí casi enseguida, demorando la respuesta lo preciso para considerar los posibles contenidos y pedir alguna opinión de confianza y criterio. El ofrecimiento era una deferencia, y estimé que lo que procedía era agradecerlo y aceptarlo.

No introduzco en estos trabajos mayor variación que algún pequeñísimo retoque de escritura y la indicación más precisa o más completa de alguna que otra referencia bibliográfica. Pero como toda reedición altera el texto al provocar lecturas distintas, no ofrezco exactamente lo mismo. Estos artículos, separados por los años y las sedes de publicación, se convierten ahora en capítulos de un libro que evidencia las conexiones entre unos y otros. La conjunción, según me parece, genera además un nuevo argumento general que se superpone al particular de cada uno de ellos.

El más antiguo, referido a la historiografía procesal, fue en origen una comunicación expuesta durante un encuentro celebrado en Florencia en 1989; ofrece el punto de vista de un investigador aún debutante que, situado en su primer y limitado terreno de estudio, mira a su alrededor esforzándose en forjarse un criterio propio. Los dos siguientes, la "Secuela" y la "Paratonía", antes de ser artículos independientes formaron parte de un Proyecto elaborado con vistas a concursar a una plaza de Profesor Titular; ambos muestran la apertura de aquella mirada, que no se ciñe ya a la reducida parcela en la que el autor diera sus primeros pasos, sino que se extiende por su entera disciplina académica para contemplar cómo se fue conformando desde sus inicios (la "Secuela") y cuáles podrían ser algunas de sus más enriquecedoras posibilidades de futuro (la "Paratonía"). Las inseguridades sobre la funcionalidad de su propio quehacer afloraron luego, y quedan patentes en una breve aportación escrita a propósito de la lectura y comentario de una obra empeñada en hacer sencillo lo incomprensible ("Audiencias"). La duda, con frecuencia fecunda, desembocó en la adopción de un punto de vista muy consciente de sus límites y condicionamientos; en el último de los trabajos que aquí se reproducen, publicado con ocasión de un aniversario constitucional, son visibles esas distancias.

Encabezo esas cinco piezas con una miniatura que escribí a propósito del hallazgo casual, en el catálogo de una biblioteca sevillana, de unas fichas relativas a una vieja edición de obras de Alexander Pope. En origen concebí aquellas reflexiones sobre el "Catalogador riguroso" con el propósito de captar el interés del lector en el comienzo de un escrito mayor, pero abandoné la idea por recomendación de Antonio Serrano, que supo ver antes que yo que esas páginas breves y sin aparato se valían solas. Espero no traicionar su buen consejo de entonces al utilizarlas ahora para abrir este parvo volumen.

El autor de los artículos y el del libro es el mismo y es otro. Éste es el que ahora los prologa, y aquél, que permanece, quien se viene planteando preguntas muy primarias sobre la profesión que ejerce: construir la historia del derecho para qué, por qué y para quiénes, y cómo en función de todo ello; con qué motivos y de qué maneras, en definitiva. Creo que eso acomuna las páginas que siguen, que no abordan la historiografía en su teoría y en sus métodos, sino en sus resultados. Escribiéndolas para que otros las leyeran, las escribía también para mí mismo; escribiendo sobre la obra de otros, escribía también sobre la mía. Por eso este libro es, en cierto modo, un autorretrato; cuando caricaturicé a Pope para ilustrar la portada de unas separatas artesanales del "Catalogador riguroso", no era consciente todavía de que estaba reflejando mi propio proceder.

Relación de abreviaturas

AHDE: *Anuario de Historia del Derecho Español* (Madrid, Ministerio de Justicia).

BFDUC: *Boletim da Faculdade de Direito*, Universidade de Coimbra (Coimbra, Universidad).

HID: *Historia. Instituciones. Documentos* (Sevilla, Universidad).

QF: *Quaderni Fiorentini per la Storia del Pensiero Giuridico Moderno* (Florencia, Centro di Studi per la Storia del Pensiero Giuridico Moderno).

RDPI: *Revista de Derecho procesal iberoamericana* (Madrid).

Referencias de publicación original:

1. "Ejemplo del catalogador riguroso", en *Penélope. Revista de História e Ciências Sociais*, 25 (2001), pp. 171-174.

2. "Historia del proceso, procedimiento de la historia. Diez años de historiografía procesal en España (1979-1988)" en Bartolomé Clavero, Paolo Grossi, Francisco Tomás y Valiente (a cura di), *Hispania. Entre derechos propios y derechos nacionales. Atti dell'incontro di studio, Firenze-Lucca 25, 26, 27 maggio 1989*, Milano, Giuffrè (Università di Firenze. Facoltà di Giurisprudenza.- Centro di Studi per la Storia del Pensiero Giuridico Moderno - Biblioteca, 34/35), 1990, pp. 885-921.

3. "La secuela de Hinojosa y las cuestiones de Altamira", en Gustavo E. Pinard y Antonio Merchán (eds.), *Libro Homenaje. In memoriam Carlos Díaz Rementería*, Huelva, Universidad, 1998, pp. 765-782.

4. "Paratonía de la historia jurídica", en *Mélanges de la Casa de Velázquez*, 31-2 (1995), pp. 109-141.

5. "En busca de audiencias perdidas", en QF 25 (1996), pp. 711-727.

6. "Un cuarto de siglo, una historia, un anuario", en *Crónica Jurídica Hispalense*, 1 (2003), pp. 413-444. Una versión un tanto modificada se publicó, bajo el título "Efecto historiográfico del régimen constitucional. Indicios en España (1978-2003)", en *Istor. Revista de Historia Internacional*, 16 (2004), pp. 136-165.

EJEMPLO DEL CATALOGADOR RIGUROSO

Un indeterminable día de las primeras décadas de este último siglo, un empleado de la Biblioteca Universitaria de Sevilla caligrafió con pulcritud la siguiente ficha:

> Himself
>
> The works of Alexander Pope esq. with notes and illustrations by __________
>
> V. Pope, Alexander

Una vez seca la tinta, el escribiente colocó su obra en el cajón de la letra "H", sitio desde donde aún hoy nos sigue desconcertando. Por la anotación final ya se ve que el ejemplar no está perdido para siempre en su anaquel. Minutos antes la misma pluma, llevada por la misma mano, había trazado las siguientes líneas:

> Pope, Alexander
>
> The works of ___________ esq. with notes and illustrations by Himself and Others. To which are added a new life of the author, an estimate of his poetical character and writings and occasional remarks by William Roscoe, esq.
>
> London - [J.M. Creery] / 1824 / 10 vol. - 22 cm. 8º m^{lla} / Piel hier. dor. / Con retrato del autor

Fue seguramente al repasar lo escrito cuando su celo de catalogador le llevó a componer la extraña llamada desde "Himself". ¿Qué pudo pretender con ello? ¿Qué tipo de búsqueda quería facilitar? ¿En qué clase de usuario del catálogo podía estar pensando? ¿Quizás en alguien que, necesitando leer al poeta y no recordando bien su nombre, decide buscar por "Himself" al reparar en que Pope escribió sus obras, y las anotó y las ilustró, "por sí mismo"? Evidentemente no; ni siquiera entre los locos por los libros sería fácil encontrar a quien razonara de ese modo. Como el lector habrá ya adivinado, la causa de que en el cajón de la "H" haya una cartulina de más es otra, y tiene que ver con el modesto papel que la lengua inglesa jugó en la educación de aquel anónimo escribidor.

Pero precisemos: en realidad el problema no es que no supiera nada de inglés, sino, más bien, que supiera sólo algo. El encargado del catálogo sabía lo que significaba la preposición "by", y que era indicio de autoría. Si no, no se explicaría la ficha "Himself", ni tampoco esta otra, que conduce a los mismos volúmenes:

Roscoe, William

The works of Alexander Pope esq. with notes and illustrations by Himself and Others. To which are added a new life of the author, an estimate of his poetical character and writings and occasional remarks by ____________

V. Pope, Alexander

Esta correctísima anotación sería la última de la serie si no fuera porque los conocimientos de inglés de nuestro hombre no se limitaban a la preposición dicha. Conocía también el significado y función de la conjunción copulativa "and". Para comprobarlo, asomémonos al cajón de la letra "O", donde encontraremos, engendrada por la misma pluma y fruto del mismo encomiable celo, esta ficha:

Others The works of Alexander Pope esq. with notes and illustrations by Himself and ____________ V. Pope, Alexander

Tal vez el lector de estas líneas, curado de espantos desde nuestra primera papeleta, esperaba ya esta última. Sin embargo, es tan sorprendente como aquélla, si no más: debo confesar que, tras el hallazgo casual de esa insólita referencia de lógica intachable ("Himself"), y después de seguir la pista a través de "Pope" y "Roscoe", busqué la cuarta ("Others") con cierta desconfianza; y tardé además en hacerlo, pues sólo al leer varias veces el documento principal se me ocurrió pensar que acaso existiera una secuela tan improbable. Así que pasaron unos días antes de que encontrara, en el mismo catálogo sevillano, este segundo desatino, este monstruo de tinta y papel que desde hace décadas yace confinado en su estrecha cárcel de madera entre "Oteyza, Athanasio" y "Ots Capdequí, José María", y que espera, paciente, la imposible consulta de un investigador patológicamente exhaustivo que quiera comprobar si hay "Others" que hayan escrito algo sobre el tema que pretende agotar.

* * *

Para alguien que nunca se ha puesto a ello, casi no cabe imaginar un trabajo intelectual más anodino y rutinario que el de catalogar libros. El inexperto pensará que se trata sólo de transcribir la información del frontispicio, autor, título, editorial, lugar, año, comprobar el ordinal de edición, anotar el tamaño en centímetros, el número de páginas y otros detalles de similar carácter, esto es, dejar constancia escrita de una serie de datos patentes y objetivos. Esos datos se plasman en un pequeño rectángulo de cartulina gracias a la mediación necesaria del catalogador, cuya labor debería ser discretísima: quien cataloga no ha de modificar el dato; tiene que limitarse a trasladarlo intacto de un lugar a otro, del libro a la ficha. Cualquier cambio podría impedir la perfecta identificación del ejemplar almacenado en la biblioteca, con nefastas consecuencias para el servicio que esta institución pretende prestar. La ficha puede así concebirse como el reflejo directo de la realidad del libro, su tarjeta de identidad. Será tanto más adecuada cuanto menos se manipule, cuanto menos de sí mismo ponga quien la elabora, cuanto menos creativo se muestre, cuanto mayor sea el automatismo que sepa imprimir a sus tareas.

Hasta cabría pensar que una máquina podría hacer la tarea. En efecto, si se trata de dar el menor terreno posible a la razón mediadora del catalogador, lo mejor sería eliminarla del todo, procurando la vía más adecuada para la reproducción mecánica y exacta de los datos necesarios. Pero encontrar el camino no es fácil: la cámara fotográfica y la fotocopiadora son tan precisas como inútiles, incapaces de uniformar en el catálogo la diversidad de la biblioteca; el ordenador y el escáner automatizarían la lectura de los datos relevantes, pero con ellos sólo alcanzaríamos el insignificante objetivo de ahorrar al empleado de la biblioteca, cuyas decisiones seguirían siendo determinantes, el trabajo de escribir.

¿Qué máquina se requeriría entonces? Tal vez una imaginada mucho antes que la cámara fotográfica, la fotocopiadora, el ordenador y el escáner, pero aún en nuestros días no lograda pese al esfuerzo de los investigadores que se afanan en el campo de la robótica: un autómata suficientemente instruido. Un autómata que manejara y examinara los libros, y que los midiese, y que revisara la paginación, y que inspeccionase la encuadernación y elaborara la signatura tipográfica, y que reprodujese títulos y colofones, y que identificara y distinguiera editorales e imprentas, y que reconociese autores y los separara de compiladores, directores, correctores, glosadores, exégetas o anotadores, y que a estos efectos diferenciase apellidos y nombres...

...y que en casos dudosos conociera las preposiciones indicadoras de autoría en distintos idiomas (como por ejemplo "by"), y que tuviera presente que las conjunciones copulativas ("and" sin ir más lejos) son indicio de coautoría.

Sí, es cierto, se veía venir.

Y es que no estábamos ante la obra de un autómata, pero sí ante la de alguien que se empeñaba en actuar como tal, un profesional riguroso que seguía a rajatabla los criterios de su oficio previamente aprendidos. Quién sabe incluso si, conociendo el significado de "Himself" y "Others", no encontró en sus instrucciones excepción alguna a las reglas cuya aplicación imponía la presencia de "by" y "and", y decidió, pese a todo, atenderlas. No se le pasó por la imaginación el cataclismo textual que provocaba: quiso no intervenir, y logró que su intervención fuese clamorosa; quiso mantener inmutable el texto, y lo modificó hasta el absurdo; quiso dejar intacta la realidad del libro que tenía ante su vista, y alteró radicalmente su representación; quiso evitar la generación de un texto diverso al del libro, y multiplicó por dos el número de lecturas que se incorporaron al catálogo.

* * *

Es imposible saber qué efecto le hubiera producido a Alexander Pope el conocimiento de esta pequeña peripecia de su fama póstuma; tal vez le hubiera divertido saber que en un lejano futuro alguien le atribuiría un sobrenombre más cerradamente autorreferencial que el que ya, como católico de nación inglesa, llevaba a cuestas desde su nacimiento. Pero estaría tan lejos de imaginarlo como nuestro escribiente sevillano de concebir que un par de detalles de su monótono trabajo pudiesen dar lugar a este comentario tardío. Y es que son detalles de esos que hacen pensar.

La enseñanza es que no hay lectura sin interpretación, y que la mera transcripción de textos ya la supone. El enunciado es válido incluso para textos de significado tan pobre como los de simple identificación que suelen encontrarse en las primeras páginas de un libro impreso. ¿Es una obviedad nuestra moraleja? Tal vez, pero si lo es, sorprende la extrema facilidad con la que se olvidan las evidencias. El campo de la historiografía es especialmente adecuado para observarlo. Cuántas veces hemos oído pretender a muchos de sus cultivadores que ellos se limitan a atender estrictamente a lo señalado por las fuentes que manejan; que no alteran los textos, que no los interpretan, que se atienen rígidamente a lo que resulta de la lectura de los documentos de los que parten. Y es verdad que actúan así: justo como nuestro riguroso catalogador de bibliotecas.

Este se convirtió, sin sospecharlo siquiera y durante un breve momento de su vida, en metáfora animada del historiador, en perfecto trasunto del investigador del pasado. Al abrir el tomo primero de la bella edición decimonónica de las obras de Pope apareció ante su vista el inexpresivo testimonio de un mundo ignorado: el de una literaria Inglaterra sumida ya en las brumas del ayer. El desconocimiento vastísimo que el escribiente sevillano tenía de ese desaparecido universo no le arredró: para cumplir el objetivo de su quehacer profesional le bastaban los elementos con los que había de desenvolverse, una preposición y una conjunción apenas. No se le ocurrió que fuera poco. En realidad, hasta pudo enorgullecerse de comprobar que, para el caso, no sólo sabía "un" poco de inglés, sino "dos" pocos. Es casi descorazonador concluir que si hubiera sabido menos, también se habría equivocado menos.

Igual que nuestro personaje, los historiadores nos asomamos a mundos extraños, lejanos no en el espacio, pero sí en el tiempo. Conocemos de ellos testimonios fragmentarios, y solemos estimar que sabemos lo suficiente para entenderlos. Pero ¿cómo podemos de verdad valorar la potencialidad de nuestros instrumentos de acceso, de nuestros términos, de nuestros conceptos, de nuestros métodos? ¿No sucederá que a veces sabemos sólo lo equivalente a una preposición y a una conjunción? ¿No resultará que el aumento cuantitativo y cualitativo de nuestros conocimientos sirva únicamente para convertirnos en expertos en preposiciones, conjunciones o artículos, y ni siquiera sospechemos los sustantivos y los verbos?

* * *

Así como la historia se reescribe, los catálogos también. El del fondo antiguo de la Biblioteca Universitaria de Sevilla está ya en proceso de informatización. Desaparecerá el cálido mueble de madera, terreno delicioso de exploración y descubrimientos, y se instalarán mesas y terminales desde donde podrán emprenderse relampagueantes recorridos por autores, por títulos, por materias... Pero ¿y las fichas? Son en sí mismas fuentes para la historia de una institución viva, y no sólo instrumentos que posibilitaron su funcionamiento. ¿Se archivarán? ¿Se confeccionará entonces un catálogo informático del catálogo de papel? El fantasma de Alexander Pope, si gusta de revolotear por las bibliotecas y es mínimamente curioso, debe de estar expectante.

HISTORIA DEL PROCESO, PROCEDIMIENTO DE LA HISTORIA
Diez años de historiografía procesal en España (1979-1988)

> Pero basta que el historiador tenga buenos originales y autores fidedignos de aquello que narra y escrive, y que de industria no mienta o sea floxo en averiguar la verdad, antes que la assegure como tal. Qualquiera narración que se cuente, aunque no sea con este rigor, largo modo se llama historia.
>
> Sebastián de Covarrubias, *Tesoro de la lengua castellana o española*, s.v. "Historia".

1. Está siempre fuera de las posibilidades del autor saber quiénes serán los lectores de su obra. Puede ésta escribirse pensando en concretos destinatarios, ciertamente; sería sin embargo tan ilusorio confiar en que la leerán todos aquellos a quienes va especialmente dirigida como creer en la inexistencia de interesados fuera del círculo inicialmente previsto.

No serían necesarias afirmaciones tan obvias si no sirvieran para centrar el argumento que me dispongo a desarrollar en estas páginas. El estudioso de la historiografía procesal tiene a su alcance una perspectiva especialmente interesante si se pregunta para quién se escribe la historia del proceso. Naturalmente, esta cuestión es sólo parte de otra más general, que afectaría a la historia del derecho en su conjunto, y, por ello, podría aplicarse a todos los sectores que pudieran definirse en los ordenamientos jurídicos pretéritos. El procesal presenta, con todo, especiales ventajas para abordar el planteamiento propuesto, y no son las menores las que se derivan de su temprana configuración como rama del derecho más o menos autónoma —o, por mejor decir, fácilmente susceptible de ser identificada como tal desde la estructura contemporánea de particiones del derecho— tanto en los libros de leyes como en una jurisprudencia que produce obras especializadas y crea géneros literarios específicos.

Pese a que el título no señala sólo un simple ardid expositivo, es desde luego también objeto real de lo que sigue el examen de las aportaciones que la historiografía procesal debe a autores españoles en los últimos diez años, incluyéndose asimismo las que, sin cumplir el requisito de la nación del autor, contribuyen al esclarecimiento de la historia del proceso en nuestro ámbito geográfico. Otras acotaciones se irán poniendo de relieve en páginas sucesivas; la temporal del subtítulo, sin embargo, precisa ya una mínima explicación. Una década quizá no sea suficiente para descubrir tendencias o para asimilar posibles innovaciones; sí lo es al menos para hacer balance, cuantitativo y cualitativo, del incremento, sustancial o no, que con respecto a nuestros conocimientos necesariamente ha de presumirse por el solo transcurso de dicho lapso de tiempo. Si no del todo he podido huir en la redacción de la presente comunicación de un cierto descriptivismo cuyo exceso la hubiera convertido en una acumulación inarticulada de breves recensiones, valga como excusa la justificación necesaria de las opiniones vertidas. El conjunto de éstas, huelga decirlo, no quiere en modo alguno ser sólo una guía para el lector curioso[1].

2. Desde la exposición de conjunto de "historia del derecho español" más preocupada por ofrecer al lector una orientación bibliográfica superadora de los estrechos márgenes en que suele operar la manualística, podía reiteradamente afirmar Jesús Lalinde en 1978 la escasez de contribuciones relevantes en el campo de la historia del proceso: la carencia de producción monográfica se ponía de manifiesto en aspectos tan fundamentales como el de los elementos personales del proceso o su fase de terminación, y, básicamente, sólo se destacaban como dignos de especial atención el esfuerzo de los especialistas en la reconstrucción del proceso romano y el estudio de las peculiaridades

1 Y ya que, pese a todo, no puede dejar de serlo, se ha creído preferible, por su utilidad como información independiente, añadir en apéndice la relación bibliográfica que sirve de base a las siguientes reflexiones. Estas, por comprensivas que hayan pretendido ser, no han podido dar cobijo a algunas de las aportaciones que se señalan, ofreciéndose así al menos noticia de las mismas. Ello simplifica, al mismo tiempo, el modo de citar. Bastará en la mayoría de los casos con la expresión del nombre del autor y la indicación, si se requiere, de las páginas de su obra entre paréntesis, todo ello sin necesidad de acudir a notas al pie; también en éstas, las referencias sin concreción suficiente remiten a la relación final. Cuando el autor lo sea de varios trabajos, podrá deducirse del contexto a cuál se refiere la remisión, procediéndose a la oportuna aclaración mediante título abreviado en caso contrario. Agradezco a María Auxiliadora Caro, Enrique Guerra y Bartolomé Clavero sus indicaciones y sugerencias sobre títulos que en un principio habían escapado a mi atención.

procesales altomedievales. El diagnóstico, en términos generales, era válido, aunque para su justa valoración es necesario añadir que se ofrecía en breves notas de "orientación historiográfica" conclusivas de cada capítulo que no se planteaban con criterios de exhaustividad, que la relación bibliográfica final no recogía títulos ya consignados en las correspondientes a otras secciones de su obra, y también que, lógicamente, podía detectarse alguna que otra laguna. En contrapartida, el juicio historiográfico de Lalinde se extendía, sin fronteras de cronología, desde las aportaciones decimonónicas hasta las más recientes de que pudo tener noticia, e incluía también las referentes a determinadas etapas que aquí se excluyen, muy señaladamente la de vigencia, en su contexto histórico de origen, del derecho romano[2].

Algún tiempo después, en 1982, Johannes-Michael Scholz constataba ca-

2 J. Lalinde, pp. 890, 898, 908, 918, 928, 936 y 944 para las orientaciones historiográficas, y pp. 944-947 para la bibliografía específicamente procesal. De complementariedad especialmente acusada es la relación bibliográfica que ofrece en pp. 561-612, correspondiente a "la estructura política y la actuación del poder público", donde se encuentran, entre otros, los títulos que atienden a la organización judicial y oficios de justicia. Siendo perfectamente comprensibles las opciones tomadas, por las dificultades que ello siempre comporta, es necesario advertir que las relaciones correspondientes a otras partes de su obra contienen también referencias a publicaciones de manejo ineludible: en la bibliografía dedicada a "la perturbación del orden fundamental", o derecho penal en la terminología más usual (pp. 671-677), ocupan su lugar tanto alguna aportación de F. Tomás y Valiente sobre la tortura judicial no incluída en la bibliografía sobre el proceso (sin indicación, en ningún caso, de la recopilación conjunta publicada años antes del manual de Lalinde: Francisco Tomás y Valiente, *La tortura en España. Estudios históricos*, Barcelona, Ariel, 1973), como la mejor exposición, debida al mismo autor, sobre el proceso penal con que podía contarse desde 1969 hasta 1982 (Francisco Tomás y Valiente, *El Derecho penal de la Monarquía absoluta (Siglos XVI-XVII-XVIII)*, Madrid, Tecnos, 1969; el capítulo sobre el proceso penal, en pp. 153-200 [ambos títulos de Francisco Tomás y Valiente pueden ahora consultarse en sus *Obras completas*, vol. I, Madrid, Centro de Estudios Políticos y Constitucionales, 1997, pp. 185-545 y 755-912]; la historiografía penal de Lalinde consigna también el trabajo de Juan Antonio Alejandre García "Estudio histórico del delito de falsedad documental", publicado en AHDE, 42 (1972), pp. 117-187, pero no hace referencia —ni a ella se alude en la dedicada al proceso— a la investigación dedicada por el mismo Alejandre a "El delito de falsedad testimonial en el Derecho histórico español", en HID 3 (1976), pp. 9-140. Sin salvarse las citadas omisiones en la siguiente edición de la *Iniciación histórica* de Jesús Lalinde, que desde luego amplía la relación bibliográfica sobre la historia del proceso, persiste la problemática ubicación de cada título. Desde hace bien poco ya no es la de Lalinde la única visión de conjunto con repertorio bibliográfico, incluyendo también el suyo, con siempre útiles valoraciones, Benjamín González Alonso en pp. 414-417.

rencias graves en el estudio del derecho procesal civil del Antiguo Régimen y de la etapa posterior, a salvo de las aportaciones de Víctor Fairén Guillén y a pesar del acopio de materiales de Lasso Gaite en su *Crónica de la Codificación española* ("Gesetzgebung"[3], pp. 2403-2404), carencias que, desde un punto de vista más general, también había denunciado el mismo Scholz poco antes, a propósito de un examen crítico de la historiografía jurídica en España.

¿Habrían de seguirse manteniendo hoy posiciones tan pesimistas? Me apresuro a hacer una primera valoración. Sin las limitaciones cronológicas del juicio de Scholz, puede afirmarse que al menos cuantitativamente la situación ha mejorado, advirtiéndose un interés mayor en esta última década por la historia del proceso que en años anteriores: basta para comprobarlo ojear la relación de títulos, desde luego irregular en cuanto a pretensiones y resultados, que clausura estas páginas.

Y no sólo hay avances cuantitativos. Diversos trabajos, aunque ahora, lógicamente, su número es bastante más reducido, han conseguido cotas de rigor en la investigación y de renovación de planteamientos tradicionales hasta hace bien poco inusuales. Y ello independientemente de la etapa histórica a que dichos estudios afecten. La necesaria renovación de la historiografía jurídica española no tiene, en mi opinión, por qué pasar por el abandono en masa por parte de sus cultivadores de todos aquellos centros de interés que aún subsisten en la historia del derecho anterior a la Edad Moderna. La exigua lista de obras que en primerísimo lugar merecen ahora destacarse ofrece pruebas de ello. Pocas veces la potencialidad del estudio del proceso para descubrir las claves de la estructura social que le sirve de base ha sido tan claramente puesta de relieve como en los trabajos de Carlos Petit sobre el proceso visigodo. Su autor también lo es de una investigación anterior en su publicación, pero de realización prácticamente simultánea, sobre la agonizante jurisdicción mercantil del Antiguo Régimen. Abordando en ambos supuestos períodos de transición, de origen en el primer caso y de disolución en el segundo, la elección de ambos focos de atención por parte de Carlos Petit no resulta desde luego incoherente. Nuevas visiones de aspectos diversos del proceso altomedieval son las ofrecidas por Aquilino Iglesia Ferreirós y Enrique Ruiz Domènec, siendo interés primario de aquél el problema de la formación del derecho peninsular en los límites cronológicos expresados, y el de éste indagar las vinculaciones entre prácticas judiciales y estructura social

3 He de agradecer a Carlos Petit haberme permitido utilizar su traducción, inédita, del trabajo de Scholz.

feudal. Si en el caso de Iglesia Ferreirós la ordalía es un pretexto —aunque, y acaso pese a la intención principal del autor, el suyo es también un trabajo sobre las modalidades, extensión y significado de las pruebas ordálicas—, en el de Marta Madero Eguía ocupa una posición central, partiendo la autora de la antropología para conseguir su objetivo de comprensión del riepto, sin interesarle tanto la descripción de sus supuestos o la reconstrucción de su régimen[4]. María Paz Alonso se enfrenta al período de vigencia castellana del derecho común, estudiando el proceso penal de los siglos XIII a XVIII. El mismo Scholz que se quejaba de la falta de elaboración histórica de la materia procesal contribuye coherentemente a integrar lagunas desde las fases iniciales de la etapa contemporánea. Es de señalar, por último, un apreciable esfuerzo de síntesis global ofrecido, muy recientemente, por Benjamín González Alonso.

A mi juicio, bastarían para justificar estos diez años de investigación los trabajos que acaban de destacarse. Dejando de lado ahora a los que afectan a las etapas anteriores a la de vigencia del *ius commune*, se emprenderá seguidamente el análisis más pormenorizado de algunos de los citados. Estos darán pie para una mirada genérica al resto de la producción historiográfica que aquí importa, y que no es en modo alguno —no se malinterprete la opinión que abría el presente párrafo— prescindible.

3. El trabajo de Paz Alonso sobre el proceso penal abre la década —se trata de una tesis doctoral leída en Salamanca en enero de 1979, luego publicada sin apenas alteraciones—, y es, sin dudas, la aportación más ambiciosa de los últimos años en el terreno que estamos examinando. Arrancando de un estudio somero, pero necesario a efectos de cimentación, de la base normativa bajomedieval de derecho común y derecho propio, construye institucionalmente —y ello constituye realmente el grueso de su trabajo— el proceso penal

4 También sobre el riepto, la última (1984) intervención de un acreditado especialista, A. Otero, incide sobre un asunto de importancia menor y de resolución tal vez imposible. La aportación de M. Madero se sitúa, por ello, frente a los ya añejos trabajos del propio A. Otero ("El riepto en el Derecho castellano-leonés", en A. Otero, *Dos estudios histórico-jurídicos*, Roma-Madrid, Consejo Superior de Investigaciones Científicas (Cuadernos del Instituto Jurídico Español, 4), 1955, y "El riepto de los fueros municipales", en AHDE 29 (1959), pp. 153-173), y al aún más antiguo de M. Torres López ("Naturaleza jurídico-penal y procesal del desafío y riepto en León y Castilla en la Edad Media", en AHDE 10 (1933), pp. 161-174).

operante desde fines del siglo XV en Castilla, descubriéndonos una justicia penal basada desde el punto de vista técnico en la doctrina y la práctica —y tales son sus fuentes principales—, al servicio de un poder central creciente —pues es la jurisdicción regia ordinaria su objeto— para el que es instrumento adecuado de represión en aras de una eficacia en el mantenimiento de la paz pública que no entiende de garantías —la incidencia social no se olvida— para el reo.

Tal es el planteamiento que Paz Alonso nos propone, y sé que no puedo compensar la injusticia que supone condensar una monografía tan rica en una sola frase, por muchas subordinadas que la compongan, apelando a la sinceridad de un lector que ha recorrido repetidamente sus páginas, que también repetidamente ha tenido que escribir sobre ellas, y que en ningún caso pretende sustituir aquéllas con las suyas. Me interesa más insistir en las vías aún abiertas que en las concienzudamente exploradas por la autora. Tuve ya ocasión de expresar alguna reserva sobre la individualización del proceso penal en la Baja Edad Media, aspecto que la monografía que nos ocupa no resolvía, y que tampoco su recensión contribuía a esclarecer. Algo puede ahora añadirse.

Cuando comienzan a aparecer en el derecho regio castellano especialidades de tramitación que podemos identificar como procesales-penales, y que han de responder, en principio, a especificidades de orden sustantivo penal, la apreciable independencia de tales cuestiones responde a objetivos que quedan fatalmente ocultos cuando su estudio se aborda desde el punto de vista al parecer más lógico, esto es, desde la consideración de un derecho penal o un derecho procesal entendidos como sectores autónomos del ordenamiento jurídico. Si así se hace, y se emprende el camino partiendo de tales bases, el resultado probable es encontrarse al final del mismo en un punto de destino absolutamente ajeno al previsto en principio: quien esto escribe recorrió uno de esos trayectos siguiendo la pista de los llamados pleitos de justicia. La individualización de un núcleo separado de asuntos a los que el derecho presta atención específica y que desde nuestra perspectiva actual identificamos de inmediato como penal tiene otro origen. En las leyes —básicas para todo el periodo histórico posterior— de la Baja Edad Media castellana, este fenómeno ha de entenderse en relación con el intento regio de reivindicación de la titularidad exclusiva del mero imperio, y por tanto de toda la gama de potestades jurisdiccionales que le son propias. De este modo se ofrecen ya más claves al investigador que la de la propia identificación de materia:

en primer lugar, se trata de un fenómeno que contemporáneamente ocurre también en otros territorios europeos; en segundo lugar, afecta a la relación entre las distintas jurisdicciones simultáneamente operantes en dichos territorios, y por tanto también a la pretendida supremacía de la jurisdicción del rey; y en tercer lugar, y como consecuencia de todo ello, es la jurisprudencia, con independencia de su origen territorial en un ámbito de cultura jurídica común, la única que puede dar las orientaciones pertinentes para enfocar y resolver los problemas a los que nos estamos refiriendo. Hasta la fecha, las potencialidades de este conjunto de fuentes han sido desatendidas[5]. Y si sobre esta base hay que revisar la materia relativa a procesos por delitos en la Baja Edad Media, cabe preguntarse si no habría también de hacerse lo mismo con la etapa inmediatamente posterior, objeto real de la tesis de Alonso. Y ello porque el nuevo concepto de proceso penal que la doctrina castellana define a inicios de la Edad Moderna (especialmente pp. 100-101 de la monografía que comentamos), puede leerse ya en la obra de legistas no castellanos de los siglos bajomedievales. Si el interés de estos juristas no era directamente definir conceptos como el expresado, ¿puede seguirse defendiendo que el de aquéllos sí lo era? Tal vez no, y acaso puedan alcanzarse respuestas distintas a las que ofrece la autora. Mas sin su trabajo, ni siquiera las preguntas habrían podido hacerse.

Si cesuras no existen (de hecho en la obra de Alonso —y de ello me ocupaba en su recensión— la división entre las etapas bajomedieval y moderna es más formal que sustancial), cabría desde luego volver al punto de partida, afirmando la aparición de un proceso penal autónomo en tiempos de recepción del derecho común[6]. La institución clave para apoyar una tal concepción

5 Ello limita de modo notable el alcance de recientes aportaciones que, a pesar de su información rigurosa y también de su utilidad evidente, son tan capaces de advertir la problemática de la terminología como de obviar la de los conceptos: Hilda Grassotti, "Hacia las concesiones de señorío con 'mero y mixto imperio'", en AA. VV., *Estudios en Homenaje a Don Claudio Sánchez Albornoz en sus 90 años*, vol. III, Buenos Aires, Facultad de Filosofía y Letras (Anejos Cuadernos de Historia de España - Instituto de Historia de España), 1985, pp. 113-150; de la misma autora, "Novedad y tradición en las donaciones 'con mero y mixto imperio' en León y Castilla", en AA. VV., *Homenaje al Profesor Juan Torres Fontes*, vol. I, Murcia, Universidad de Murcia - Academia Alfonso X el Sabio, 1987, pp. 723-736.

6 En este punto, donde una cierta discontinuidad al menos podría pacíficamente aceptarse, tampoco hay acuerdo, siquiera nominal: la misma M.P. Alonso puede individualizar, construyendo con ello una breve monografía, un proceso penal en textos jurídicos de tradición anterior (Fuero de San Sebastián). Es el clima dominante: C. Petit se ve obligado a

es, sin duda, la *inquisitio*, sobre cuyo conocimiento tanto debemos a Joaquín Cerdá[7]. En efecto, parece justo pensar que alguna diferenciación sustancial entre procesos cabe establecer a partir del momento en que el poder público se ve dotado de los instrumentos jurídicos necesarios para una persecución ciertamente eficaz del delito. La idea se advierte en las páginas de Cerdá. ¿Pero realmente "el motivo por el que se formularon estas costumbres sobre el nuevo procedimiento estriba en la idea de que todo delito debe ser castigado" ("La 'Inquisició'", p. 388) "para que no queden... impunes" ("La 'Inquisitio'", p. 570), si resulta que "sólo podría hacerse 'inquisicio' en determinados casos delictivos" ("La 'Inquisició'", p. 389; también "La 'Inquisitio'", pp. 566, 569, 572, 580)?[8]. Parte de la historia falta, y el propio Cerdá ofrece la mejor pista para reconstruirla al explicar el origen de la regulación, en las Costums de Tortosa, de la institución que le interesa justamente sobre la base de un conflicto jurisdiccional entre señores y ciudadanos ("La 'Inquisició'", pp. 381-383; "La 'Inquisitio'", pp. 573-574). La literatura jurídica europea contemporánea construía mientras tanto una teoría jurisdiccional en la que era índice de rango superior de jurisdicción precisamente el ejercicio de la misma sin necesidad de intervención de parte. No sólo la represión del delito estaba en juego.

Desatención de fuentes, de nuevo. No son estas páginas las más adecuadas para seguir insistiendo en la problemática individualización de un proceso penal diferenciado. Pero tal asunto constituye, indudablemente, un buen

plantearse la división civil/penal en el proceso visigodo ("*De negotiis*", I, pp. 160 y ss.), lo que le lleva justamente a reflexiones parecidas a las que estas páginas conducen.

7 Su trabajo fundamental en este terreno se publicó en AHDE 32 (1962), pp. 483-517, bajo el título "En torno a la pesquisa y procedimiento inquisitivo en el Derecho castellano-leonés de la Edad Media". Aquí sólo nos ocuparemos de sus dos más recientes aportaciones.

8 Sobre lo reducido del ámbito del procedimiento inquisitivo en fuentes castellanas —a las que ya el propio J. Cerdá dedicara su atención en el trabajo citado en nota anterior— véanse también, aunque de forma menos explícita con respecto a lo que sigue, las páginas que dediqué a los pleitos de justicia, especialmente pp. 350-351; en pp. 373-374, un intento, insuficiente, de explicación. Tal vez no sea tan nítida, entonces, la peculiaridad aragonesa frente al derecho de "catalanes y españoles", cifrada en el hecho de que "el principio acusatorio... en España sólo triunfó en Aragón, aunque también en este reino se establecieron excepciones, como en los delitos de falsificación de moneda, por ejemplo" (J. Lalinde, en el breve párrafo dedicado a la materia procesal en su trabajo "La dominación española en Europa", en Miguel Artola (dir.), *Enciclopedia de Historia de España*, vol. II: *Instituciones políticas. Imperio*, Madrid, Alianza Editorial, 1988, pp. 421-494; la cita es de p. 488).

ejemplo para constatar uno de los más estruendosos silencios de la historiografía que nos ocupa: el que pesa sobre la consideración directa del *ius commune* con todo su complejo entramado de fuentes jurisprudenciales, que si por su frecuente fragmentariedad, dispersión, carácter contradictorio o acumulación de sutilezas no facilitan siempre la resolución de los problemas que la investigación ha de plantearse, tienen como mínimo la virtud de contribuir a identificarlos. Que falte la tradición, en una historiografía que, como la nuestra, en este punto reivindica en sus obras de conjunto la importancia de lo que luego suele ignorar en su producción monográfica, no sería especialmente preocupante si no pareciese también faltar la convicción. Para conjurar su ausencia sería tal vez vía adecuada romper el vicioso círculo en el que se sitúa dicha jurisprudencia medieval y moderna: su conocimiento implica el de sus virtualidades.

Así, de nada serviría la confección meritoria de valiosos instrumentos de trabajo como los realizados por Antonio Pérez Martín si la utilización de las fuentes cuyo acceso se facilita al investigador —si es que éste acepta la advertencia— diese sólo como resultado un aumento meramente cuantitativo de los datos a exponer[9]. Hay ejemplos de este modo de proceder, con guías previas o sin ellas. No es injusta la opinión vertida por Agustín Bermúdez, en su recensión a la obra de Ramón Fernández Espinar, en el sentido de que éste no haya podido superar "la mera tópica de los tecnicismos jurídicos" (p. 802) tras el examen de un considerable volumen de literatura jurídica. La actitud de Fernández Espinar hay que preferirla, con todo, a la de quienes, siempre con respecto a dicha literatura, la citan sin usarla o la usan sin conocerla[10].

9 La complejidad creciente de la impagable labor de quienes se dedican a la edición de textos bien se aprecia en la voluminosa aportación de Jean Roudil; no son indiferentes al derecho los datos que rescata la filología.

10 No son supuestos frecuentes, pero sí reales. Paradigma del primero es la monografía de Susana Aikin sobre la apelación. Referencias a Irnerio, Placentino, Búlgaro o Juan Basiano existen sin indicación de origen: véanse, como ejemplo, las notas 143 y 146 de p. 85, citándose también en esta última una glosa de Acursio al *Codex* mientras que la autora sólo afirma haber utilizado la glosa al Digesto en su relación de fuentes. Esta difiere en las dos ediciones de su obra, la reprografiada y la impresa, incluyendo la segunda —primera, inusualmente, en el tiempo, y por la cual citamos— entradas correspondientes a la obra de Acursio, Bártolo y Baldo que faltaban en la primera, sin que por ello hayan variado las citas en las notas, todas ellas, salvo excepciones dudosas, indirectas. Valgan algunos ejemplos: de Acursio, n. 127 de p. 23, n. 208 de p. 32, n. 259 de p. 37, n. 45 de p. 70, etc.; de Bártolo, n. 309 de p. 43, n. 76 de p. 75, n. 174 de p. 89, n. 23 de p. 103, etc.; de Baldo, n. 24 de p. 9,

Habrá ocasión de volver, en páginas sucesivas, sobre este período de la historia del proceso. Sigamos, de momento, el recorrido cronológico que, marcado por los hitos que se destacaron al principio, nos habíamos propuesto.

4. Las recientes aportaciones de Johannes-Michael Scholz y de Carlos Petit ponen las bases para la revisión de uno de los períodos de mayor interés y últimamente menos desatendidos por la historiografía que estamos examinando. Ambos se centran en el período de crisis y disolución del Antiguo Régimen, y también ambos se acercan a dicho momento a través del examen

n. 122 de p. 22, n. 91 de p. 77, n. 49 de p. 107, etc. Y la insensibilidad se extiende a fuentes más cercanas, si se quiere, a nuestra historia: en n. 106 de p. 115 se cita una glosa de Vicente Arias de Balboa al Fuero Juzgo, noticia que, recogida de una glosa de Alonso Díaz de Montalvo a Fuero Real 2,3,4, no sugiere explicación alguna, pese a que verdaderamente la necesite: véase, sobre la obra conocida de Arias de Balboa, A. Pérez Martín, "Las glosas de Arias de Balboa al Ordenamiento de Alcalá. Su edición y estudio", en *Aspekte europäische Rechtsgeschichte. Festgabe für Helmut Coing zum 70. Geburstag*, Frankfurt am Main, Vittorio Klostermann (Ius Commune. Sonderhefte - Texte und Monographien, 17), 1982, pp. 245-292, esp. pp. 247-250, y, del mismo autor, "El estudio de la Recepción del Derecho común en España", en Joaquín Cerdá Ruiz-Funes - Pablo Salvador Coderch (eds.) *I Seminario de Historia del Derecho y Derecho Privado. Nuevas técnicas de investigación*, Bellaterra, Servicio de Publicaciones de la Universidad Autónoma de Barcelona (Serie Derecho) 1985, pp. 241-325, esp. pp. 279-280. El segundo de los supuestos que daba pie a esta nota es el de otra doble publicación, la de la monografía que Emilio Javier de Benito dedicara a la sentencia, siendo esta vez la versión impresa un resumen —a pesar de que su título no parezca suponer, sino requerir, una más profunda investigación— de la reprografiada. En ésta, cuya venalidad y abiertos canales de distribución obligan a considerar, son lo de menos los continuos descuidos formales —uno de los cuales, que aquí nos afecta y que desde luego no induce a error, sitúa continuamente a Baldo y Juan Andrés como aficionados ("adicción") a la obra del *Speculator*—, importando más destacar, en primer lugar, la indeterminación de contenido que para E. J. de Benito implica la expresión "literatura jurídica" (pp. 563 y ss.), y la falta de elaboración por el autor de los datos de una jurisprudencia cuyo propio volumen de información supera sus posibilidades de ordenación de la materia, imponiéndole su división en corrientes doctrinales con respecto a las que cabe plantearse su propia existencia (en p. 62 es una de estas corrientes la representada por los autores "que si bien nos dicen que la interlocutoria no es sentencia... sin embargo continúan utilizando la denominación de sentencias cuando nos hablan de la interlocutoria"). Es aspecto este último que se pierde —que se gana— en el resumen publicado en la revista *Glossae*, sustituyéndose por la mera cita, en la extensa nota 66, de las fuentes doctrinales utilizadas.

de la jurisdicción mercantil. El interés de Scholz es, sobre todo, metodológico. Propugna el esclarecimiento de las estrategias de poder que se ocultan tras la apariencia de mera técnica jurídica, y, tomando como ejemplo el campo de la jurisdicción de comercio, pretende diseccionar las vías a través de las cuales la tecnología jurídica permite el desarrollo del capitalismo en el período de emergencia del Estado. La sustitución de consulados por tribunales de comercio —en lo que se refiere a España— en la primera codificación mercantil, constituye así argumento de arranque ("La constitution", p. 65) en una exposición para la que el derecho se manifiesta como instrumento de dominación política incluso en ámbitos, como el expresado, de carácter más limitado frente a los que suelen atraer la mayor atención en tales coordenadas cronológicas, como la propiedad o la concreción de los principios de libertad e igualdad en la esfera contractual ("La constitution", p.72).

La estructura del trabajo de Carlos Petit nace a partir de un "a propósito de". La excusa es la edición de un "Proyecto para Uniforme Arreglo de Consulados" fechado en 1814 y que se incluye en apéndice. Excusa por un doble motivo: en primer lugar, porque limita el campo de su aportación a niveles tolerables para ser asumidos en un artículo; en segundo lugar, porque le permite reflexionar sobre cuestiones de método —de modo más directo, más asequible, y con mayores posibilidades de lograr eco inmediato que Scholz[11]—, y sobre lo desatendido de la materia en que su trabajo se inscribe. Es ésta la revolución burguesa como subversión de la estructura social, definida por el derecho, precedente, y, en ese contexto, la desaparición de la pluralidad de jurisdicciones propia del Antiguo Régimen, analizando las contradicciones institucionales del período histórico de transición en que tal cambio se produce y que se cifran en el paso de una justicia mercantil como concreción, entre otras, de las potestades jurisdiccionales de las corporaciones de mercaderes, a la justicia mercantil como jurisdicción especial en el marco del Estado liberal, sin atender a los desvíos que puede ocasionar, por apariencias de

11 Y véase el expreso distanciamiento de C. Petit con respecto a los planteamientos epistemológicos de Scholz en la recensión del primero, publicada en AHDE 56 (1986), pp. 1096-1103, esp. p. 1101, a la obra colectiva en la que se incluye el trabajo del segundo "Eléments pour une histoire du droit moderne", en Joaquín Cerdá Ruiz-Funes - Pablo Salvador Coderch (eds.), *I Seminario* (cit. en nota anterior), pp. 423-524. Véase también Johannes-Michael Scholz, "L'obstacle épistémologique premier de l'historien du droit", en Paolo Grossi (a cura di), *Storia sociale e dimensione giuridica. Strumenti d'indagine e ipotesi di lavoro*, Milano, Giuffrè (Università di Firenze, Facoltà di Giurisprudenza. Centro di Studi per la Storia del Pensiero Giuridico Moderno. Biblioteca, 22), 1986, pp. 275-312.

continuidad, el mantenimiento en dicho proceso de términos que, como el de jurisdicción, remiten a realidades tan diversas.

Las páginas de Scholz y Petit tienen en común su pretensión de renovación, pronunciándose el primero contra una historia simplemente de hechos ("La constitution", p. 65), y el segundo rechazando los frecuentes alardes de erudición que a menudo impiden la comprensión crítica del pasado (p. 256). La línea abierta por ambos ha de continuarse. Queda fuera de sus trabajos la trayectoria, posterior a su implantación, de esa justicia mercantil de nuevo cuño hasta su desaparición en una fecha, la de 1868, marcada precisamente por otro proceso revolucionario, tal vez más glorioso pero desde luego más limitado (Scholz, "La constitution", p. 79; Petit, p. 286). Merece también mayores explicaciones aún la falta de sincronía —tal vez para su comprensión ofrezca Scholz mejor base— entre la propuesta y culminación de las reformas y el vaivén de períodos constitucionales y absolutistas de los años veinte y treinta del pasado siglo[12].

Tal alternancia es lo suficientemente sugerente desde el punto de vista más general de la justicia ordinaria como para haber provocado ya la aparición de trabajos específicos. El de Sainz Guerra sobre la justicia en las etapas absolutistas del reinado de Fernando VII, con aparato crítico insuficiente y proclive a quedarse en la superficie de la problemática que aborda, no habrá de desanimar a futuros investigadores[13]. Y en la misma fase histórica de transición, otras transformaciones jurisdiccionales siguen reclamando nuevas aportaciones, constituyendo éste un campo hoy por hoy difícilmente agotable como fuente de nuevos trabajos. El objetivo, a este respecto, de Jiménez de Cisneros sobre la jurisdicción de Hacienda, planteándose la determinación del órgano "encargado de resolver las cuestiones litigiosas que se susciten con ocasión de la desamortización" (p. 449), es limitado, y a su propósito se ciñe aportando datos siempre útiles. A través de ellos se aprecia la multiplicidad

12 Mientras tanto, y a expensas de la contribución de Carlos Petit en este mismo volumen ["Derecho mercantil: entre corporaciones y códigos", en Bartolomé Clavero, Paolo Grossi, Francisco Tomás y Valiente (a cura di), *Hispania. Entre derechos propios y derechos nacionales. Atti dell'incontro di studio. Firenze-Lucca, 25, 26, 27 maggio 1989*, Milano, Giuffrè (Per la storia del pensiero giuridico moderno. Biblioteca, 34/35), 1990, pp. 315-500], exposición de referencia sigue siendo la de Enrique Gacto Fernández, *Historia de la jurisdicción mercantil en España*, Sevilla, Publicaciones de la Universidad de Sevilla (Anales de la Universidad Hispalense. Serie: Derecho, 11), 1971.

13 En nota 3 de p. 134 alude el autor a su tesis doctoral "en prensa" sobre *La organización judicial liberal, 1812-1870*, de cuya publicación no tengo noticia.

de aspectos a estudiar: los posibles, y ya en otras ocasiones apuntados, recelos de la jurisdicción ordinaria frente a las reformas, el origen de la jurisdicción contencioso-administrativa, o, y no es lo menos importante, la distinción ya operante entre lo gubernativo y lo contencioso como reflejo de la separación efectiva de ámbitos de poder —administración y jurisdicción— entonces en marcha. Examinar todas estas cuestiones desde perspectivas como las de Petit o Scholz —o, en el caso de Jiménez de Cisneros, ahora desde la más específica de A.M. Hespanha, seguramente preferible a la tan discutida obra de A. Gallego Anabitarte[14]— sería deseable.

Sobre todo si se tiene en cuenta que es precisamente el ámbito mercantil el que últimamente parece atraer mayor atención. Las publicaciones en que se han plasmado los recientes trabajos de Adela Mora[15] y el de María Jesús Espuny y José Sarrión sobre los tribunales consulares de Valencia y Barcelona merecen consideración conjunta por la coincidencia de algunas de sus conclusiones, cifradas sobre todo en la constatación del progresivo aumento de la complejidad y tecnicismo de los procesos desde las últimas décadas del siglo XVIII, tan alejados entonces del ideal programático de brevedad en los litigios suscitados en el tráfico comercial, y que es razón directa de la intervención cada vez mayor de letrados en los mismos. Mas, aparte coincidencias, cabe preguntarse si no falta todavía una mayor elaboración de conceptos básicos sobre los que han de construirse investigaciones como las citadas. Tal carencia es seguramente la responsable de que parezca a veces que se es-

14 A.M. Hespanha, "Représentation dogmatique et projets de pouvoir. Les outils conceptuels des juristes du *ius commune* dans le domaine de l'administration", en E. V. Heyen (ed.), *Wissenschaft und Recht der Verwaltung seit dem Ancien Régime. Europäische Ansichten*, Frankfurt am Main, Vittorio Klostermann (Ius Commune. Sonderhefte - Texte und Monographien, 21), 1984, pp. 1-28 [luego publicado, en traducción de Ana Cañellas Haurie, en A.M. Hespanha, *La gracia del Derecho. Economía de la cultura en la Edad Moderna*, Madrid, Centro de Estudios Constitucionales (Historia de la Sociedad Política), 1993, pp. 61-84].

15 Son, según sus propias palabras, sólo "eslabon(es) de una visión más amplia en la que trabajo sobre el proceso mercantil valenciano a fines del antiguo régimen" ("El tribunal", p. 638). De la primera entrega de esta serie, presentada como comunicación al Congreso "Ciudad y mar en la Edad Moderna" bajo el título "La jurisdicción del tribunal del consulado de Valencia en el siglo XVIII" ("El tribunal", nota 1 en p. 629), no tengo noticias de publicación; la crónica del citado Congreso, firmada por Sebastián García Martínez en *Estudis. Revista de Historia Moderna*, 11 (1984), pp. 226-230, no incluye resumen de las comunicaciones.

tén hablando idiomas distintos al describirse fenómenos parecidos. Defiende Adela Mora que "la jurisdicción de comercio no es autónoma, ya que la alegación de normas en los procesos no se limita a las leyes o costumbres generadas exclusivamente para el tráfico mercantil dentro de las instituciones o de los grupos sociales de mercaderes" ("El tribunal", p. 638). Espuny y Sarrión, tras comprobar la misma diversidad de normas aplicadas en los procesos, afirman que "las reformas de 1763 suponen también la recuperación de la independencia y autonomía de la jurisdicción mercantil en su fase de Alzadas, mediatizadas hasta entonces por la apelación en los asuntos mercantiles ante la Audiencia de Cataluña" (p. 180). ¿Qué es autonomía? ¿En qué sentido se está empleando en uno y otro caso un término tan ligado al propio concepto de jurisdicción? La solución de estos problemas no requiere sólo un simple consenso terminológico o conceptual entre historiadores: al menos como hipótesis, habría de admitirse que la propia historia puede contribuir a encontrarla[16].

Aún queda mucho por hacer en la reconstrucción, a efectos de historia procesal, del período de transición al que se viene haciendo referencia. Y ello sobre todo porque la justicia civil ordinaria y la justicia penal carecen aún de tratamiento específico, lo que se agrava en el primer caso por no haberse elaborado aún ni siquiera las líneas básicas de su vigencia peninsular en la Edad Moderna —la visión de conjunto de Manuel Pérez-Victoria Benavides es deliberadamente insuficiente—, y en el segundo al detenerse la monografía de María Paz Alonso en los proyectos ilustrados de reforma.

5. Y no es menos lo que resta con respecto a la historia del proceso en el trance de su codificación. Es Scholz de nuevo el que últimamente se ha ocupado de la cuestión, estudiando el proceso codificador de los procedimientos

16 No está de más apuntar que la historiografía que han generado los consulados de comercio, y que aquí no se detalla, atiende normalmente, aun sin títulos tan específicos como los de Adela Mora o Espuny/Sarrión, a asuntos que habrían de interesarnos. Valgan dos ejemplos: Ana María Barrero García, "La legislación consular en la Recopilación de Indias", en Francisco de Icaza Dufour (coord.), *Recopilación de leyes de los reynos de Indias. Estudios histórico-jurídicos*, México, Miguel Angel Porrúa, 1987, pp. 475-496, y, abordando esta vez con mayor extensión la vertiente judicial de la jurisdicción mercantil, Jorge Barrera Graf, "Sobre la regulación del Comercio en la Nueva España en la Recopilación de Leyes de Indias", en el mismo volumen, pp. 453-471. Son ejemplos también de otra omisión de estas páginas: el derecho indiano, cuyo examen requiere especialistas.

civil y mercantil. Sin agotar el tema, que requiere atención monográfica más extensa, no deja de tocar una de las cuestiones en mi opinión más sugerentes para la historiografía procesal: desde la codificación del proceso civil ordinario, que genera sendas leyes de 1855 y 1881, se mantiene la idea de su conservadurismo frente al *ordo* tradicional (pp. 2410, 2417, 2419). Aparte de la específica función que tal afirmación cumpliera en el marco cronológico en el que surge, su interés es también historiográfico. Llevada al extremo de afirmarse que la ley procesal aún vigente no es más que la codificación del proceso romano-canónico, ha ocupado su lugar en la más acreditada manualística[17], ha funcionado como hipótesis válida de trabajo en recientes y extensas monografías debidas a historiadores del derecho, y es también en gran parte responsable, a mi juicio, de la entrada masiva de procesalistas en el campo de la historia. Para los primeros supone un cómodo punto de partida, viéndose frecuentemente confirmado cuando se aborda la historia de las instituciones procesales desde un punto de vista que atiende a lo meramente externo y olvida completamente la dimensión social de las mismas. Para los segundos, cumple la doble función de elucidar, desde el punto de vista de la mera técnica jurídica, el "origen y evolución" de los institutos con los que conviven, y de legitimar la petición de sucesivas reformas precisamente ahora en discusión. Si así pueden quedar claras las ventajas que a una historiografía acrítica proporciona el al parecer ya consolidado mito de la continuidad, no deja de ser llamativo el hecho de que a dicha hipótesis le falte toda la investigación básica como para que pueda ser tan atendible.

Surgen entonces en la historiografía vinculaciones entre pasado y presente verdaderamente estrechas. El segundo es a veces instrumento para el primero: es frecuente que en monografías de derecho procesal histórico firmadas por historiadores del derecho se acuda, para centrar cuestiones y delimitar objetos, en páginas introductorias a la dogmática procesal contemporánea. Es dogmática, a fin de cuentas —parece pensarse—, realizada básicamente sobre materiales normativos de derecho común. Tales normas, las de la vigente Ley de Enjuiciamiento, cumplen también los mismos fines de delimitación de objeto: empujadas así hacia el pasado, no habrá manera de evitar encontrarlas en él.

Pero más frecuentemente el pasado es instrumento para el presente, propugnándose, a efectos de reforma de la legislación, la recuperación del supuesto sentido originario de las instituciones o su impugnación como caducas

17 J. Lalinde, p. 942; Francisco Tomás y Valiente, *Manual de Historia del Derecho Español*, Madrid, Tecnos, 1988 (3ª reimp. de la 4ª ed de 1983), p. 531.

e impropias del derecho procesal contemporáneo, o sirviendo también la historia en ocasiones para descubrir facetas ocultas de la normativa vigente. Los "antecedentes históricos" que a menudo introducen las monografías especializadas de la procesalística actual responden al esquema que acaba de describirse, siendo a veces objeto de publicación separada[18]. Juan-Luis Gómez Colomer estudia en 1980 el origen y evolución de la declaración indagatoria. Espera el autor que de su estudio "resultará evidente la necesidad de reformar la declaración de la Ley de Enjuiciamiento Criminal de 1882 en el sentido de hacerla realmente útil y práctica" (p. 371), y ello porque "la ley vigente no ha sabido dar a la indagatoria su verdadero y originario sentido" (p. 413). Desde distinta especialidad, pero afectando también a nuestra materia, Eulalia María Moreno Trujillo publica un estudio sobre los antecedentes históricos del defensor judicial. Su método es especialmente ilustrativo: para identificar la figura en épocas pasadas se la conceptúa y caracteriza primero según derecho actual; a continuación se lleva a cabo un amplio recorrido histórico en el que se hacen patentes las dificultades de identificación de su objeto; se concluye luego que la regulación introducida por la ley de 24 de octubre de 1983, modificadora del Código civil, no es del todo original, sino que "resume y sintetiza una tradición histórica que arranca del Derecho romano y el Derecho musulmán (dos de las culturas que dominaron la península) y que, por efecto de la influencia germana y fundamentalmente la Codificación, inspirada en principios franceses, se olvidó y abandonó" (p. 226). En descargo del legislador habría que añadir que seguramente la recuperación fue involuntaria, pero en la perspectiva desde la que se construyen este tipo de trabajos tal especie de arqueología legislativa es perfectamente comprensible. La básica identidad de las instituciones a lo largo del tiempo la justifica. No sólo se pueden ofrecer así los criterios necesarios para la mejor comprensión de la obra del legislador contemporáneo —dos modalidades distintas de indagatoria descubre Gómez Colomer (pp.413-414), dos figuras distintas de defensor judicial Moreno

18 O de exclusión en la publicación. La práctica de comenzar las monografías con el examen histórico de la institución cuyo estudio se aborda sigue especialmente extendida en tesis doctorales, generando una literatura —que a menudo sólo "largo modo" puede entenderse histórica— imposible de controlar a los efectos de incluirla en el examen que llevamos a cabo. Valga de muestra un botón: en nota 41 de p. 384 del trabajo de Gómez Colomer se cita un caso de tesis doctoral publicada sin su correspondiente, y por tanto ahora inédita, aportación a nuestro campo; por su parte, las páginas del citado autor —aunque ignoro si esta vez redactadas con la misma finalidad académica— se adaptan bien al modelo al que en el texto aludimos.

Trujillo (pp. 228-229)—, sino que pueden asimismo brindársele propuestas concretas de actuación: L. Ceino afirma en 1981 que la extensa monografía de Antonio Merchán sobre el arbitraje "ofrece gran interés ahora que se habla de hacer una nueva ley de arbitraje privado que sustituya a la de 1953". Y también se pretende la orientación de jueces: Ramón Fernández Espinar, en epílogo (p. 123), les exhorta a atender el principio que estudia. Marc Bloch predicaba la necesidad de explicar para qué servía la historia; no es exiguo el muestrario de soluciones.

Si la historiografía procesal actual responde, en mayor medida de la que sería deseable, a los criterios que vienen expresándose, resultará interesante, sobre la base que proporcionan, analizar recientes acercamientos a la historia del proceso desde un órgano de comunicación de procesalistas especialmente atento a la historia: la *Revista de Derecho Procesal Iberoamericana*. En sus páginas, que ya acogieran la más arriba considerada obra de Gómez Colomer, Manuel Gallego Morell, también en 1980, reflexiona sobre la influencia del derecho de la Iglesia en el derecho procesal, definiendo la Ley de Enjuiciamiento Civil vigente como "resurrección del Derecho común en el siglo XX" (p. 367). En su trabajo, una tal definición no es una crítica; el proceso civil ordinario no resulta largo, complejo y costoso en virtud de tales antecedentes, apresurándose el autor en deslindar responsabilidades: "el formalismo y pesadez de la tramitación... proceden más de influencias germánicas que canónicas" (p. 367). El mismo año, Salvador Domínguez Martín ofrece a los lectores una "exposición sistemática de las fazañas como fuente del derecho medieval" que, aunque reconociendo sus limitaciones (se trata de una "modesta exposición divulgadora, a nivel docente", p. 28) resulta verdaderamente llamativa al centrarse en las curiosidades que la historia ofrece, en la justificación ideológica de la alta función del poder judicial, y basarse en una bibliografía en la que la obra de Brunner (Heinrich) y Schwerin y la de Ernst Mayer ocupan un lugar no secundario: si para el asunto ciertamente atención merecen, no puede prestárseles ya sin algún distanciamiento. J. Tomé Paule, en otro orden de materias pero en sintonía de criterios, publica, en 1981 y 1982, sendos artículos sobre "la organización judicial en los estados cristianos de la España medieval" y "la organización judicial española durante la Edad Moderna", exposiciones resueltamente descriptivas que proceden por la simple enumeración de instancias orgánicas y de competencias con muy discutibles criterios de ordenación de la materia. Que en 1987 la revista citada acoja una ponencia de Vicente Gimeno Sendra sobre las "causas históricas de la ineficacia de la justicia" que es justamente lo que su título indica, y en la que se exponen los defectos constatables en la administración de justicia desde el período de vigencia de una "justicia estamental", propia de la sociedad feudal, hasta la fecha, en la necesaria persecución de un sistema propio del Estado social de Derecho, no habrá ya de extrañar.

Ante tales planteamientos caben múltiples reflexiones: a qué nivel metodológico corresponden los trabajos que acaban de reseñarse —contando algunos de ellos con nada recientes paralelos dentro de la historia del derecho[19]—, o para quién se escribe la historia del proceso serían preguntas de respuestas seguramente provechosas. Pero otra cuestión cabría, y es la de si, en líneas generales, la historia del derecho y sus cultivadores ofrecen mejor alternativa para el conocimiento del pasado. Lamentablemente, no siempre. Dos extensas y, al menos cronológicamente, ambiciosas monografías que ya más arriba se comentaran a otro efecto son prueba de ello, y ambas corresponden a una fase del proceso que Lalinde destacaba como especialmente desasistida: me refiero, de nuevo, a la de Susana Aikin sobre el recurso de apelación y a la de Emilio Javier de Benito sobre la sentencia; ambas se centran en Castilla, y ambas, también, desarrollan sus respectivos temas en el período comprendido entre los siglos XIII y XIX. Las dos llegan a la pasada centuria con la negación de cambios institucionales, a salvo de modificaciones no sustanciales que se explican, como en la época en la que surgen, sobre la base del triunfo de la racionalidad en la tramitación de los juicios. Los dos tienden a demorarse en la descripción de la mera formalidad y construyen la exposición con un criterio sistemático que acerca en el espacio lo separado en el tiempo e impide la reflexión suficiente sobre la globalidad de las instituciones que estudian. Son dos ejemplos significativos de un modo de trabajar la historia del derecho que, por ser todavía frecuente, merecía aquí destacarse.

Y en lo que se refiere al descriptivismo no están solos. Este frecuente carácter de la historiografía procesal actual responde, en mi opinión, al mismo fenómeno de la concepción continuista de las instituciones. Dándose por

19 Frente al de Gallego Morell, sigue siendo preferible el de José Maldonado Fernández del Torco, "Líneas de influencia canónica en la historia del proceso español", en AHDE 23 (1953), pp. 467-493. Sobre el tema del de Domínguez Martín, se encontrará información suficiente en José Luis Bermejo Cabrero, "Fazañas e historiografía", en *Hispania. Revista Española de Historia*, t. 32, nº 120 (enero-abril 1972), pp. 61-76. Las reminiscencias no son sólo de título: con respecto al primero de los de Tomé Paule, José López Ortiz, "El proceso en los reinos cristianos de la Reconquista antes de la recepción romano-canónica", en AHDE 14 (1942-43), pp. 184-226.

conocidos tanto el significado como la función del hecho procesal, basta recuperar, para la comprensión del pasado, la peculiaridad del trámite. A veces el pretexto es reconstruir el proceso que regula una determinada fuente normativa: son los casos de Niceto Alcalá-Zamora con respecto al Fuero de Cuenca[20], el de José Bono con su apretadísima síntesis del proceso en el Fuero Viejo, el de Antonio Pérez Martín sobre la base del Ordenamiento de Alcalá, o el del autor de estas líneas con relación al Fuero Real ("La regulación", pp. 500-555). En ocasiones la determinación es territorial, buscando Ángel Bonet Navarro y Benito Vicente de Cuéllar una exposición clara y ordenada de distintos procesos forales aragoneses y encerrándose los Cillán-Apalategui en las fronteras alavesas[21]. Otras veces, por último, se persiguen los avatares de un determinado instituto procesal a través de la historia: Santos M. Coronas nos ofrece un buen ejemplo con su monografía sobre la recusación. La objeción que puede hacerse a estos trabajos es la que se ha puesto de relieve, pues, excepción hecha tal vez del que gira sobre la administración de justicia en Álava, más pobre de resultados —exclúyase ahora también si se quiere el supuesto de la procesalmente aberrante coincidencia de juez y parte—, hay que decir que no les faltan méritos. Las páginas de José Bono surgen del intento, atractivo y arriesgado, de determinar a qué regulación procesal se ajustan las noticias sobre juicios de un determinado registro notarial de la primera mitad del siglo XV[22]. Las de Pérez Martín se justifican tal vez por su propia sede,

20 Se trata de la última (por fecha de terminación, 1984, que no de edición, nominalmente 1982 a causa del retraso en la aparición del volumen de la publicación periódica que la recoge) y más amplia versión de un trabajo que ha conocido diversas impresiones desde la primera, en 1950, bajo el título "Instituciones Judiciales del Fuero de Cuenca", en AA. VV., *Scritti giuridici in onore di Francesco Carnelutti*, vol. II, Padova, pp. 73-95. La preocupación del autor por ponerlo permanentemente al día y el hecho de que no siempre haya visto la luz en su totalidad obliga a considerarlo aquí.

21 Algo más amplias son las de Ricardo Gómez Rivero, en exposición poco ambiciosa, también descriptiva y carente de aparato crítico.

22 El riesgo, asumido por el autor, precisamente se cifra en tal intento de determinación: a su juicio, la regulación es la del Fuero Viejo; al mío, otras posibilidades caben. Aparte las diferencias que el propio Bono señala, sobre todo en la fase probatoria (ausencia de fieles en la testifical, intervención de escribano), la presencia de figuras como el otor o el juramento decisorio no es definitiva: tal vez hubiera podido señalarse también el Fuero Real. Pero, en todo caso, quizá lo estéril sea el intento de recurrir a un solo "código". Frente al cuidadoso trabajo de J. Bono, el breve párrafo que Rogelio Pérez-Bustamente dedica a la materia procesal en pp. 55-56 de su obra sobre *El Registro Notarial de Dueñas*, Palencia, Diputación Provincial de Palencia - Fundación Matritense del Notariado, 1985,

aparte de resultar cómoda base para la lectura de las glosas que publica[23]. Las de Santos M. Coronas se sitúan voluntariamente en un planteamiento metodológico expresamente reconocido como "tradicional" (p. 512), proporcionando en todo caso información siempre útil y contrastada con un sólido aparato bibliográfico. Y es la utilidad la mejor cualidad del libro de Ángel Bonet, desbrozando las dificultades que plantean la compleja terminología y peculiar tramitación de los procesos que estudia[24].

Comenzábamos este apartado hablando de codificación. Los párrafos anteriores habrían de habernos llevado a analizar nuestros conocimientos más recientes de la materia procesal en el ochocientos. Mas el siglo XIX, al que llegábamos al principio de esta sección siguiendo un recorrido cronológico, nos ha introducido en una problemática que nos ha devuelto a centurias anteriores: la propia exposición ha ilustrado su argumento.

Diríase que el pasado siglo nos expulsa para ocultar su vaciedad, tanto más evidente, sin embargo, cuanto que no faltan trabajos que, por su aislamiento, la acentúan. Y es soledad que imprime su marca: se resienten las investigaciones de Amalia Montes Reyes y José Manuel Romero Moreno de la escasa elaboración histórica del derecho sustantivo que afecta a su materia, ocupándoles el adjetivo que había de procurar su actuación, y si bien se aprecia sensibilidad en el segundo para intentar paliar la dificultad, no se advierte lo mismo en la primera; el mérito que cabe al artículo de Faustino Gutiérrez-Alviz es, haciendo abstracción de otros, precisamente su tema, el de una doc-

incluye únicamente las referencias a los escasos y escuetos asientos del Registro que tienen relación con dicha materia.

23 Este es su principal objeto, pero, empeñado su autor en brindar también al lector una exposición de la regulación completa del Ordenamiento de 1348, no puede evitar ofrecerla de la materia que aquí interesa, razón por la que ocupa su correspondiente lugar en nuestra relación bibliográfica. Las páginas pertinentes son, sobre todo, 62-80, 85-90, 99-100, y 105-107.

24 Todo tiene su reverso. La de Bonet es, como acaba de decirse, una buena guía, pero a pesar de que el autor sea consciente del peligro de mitificación de la historia regional como base, respaldo y reivindicación de autonomías contemporáneas, parece ser su objetivo contribuir no sólo al conocimiento de los procesos forales aragoneses, sino también a su posible puesta en práctica (sobre todo ello, y con claves metodológicas, es ineludible la lectura de su "Introducción", pp. 7-16). Leyendo la nítida exposición sistemática de Ángel Bonet Navarro no se puede evitar a veces pensar que un jurista práctico aragonés del siglo XVII sería también interesado lector del libro.

trina procesalista poco conocida a pesar de apresuradas descalificaciones[25]. El ambicioso *Projekt* de Johannes-Michael Scholz que muy recientemente se anuncia tal vez pueda contribuir, por sí solo o como estímulo, a llenar tantos espacios vacíos.

Y es que aquí se pierde la orientación de una historiografía cuyos fundamentos hemos podido ir repasando. Ya no cabe el desarticulado relato de la ley, pues ya existen manuales de uso académico que solventemente lo hacen. No es necesario tampoco sistematizar normas que son precisamente las que imponen el modelo. No se requieren complejas ediciones de fuentes con extenso aparato crítico. Parece haber terminado la historia.

Y no es que falte el necesario distanciamiento, sin embargo. Pero tal vez no pueda pedirse a una historiografía tan generalmente atenta a las variaciones de la norma como indiferente a las de su contexto que actúe con iguales ímpetus cuando es a éste a quien toca el turno del más absoluto protagonismo. Las modulaciones de dicho contexto, más sutiles desde luego dentro de la etapa contemporánea, poco habrán de significar para la realidad del proceso cuando a éste tampoco han parecido afectar auténticas revoluciones.

6. El de la organización judicial es en esta comunicación terreno fronterizo, y no sólo por razones que ya se deducen del índice de este mismo volumen. Sus posibilidades múltiples como objeto historiográfico, propiamente de historia institucional, han propiciado acercamientos desde el campo de la historia social[26], de la historia de la administración[27], o desde el de una así llamada "historia social de la administración" que se ha mostrado, impulsada sobre

25 J. Lalinde, *Iniciación*, p. 259 (se transcribe completo, con su título, el parágrafo nº 399): "La escasa brillantez de la doctrina procesalista.- La doctrina procesalista no es brillante, como tampoco lo son los frutos de su codificación, destacando el género del comentario". Un modelo, bien es verdad que complejo, de acercamiento a este tipo de fuentes lo ofrece —las distancias son salvables— Scholz, "De camino", *passim*.

26 Richard L. Kagan, con su recensión, que a nuestro argumento más interesará, de Bartolomé Clavero.

27 Un claro supuesto de confluencia es de del Ministerio de Justicia, que ha merecido recientemente una monografía debida a Juan Francisco Lasso Gaite: *El Ministerio de Justicia: su imagen histórica (1714-1981)*, Madrid, 1984. El grueso del trabajo, tras breves apartados sobre organización y atribuciones, lo constituye la relación biográfica de los ministros.

todo por Pere Molas Ribalta, especialmente activa en estos últimos años[28]. Era nuestro objetivo primero el proceso, y no su soporte orgánico. Podrá por todo ello comprenderse la levedad de este apartado.

Sobre tiempos bajomedievales y momentos iniciales de la Edad Moderna las monografías de mayor amplitud de objetivos han pretendido sobre todo la reconstrucción del entramado orgánico de la justicia regia, sin poder dejar de ofrecer una falsa imagen de globalidad al excluir referencia precisa a la pluralidad jurisdiccional vigente y a los problemas de relación entre tales jurisdicciones. Así David Torres Sanz, y así, también, José Sánchez-Arcilla (La administración)[29]. Mejor ha podido verse la cuestión en una extensa mono-

28 Con trabajo justificativo del propio P. Molas, "La Historia social de la administración", pp. 9-18 de la obra colectiva que, encabezada por él mismo, coincide en título; y ya también con su historiografía: L. M. Enciso Recio, "Pedro Molas y la Historia social de la Administración", en Pedro Molas Ribalta, *Consejos y Audiencias durante el reinado de Felipe II*, Valladolid, Facultad de Filosofía y Letras - Cátedra "Felipe II" (Colección "Síntesis", 5), 1984, pp. 5-77. De sus resultados, en cuyo análisis no vamos a entrar, pueden dar cuenta las publicaciones que se incluyen en la relación bibliográfica, en nuestras páginas finales. La extensa labor de P. Molas también guarda sus misterios, de los que no tengo ahora más remedio que responsabilizarme: no he podido encontrar, pese a haber buscado en la sede indicada por el autor, la continuación de su artículo sobre la Audiencia de Valencia de 1808 a 1814 que, bajo el título de "La Audiencia de Valencia durante el reinado de Fernando VII", debió de haber aparecido en *Estudis d'Història Contemporania del País Valenciá*, número 4; Johannes-Michael Scholz, en nota 2 de p. 212 de su "Projekt", inserta una cita que no he podido identificar: "... und Molas, L'étude sociale des "Audiencias"·dans l'Espagne moderne. Valence au XVIIIe siècle, (1983-84), p. 143-156".

29 No se deje de ver, para la correcta valoración de este último trabajo, Benjamín González Alonso, "Renacimiento y miseria de la historia institucional", en *Revista de Estudios Políticos* (Nueva Época), 33 (mayo-junio 1983), pp. 169-185. Es artículo que alcanza, tal vez sin saberlo, a otra obra de Sánchez-Arcilla. Este, en su estudio sobre la figura del fiscal (sin determinación temporal en el título, conviene señalar que sólo afecta a los siglos bajomedievales), apoya sus tesis en un examen de fuentes una de cuyas bases fundamentales es precisamente el capítulo V, sobre el Consejo Real, de *La administración* (véase, especialmente, p. 695 y notas correspondientes de "Procurador Fiscal"). En la misma línea señalada en el texto, cabe también la cita de otros trabajos: el mismo José Sánchez-Arcilla Bernal ha dedicado atención específica a "Las reformas de Alfonso X en la organización territorial de la Corona de Castilla", en la *Revista de la Facultad de Derecho de la Universidad Complutense*, nº 9 (monográfico: Alfonso X el Sabio. VII Centenario), Madrid, julio 1985, pp. 115-127; en la misma sede que acaba de citarse, Rogelio Pérez-Bustamante y González de la Vega se ocupa en pp. 83-102 de "Las reformas de la Administración central del reino de Castilla y León en la época de Alfonso X (1252-1284)",

grafía dedicada precisamente al órgano entre cuyas funciones se encontraba la defensa de la jurisdicción regia con ocasión de las inevitables fricciones que tal situación plural planteaba. Me refiero al estudio de Salustiano de Dios sobre el Consejo Real de Castilla, quien también dedica atención notable a la diversidad de vías —de expediente y de proceso— arbitradas como posibles para la realización concreta de la justicia, dando base suficiente, y en ello ha tenido el autor oportunidad de insistir en investigaciones posteriores, para un más correcto entendimiento de la relación entre función y órgano en los siglos bajomedievales y modernos.

Pero volvamos a la cuestión de pluralidad de jurisdicciones, que comparece más en monografías de orientación institucional u orgánica que en las que más detenidamente hasta ahora veníamos considerando: no sólo en el caso castellano que Salustiano de Dios detalla, sino también en otros territorios y con respecto a etapas más recientes —Teresa Canet sobre la Audiencia valenciana— el problema se aborda. No puede extrañar en una historiografía cuyos autores demuestran, salvo excepciones ya consideradas, mayor rigor de historiadores[30]. Lo que se ofrece, que no es poco, da sin embargo la medida de lo que falta. Se echa de menos un mejor conocimiento de los extremos, el más teórico de elaboración contemporánea de la base conceptual en la que se asienta la pluralidad jurisdiccional que conforma políticamente la sociedad de la Baja Edad Media y Edad Moderna, y el más práctico de los modos de actuación de las jurisdicciones no regias precisamente desde el punto de vista procesal. Entre ambos extremos, que no por serlo han de constituir la periferia del problema, su centro, a cuya comprensión más se ha contribuido, proyecta sombras que no pueden disiparse salvo que se varíe el punto de vista. Abandonando la jurisdicción regia, lo hace Alfonso María Guilarte con respecto a la justicia señorial: pese a sus logros, sigue faltando la aludida elaboración de conceptos. Y con respecto al segundo de los mencionados extremos, la desatención es total[31], y tal vez no lo fuera tanto si del primero más se supiera: desde la jurisprudencia bajomedieval, la distinción entre la

asunto en el que ya hubo de incidir en *El Gobierno y la Administración de los Reinos de la Corona de Castilla (1230-1274)*, 2 vols., Madrid, Universidad Autónoma (Antiqua et Mediaevalia, 2), 1976.

30 En la metodología y en los resultados: Pablo Pérez García sobre el Justicia criminal de Valencia.

31 Una aportación existe para procesos en la jurisdicción eclesiástica, pero drásticamente limitada: la informada y rigurosa de Joaquín Llobell Tuset sobre la motivación de la sentencia canónica.

ordenación jurídica sustantiva y la procesal se manifiesta como adecuada vía de resolución de los inevitables roces entre las distintas jurisdicciones.

Trabajos recientes como los de Marta Lorente o Mariano Peset y José Luis Soberanes vienen atendiendo a un siglo XIX que también en esta materia espera contribuciones. Los segundos, con base constitucional; la primera, mostrando, frente a Luis Moreno Pastor, que mayor extensión no implica siempre mejor comprensión. Ambos, todavía en un período que por muchas razones puede aún considerarse de tránsito, sobre la definición de un poder judicial distinto y separado en el marco de la doctrina de la división de poderes. Insisten Peset y Soberanes en que la política de reformas se emprende en Cádiz bajo el prisma de la "restitución" a la Nación de sus derechos, y no bajo el de la instauración de los mismos. Refiriendo las reformas "a la constitución histórica de épocas pretéritas", los legisladores doceañistas "supieron aprovechar... elementos ideológicos para organizar la justicia ordinaria" (pp. 782-783). Similares planteamientos, relativos esta vez a la constitución del poder legislativo y surgiendo en los mismos años, han lastrado permanentemente el entendimiento por parte de los historiadores de instituciones pretéritas. Tal vez —es una mera hipótesis de trabajo— algo semejante pueda haber ocurrido con los órganos jurisdiccionales: el examen historiográfico —no sólo: aún las Cortes se reservan funciones judiciales (Marta Lorente; Santos M. Coronas); el Tribunal Supremo no despega todavía como órgano desvinculado de los del Antiguo Régimen (de nuevo, Marta Lorente; Peset y Soberanes)—, por hacer, se presenta desde luego atractivo.

Una última consideración, relacionada con alguna de las ideas en él expuestas, habrá de cerrar este apartado, que lo es precisamente porque independientes o separadas de lo procedimental son las investigaciones que fundamentalmente acoge. Una mayor integración sería deseable, no habiendo sabido huir estas páginas de la tendencia dominante. Interesa por ello resaltar que no es el menor mérito del trabajo de síntesis de Benjamín González Alonso dentro del panorama de la historiografía reciente, el hecho de haber logrado un tratamiento conjunto e integrado de ambas dimensiones, orgánica y procedimental, de la justicia en su historia.

7. He querido dejar para el final una serie de aportaciones que reflexionan sobre un asunto procesal en el que de algún modo confluyen las líneas de esta comunicación. En 1981 aparece una monografía extensa sobre el jurado

debida a Juan Antonio Alejandre. Se trata de una exposición amena y bien construida sobre la base de una diversa panoplia de fuentes escogida con la suficiente amplitud como para que adecuadamente pueda reflejar el debate que sobre la institución emprende la sociedad española desde inicios del siglo XIX. Pese a su expresa intención de imparcialidad, no elude Alejandre reconocer la oportunidad política de su obra, cifrada en la previsión constitucional de 1978 (pp. 11 y 55). Y tampoco deja de señalar la intención última de las historias del jurado que aparecen a lo largo del siglo pasado: se trataba de presentarlo como institución apoyada en la tradición, despojándola de componentes "revolucionarios" —pues tal imputación constituyó de hecho argumento contra sus defensores (p. 33)— intranquilizadores (pp. 55-57). Pero no fue la historia sólo arma para sus partidarios, y en ello creo que el autor no insiste lo suficiente, al menos de modo expreso: una de las historias del jurado más citada por Alejandre es la de Escriche, destacado antijuradista[32]. Ello es ya índice de que la monografía no es en realidad tan aséptica o descomprometida como su autor la pretende (pp. 11-12). Dejando aparte el capítulo final sobre el jurado en la Constitución de 1978, en el que el historiador cede paso al jurista preocupado por el derecho vivo, las actitudes del investigador ante determinadas circunstancias pueden resultar más significativas: desde el planteamiento inicial de Alejandre (cap. I: "Unas ideas previas en torno al concepto de Jurado", pp. 17-22), se está considerando el jurado exclusivamente en el ámbito penal; sin embargo, alguna referencia de pasada nos permite intuir que el debate fue más amplio, discutiéndose, y no sólo en la Segunda República sino también en el propio siglo XIX, la implantación del jurado en materia civil[33]. Como también se entrevé en algún momento que la Iglesia hubo seguramente de pronunciarse —directamente o a través de sectores sociales que hacían de la religión bandera política—, siendo ámbito en el

32 Véase también el caso de Danvila, en p. 178. Al examinar esas obras históricas, a veces es difícil saber si Alejandre está exponiendo sus resultados o es él mismo quien indaga la posible existencia del jurado antes de la pasada centuria.

33 Véase la cita, indirecta, de Cos-Gayón en p. 27; y también p. 234, ya acerca de la Segunda República, sobre las pretensiones de extender el jurado a asuntos civiles y mercantiles. Y en este mismo orden de cosas, tampoco se ofrece un examen separado y específico del ámbito penal cambiante en el que, en las diversas etapas de su historia, ha de intervenir el jurado: en p. 179 se reserva para nota (406) la noticia de que el artículo más debatido en el proyecto de ley de 1888 es el de las competencias, después de una extensa, y a esas alturas del libro ya algo repetitiva, exposición en texto sobre la conveniencia y fundamento de la institución.

que nunca se entra (n. 43 en p. 32; p. 90; p. 231 con calificación del periódico *El Debate*).

Rafael Gibert había puesto su grano de arena para el conocimiento histórico del jurado pocos años antes. Pese a la valoración negativa, justificada por la confusión de datos, que su trabajo merece a Alejandre (y que expresa en n. 135 de p. 55 y n. 373 de p. 167), tal vez éste deba a aquél más de lo que reconoce. El trabajo de Gibert es agudo y sugerente, con interesantes comentarios, lamentablemente sin desarrollo, sobre la posible relación entre el propio ordenamiento penal y la actuación tan criticada del jurado en el período de vida de la institución que abrió la ley de 1888, y sobre la necesidad de examinar, por difícil que sea, sus resultados reales junto a las valoraciones contemporáneas (p. 466).

El libro de Alejandre, y no inmerecidamente, suscita atención posterior, inmediata a su publicación. Alberto de la Hera destaca, desde las páginas de un órgano de comunicación de historiadores —la revista *Hispania*, frecuentemente atenta a la historia jurídica—, la necesidad de conocer la historia para regular adecuadamente el jurado. Más directamente, en otra recensión, publicada esta vez en la revista más adecuada a su materia —el *Anuario de Historia del Derecho Español*—, José Sánchez-Arcilla afirma la conveniencia de que el libro sea tenido en consideración por los legisladores que hayan de desarrollar el art. 125 de la Constitución de 1978. Y un trabajo, como el de Alejandre, de historia del proceso que es también un proceso a la historia, que introduce el presente en el pasado y en el que el pasado es instrumento del presente, puede seguir siendo fuente de paradojas. José Almagro Nosete alaba, en un órgano de comunicación propio de procesalistas —la ya considerada *Revista de Derecho Procesal Iberoamericana*—, el "cultivo de la historia del Derecho en razón de utilidad social", afirmando su posición ante el jurado: "la situación política y social española, condicionada gravemente por el terrorismo y el paro, no es propicia al arraigo de la institución del jurado que requiere como presupuesto sociológico de una estabilidad, que no por deseada puede fingirse. De aquí mi posición cautelosa... La cautela, sin embargo, no significa animadversión, ni siquiera un efugio" (p. 504). Leyendo a Alejandre aprendíamos que tal argumento es monopolizado por los antijuradistas durante todo el siglo XIX, y era contestado con extrema dureza por sus contrarios: en un artículo del periódico *El Liberal*, en 1881, se decía: "No habrá, después del discurso del Sr. Romero Girón, quien se atreva a combatir en serio el Jurado, ni menos quien, reconociendo sus ventajas, acuda al expediente reaccionario de los aplazamientos" (pp. 152-153). Se trata, como puede verse, de un insólito caso en el que una monografía es capaz de ofrecer al lector los criterios suficientes para enjuiciar la intención de sus propias recensiones.

8. Espero que el lector sepa perdonar las omisiones bibliográficas tanto como aprovechar las temáticas. Si de muchas páginas se ha dado aquí razón, más son las que aún no están escritas. Baste insistir en que el tronco común del proceso en las etapas bajomedieval y moderna y en períodos sucesivos, el civil ordinario, está aún por hacer. Que se sabe muy poco de la justicia no regia en las etapas de vigencia del *ius commune*, y nada sobre modos no institucionalizados de resolución de conflictos fuera de los límites de la justicia oficial, siendo Antonio Merchán con sus trabajos sobre el arbitraje quien se ha situado más cerca de dichas fronteras. Que la ciencia jurídica que se construye sobre el proceso sólo ha comenzado recientemente a suscitar la atención que merece. En una historiografía en la que monografías tan breves como la de Filippo Ranieri abren con facilidad espacios tan vastos a la investigación, estímulos no faltan.

Ni tampoco orientaciones: cuando la historia del derecho procesal ha sido instrumento para conocer la sociedad a la que sirve, sus funciones aparecen claras y los resultados son apreciables. No ha ocurrido lo mismo cuando la historia del derecho procesal ha sido sólo instrumento para conocer, estrictamente, el proceso.

Relación Bibliográfica

Aikin Araluce, Susana: *El recurso de apelación en el derecho castellano*, Madrid, Reus, 1982, 230 pp. (Publicación de la tesis reprografiada: *El recurso de apelación en el derecho procesal castellano entre los siglos XIII y XIX*, Madrid, Editorial de la Universidad Complutense de Madrid - Servicio de Reprografía, 1983, 474 pp.).

Alcalá-Zamora y Castillo, Niceto: "Instituciones judiciales y procesales del Fuero de Cuenca", en *Anuario de Estudios Medievales*, 12 (1982), pp. 59-132.

Alejandre, Juan Antonio: *La justicia popular en España. Análisis de una experiencia histórica: los Tribunales de Jurados*, Madrid, Editorial de la Universidad Complutense, 1981, 268 pp.

Almagro Nosete, José: Recensión a J.A. Alejandre, *La justicia popular*, en RDPI, 1981 nº 2-3, pp. 503-504.
Alonso Romero, María Paz: *El proceso penal en Castilla (siglos XIII-XVIII)*, Salamanca, Ediciones Universidad de Salamanca - Excma. Diputación Provincial de Salamanca (Acta Salmanticensia - Iussu Senatus Universitatis Edita; Derecho, 42), 1982, 379 pp.
Alonso Romero, María Paz: "El proceso penal en el Fuero de San Sebastián", en *Actas del Congreso "El Fuero de San Sebastián y su época"*, San Sebastián, Eusko-Ikaskuntza - Sociedad de Estudios Vascos, 1982, pp. 397-405.
Benito Fraile, Emilio Javier de: *La sentencia en el proceso civil ordinario en el Derecho castellano: siglos XIII al XIX*, Madrid, Editorial de la Universidad Complutense de Madrid - Servicio de Reprografía, 1988, 613 pp.
Benito Fraile, Emilio Javier de: "Notas para el estudio de la sentencia en el proceso civil ordinario desde la Recepción del derecho común hasta la ley de Enjuiciamiento Civil de 1881", en *Glossae. Revista de Historia del Derecho Europeo*, 1 (1988), pp. 135-159.
Benito Ruano, Eloy: "Locvs appellacionis", en AA.VV., *Estudios en Homenaje a Don Claudio Sánchez Albornoz en sus 90 años*, vol. III, Buenos Aires, Facultad de Filosofía y Letras (Anejos Cuadernos de Historia de España - Instituto de Historia de España), 1985, pp. 303-313.
Bermúdez, A.: Recensión a R. Fernández Espinar, *El principio "Testis unus, testis nullus"*, en AHDE 49 (1979), pp. 801-802.
Bonet Navarro, Ángel: *Procesos ante el Justicia de Aragón*, Zaragoza, Guara Editorial (Colección Básica Aragonesa, 36), 204 pp.
Bono y Huerta, José: "Epílogo: una aportación especializada: el Registro Notarial de Santillana y la materia procesal", en Rogelio Pérez-Bustamante, *El Registro Notarial de Santillana*, Madrid, Fundación Matritense del Notariado (Acta Notariorum Hispaniae, 1), 1984, pp. 87-99.
Canet Aparisi, Teresa: "Derecho y administración de justicia en la formación del Reino de Valencia", en *Estudis. Revista de Historia Moderna*, 10 (1983), pp. 7-31.
Canet Aparisi, Teresa: "La administración real y los antecedentes históricos de la Audiencia moderna", en *Estudis. Revista de Historia Moderna*, 11 (1984), pp. 7-39.
Canet Aparisi, Teresa (edición, introducción e índices): *Práctica y orde judiciari de les causes civils de contenciosa jurisdicció*, Valencia, Universidad

de Valencia - Facultad de Geografía e Historia -Publicaciones del Departamento de Historia Moderna (Monografías y Fuentes, 11), 1984.

Canet Aparisi, Teresa: *La Audiencia valenciana en la época foral moderna*, Valencia, Edicions Alfons el Magnànim - Institució Valenciana d'Estudis i Investigació (Estudios Universitarios, 17), 1986, 278 pp.

Ceino, L.: Recensión a A. Merchán, *El arbitraje*, en *Revista de Derecho Privado*, 65 (1981), pp. 1055.

Cerdá Ruiz-Funes, Joaquín: "La 'Inquisitio' en los Furs de Valencia y en el 'Llibre de las Costums' de Tortosa", en AHDE 50 (1980), pp. 563-586.

Cerdá Ruiz-Funes, Joaquín: "La 'Inquisició' en las Costums de Tortosa (Notas para un estudio)", en *Costums de Tortosa. Estudis*, Tortosa, Universitat Nacional d'Educació a Distància - Centre Associat de Tortosa, 1979, pp. 379-406.

Cillán-Apalategui García de Iturrospe, María del Coro, y Cillán-Apalategui, Antonio: "La administración de justicia en Álava después de la disolución de la Cofradía de Arriaga en 1332", en AA.VV., *Formación de Alava. 650 aniversario del Pacto de Arriaga (Comunicaciones, vol. I)*, Vitoria, Diputación Foral de Alava, 1985, pp. 181-189.

Coronas González, Santos M.: "La jurisdicción mercantil castellana en el siglo XVI", en Santos M. Coronas González, *Derecho mercantil castellano. Dos estudios históricos*, León, Colegio Universitario de León - Unidad de Investigación (Publicaciones, 15), 1979, pp. 10-169.

Coronas González, Santos M.: "La recusación judicial en el Derecho histórico español", en AHDE 52 (1982), pp. 511-615.

Coronas González, Santos M.: "El Senado como Tribunal de Justicia", en AA.VV., *Actas del IV Symposium de Historia de la Administración*, Madrid, Instituto Nacional de Administración Pública, 1983, pp. 159-196.

Clavero, Bartolomé: Recensión a R.L. Kagan, *Lawsuits and Litigants*, en AHDE 52 (1982), pp. 793-795.

De Dios, Salustiano: *El Consejo Real de Castilla (1385-1522)*, Madrid, Centro de Estudios Constitucionales, 1982, 518 pp.

De Dios, Salustiano: "Las Cortes de Castilla y León y la Administración Central", en AA.VV., *Las Cortes de Castilla y León en la Edad Media. Actas de la Primera Etapa del Congreso Científico sobre la Historia de las Cortes de Castilla y León*, vol. II, Valladolid, Cortes de Castilla y León, 1988, pp. 255-317.

Domínguez Martín, Salvador: "Exposición sistemática de las fazañas como fuente del Derecho medieval", en RDPI, 1980 nº 1, pp. 27-67.

Espuny Tomás, Mª Jesús / Sarrión Gualda, José: "El Tribunal de Alzadas o de Apelaciones del Consulado de Comercio de Barcelona: sus reformas (1763-1813)", en *Pedralbes. Revista d'Història Moderna* (= *Catalunya a l'Epoca de Carles III. Segon Congrés d'Història Moderna de Catalunya. Actes, 1*), Departament d'Història Moderna. Facultat de Geografia i Història. Universitat de Barcelona, 1988, pp. 161-180.

Fernández Espinar, Ramón: *El principio "Testis unus, testis nullus" en el derecho procesal español*, Madrid, 1979, 127 pp.

Gallego Morell, Manuel: "Influencia del Derecho de la Iglesia en el Derecho Procesal", en RDPI, 1980 nº 2-3, pp. 353-367.

Gibert y Sánchez de la Vega, Rafael: "El juicio por Jurado entre nosotros", en AA.VV., *Escritos en Homenaje al Profesor Prieto Castro*, I, Madrid, Editora Nacional, 1979, pp. 447-468 (ya publicado, con mínimas alteraciones, bajo el título "El juicio por jurados en España", en la *Revista de la Facultad de Derecho de la Universidad Complutense de Madrid* (Nueva Serie), vol. 15, nº 42 (1971), pp. 559-572).

Gimeno Sendra, Vicente: "Causas históricas de la ineficacia de la Justicia", en RDPI, 1987 nº 2, pp. 263-290.

Gómez Colomer, Juan-Luis: "Origen y evolución de la declaración indagatoria", en RDPI, 1980 nº 2-3, pp. 369-414.

Gómez Rivero, Ricardo: "Breve síntesis histórica de la administración de justicia en los territorios históricos vascos y reino de Navarra", en *Revista Vasca de Derecho Procesal*, I-1 (San Sebastián, 1987), pp. 25-47.

González Alonso, Benjamín: "La justicia", en Miguel Artola (dir.), *Enciclopedia de Historia de España, vol. II: Instituciones políticas. Imperio*, Madrid, Alianza Editorial, 1988, pp. 343-417.

Guilarte, Alfonso María: *El régimen señorial en el siglo XVI*, 2ª ed. revisada, Valladolid, Secretariado de Publicaciones de la Universidad de Valladolid - Caja de Ahorros y M. P. de Salamanca (Serie: Historia y Sociedad, 8), 1987, 346 pp.

Gutiérrez-Alviz y Conradi, Faustino: "Doctrina procesal española sobre la acción (1830-1930)", en RDPI, 1979 nº 1, pp. 21-43.

De la Hera, Alberto: Recensión a J.A. Alejandre, *La justicia popular*, en *Hispania. Revista Española de Historia*, t. 41, nº 149 (septiembre-diciembre 1981), pp. 698-701.

Iglesia Ferreirós, Aquilino: "El proceso del conde Bera y el problema de las ordalías", en AHDE 51 (1981), pp. 1-221.

Jiménez de Cisneros Cid, Francisco Javier: "Desamortización y Jurisdicción de Hacienda", en AHDE 54 (1984), pp. 449-475.

Kagan, Richard L.: *Lawsuits and Litigants in Castile, 1500-1700*, Chapel Hill, The University of North Carolina Press, 1981, XXIV + 274 pp.

Lalinde Abadía, Jesús: *Iniciación histórica al Derecho español*, Barcelona, Ariel, 2ª ed. 1978, XXII + 1040 pp. ("El restablecimiento del orden jurídico", pp. 881-947). (3ª ed., con ampliación bibliográfica, 1983).

Lalinde Abadía, Jesús: "Vida judicial y administrativa en el Aragón barroco", en AHDE 51 (1981), pp. 419-521.

Llobel Tuset, Joaquín: *Historia de la motivación de la sentencia canónica*, Zaragoza, Caja de Ahorros y Monte de Piedad de Zaragoza, 1985 (Prólogo de Carmelo de Diego-Lora), 188 pp.

Lorente Sariñena, Marta: "División de poderes e interpretación de ley", en AA.VV., *Materiales para el estudio de la Constitución de 1812*, Madrid, Tecnos, 1989, pp. 401-420.

Madero Eguía, Marta: "El riepto y su relación con la injuria, la venganza y la ordalía (Castilla y León, siglos XIII y XIV)", en *Hispania. Revista Española de Historia*, t. 47, nº 167 (septiembre-diciembre 1987), pp. 805-861.

Merchán Álvarez, Antonio: *El arbitraje. Estudio histórico-jurídico*, Sevilla, Publicaciones de la Universidad de Sevilla (Anales de la Universidad Hispalense. Serie: Derecho, 43), 1981, 356 pp.

Merchán Álvarez, Antonio: "La alcaldía de avenencia como forma de justicia municipal en el Derecho de León y Castilla", en AA.VV., *Estudios en Homenaje a Don Claudio Sánchez Albornoz en sus 90 años*, vol. III, Buenos Aires, Facultad de Filosofía y Letras (Anejos Cuadernos de Historia de España - Instituto de Historia de España), 1985, pp. 263-292.

Merchán Álvarez, Antonio: "Un arbitraje sobre términos de villas señoriales", en HID 14 (1987), pp. 123-139.

Merchán Álvarez, Antonio: "Consideraciones terminológicas y conceptuales sobre la distinción árbitros-arbitradores en el Derecho castellano", en AA.VV., *Homenaje a Juan Berchmans Vallet de Goytisolo*, vol. II, Madrid, Junta de Decanos de los Colegios Notariales de España - Consejo General del Notariado, 1988, pp. 617-628.

Molas Ribalta, P., et al.: *Historia social de la administración española. Estudios sobre los siglos XVII y XVIII*, Barcelona, Consejo Superior de Investigaciones Científicas - Institución Milá y Fontanals - Departamento de Historia Moderna, 1980, 289 pp.

Molas Ribalta, P.: "Las Audiencias borbónicas en la Corona de Aragón", en P. Molas Ribalta et al., *Historia social*, pp. 117-164.

Molas Ribalta, P.: "Militares y togados en la Valencia borbónica", en P. Molas Ribalta et al., *Historia social*, pp. 165-181.

Molas Ribalta, P.: "Los colegiales mayores en la Audiencia de Valencia", en *Pedralbes*, 1 (1981), pp. 51-75.

Molas Ribalta, P.: "Magistrados valencianos en el siglo XVIII", en AA.VV., *Mayans y la Ilustración. Simposio Internacional en el Bicentenario de la muerte de Gregorio Mayans*, Valencia, Ayuntamiento de Oliva, 1982.

Molas Ribalta, P.: "La Audiencia de Valencia de 1808 a 1814", en *Estudis. Revista de Historia Moderna*, 10 (1983), pp. 183-214.

Montes Reyes, Amalia: "Vicisitudes del proceso matrimonial civil en España desde 1870", en *Revista de la Facultad de Derecho de la Universidad de Granada*, 1 (1983, 2º cuatrimestre), pp. 77-109.

Mora Cañada, Adela: "El tribunal del consulado de Valencia en el siglo XVIII: conflictos de competencias y legislación aplicable en los procesos", en AA.VV., *Homenaje a Juan Berchmans Vallet de Goytisolo*, vol. II, Madrid, Junta de Decanos de los Colegios Notariales de España - Consejo General del Notariado, 1988, pp. 629-638.

Mora Cañada, Adela: "Los principios del procedimiento mercantil del nuevo tribunal de comercio valenciano de 1762", en AA.VV., *Homenatge al Doctor Sebastià Garcia Martínez*, vol. II, València, Generalitat Valenciana - Conselleria de Cultura, Educació y Ciència, 1988, pp. 355-366.

Moreno Pastor, Luis: *Los orígenes del Tribunal Supremo: 1812-1838*, Madrid, Editorial de la Universidad Complutense de Madrid - Servicio de Reprografía, 1988, 660 pp.

Moreno Trujillo, Eulalia Mª: "El defensor judicial y sus antecedentes históricos", en *Revista de la Facultad de Derecho de la Universidad de Granada*, 8 (1985, 3er cuatrimestre), pp. 179-233.

Otero, Alfonso: "Coloquio sobre riepto a concejo", en AHDE 54 (1984), pp. 595-598.

Pérez Martín, Antonio: "El *ordo iudiciarius* '*Ad summariam notitiam*' y sus derivados. Contribución a la historia de la literatura procesal castellana", I, en HID 8 (1981), pp. 195-226, y II, en HID 9 (1982), pp. 327-423.

Pérez Martín, Antonio: "El Ordenamiento de Alcalá (1348) y las glosas de Vicente Arias de Balboa", en *Ius Commune*, 11 (1984), pp. 55-215.

Pérez-Victoria Benavides, Manuel: "El juicio ordinario en el procedimiento de la Recepción", en *Anuario de Estudios Sociales y Jurídicos*, 10-11, (Granada 1981-82), pp. 541-561.

Pérez Samper, María de los Ángeles: "La formación de la nueva Real Audiencia de Cataluña (1715-1718)", en P. Molas Ribalta et al., *Historia social*, pp. 183-246.

Pérez Samper, María de los Ángeles: "La Real Audiencia de Cataluña durante la guerra de Independencia", en *Pedralbes*, 2 (1982), pp. 177-209.

Peset, Mariano / Soberanes, José Luis: "El poder judicial en las cortes de Cádiz", en AA.VV., *Estudios en Homenaje al Profesor Diego Sevilla Andrés. Historia, Política y Derecho*, vol. II, Valencia, Universidad de Valencia - Secretariado de Publicaciones, 1984, pp. 775-797.

Petit, Carlos: "'Arreglo de Consulados' y revolución burguesa: en los orígenes del moderno derecho mercantil español", en HID 11 (1984), pp. 255-312.

Petit, Carlos: "*De negotiis causarum*" I, en AHDE 55 (1985), pp. 151-251, y II, en AHDE, 56 (1986), pp. 5-165 [versión revisada en Carlos Petit, *Iustitia gothica. Historia social y teología del proceso en la Lex Visigothorum*, Huelva, Universidad, 2001].

Petit, Carlos: "Iglesia y justicia en el reino de Toledo", en AA.VV., *Los visigodos. Historia y Civilización* (Antigüedad y Cristianismo. Monografías Históricas sobre la Antigüedad Tardía - III), Murcia, Universidad de Murcia - Secretariado de Publicaciones, 1986, pp. 261-274 [véase en Carlos Petit, *Iustitia gothica. Historia social y teología del proceso en la Lex Visigothorum*, Huelva, Universidad, 2001].

Ranieri, Filippo: "El estilo judicial español y su influencia en la Europa del Antiguo Régimen", en Antonio Pérez Martín (ed.), *España y Europa, un pasado jurídico común. Actas del I Simposio Internacional del Instituto de Derecho Común*, Murcia, Publicaciones del Instituto de Derecho Común - Universidad de Murcia, 1986, pp. 101-118.

Romero Moreno, José Manuel: *Proceso y Derechos Fundamentales en la España del siglo XIX*, Madrid, Centro de Estudios Constitucionales (Colección "Estudios Constitucionales"), 1983, XVI + 447 pp. Prólogo de Gregorio Peces-Barba. (Publicación de la tesis reprografiada: *Protección procesal y Derechos Fundamentales en la España del siglo XIX*, Madrid, Editorial de la Universidad Complutense de Madrid - Servicio de Reprografía, 1982, XI + 884 pp. en 2 vols.).

Roudil, Jean: *Jacobo de Junta el de las Leyes. Oeuvres, I: Summa de los nueve tiempos de los pleitos. Édition et étude d'une variation sur un thème*, Paris, Klincksieck (Publication du Séminaire d'Études Médiévales Hispaniques de l'Université de Paris-XIII.- Annexes des Cahiers de Linguistique Hispanique Médiévale, vol. 4), 1986, 513 pp.

Ruiz Domènec, José Enrique: "Las prácticas judiciales en la Cataluña feudal", en HID 9 (1982), pp. 245-272.

Sainz Guerra, Juan: "La Justicia en las etapas absolutistas del reinado de Fernando VII", en *Revista de la Facultad de Derecho de la Universidad de Granada*, 8 (1985, 3er cuatrimestre), pp. 133-161.

Sánchez-Arcilla Bernal, José: *La administración de justicia real en Castilla y León en la Baja Edad Media (1252-1504)*, Madrid, Editorial de la Universidad Complutense de Madrid - Servicio de Reprografía, 1980, VI + 863 pp.

Sánchez-Arcilla Bernal, José: Recensión a J.A. Alejandre, *La justicia popular*, en AHDE 51 (1981), pp. 689-691.

Sánchez-Arcilla Bernal, José: "'Procurador Fiscal' y 'Promotor de la Justicia'. Notas para su estudio", en RDPI, 1982 nº 4, pp. 675-702.

Scholz, Johannes-Michael: "Acerca de la historia del Derecho en España y Portugal", en *Revista Crítica de Derecho Inmobiliario*, año 58, nº 550 (mayo-junio 1982), pp. 633-661 (trad. de Mariano Peset; originalmente, "Zum Forschungsstand der neueren Rechtsgeschichte Spaniens und Portugal", en *Zeitschrift für Neuere Rechtsgeschichte*, 3-4 (1980), pp. 164-187.

Scholz, Johannes-Michael: "De camino hacia el templo de la verdad. La crítica de la justicia en el siglo XVIII español", en *Mayans y la Ilustración. Simposio Internacional en el Bicentenario de la muerte de Gregorio Mayans*, Valencia, Ayuntamiento de Oliva, 1982, pp. 573-609.

Scholz, Johannes-Michael: "Gesetzgebung zum Verfahrensrecht. Spanien", en Coing, Helmut (hrsg.), *Handbuch der Quellen und Literatur der neueren europäischen Privatrechtsgeschichte, III/2: Gesetzgebung zum allgemeinen Privatrecht und zum Verfahrensrecht*, München, C.H. Beck, 1982, pp. 2403-2442.

Scholz, Johannes-Michael: "La constitution de la justice commerciale capitaliste en Espagne et au Portugal", en *O liberalismo na Península Ibérica na primeira metade do século XIX*, II, Lisboa, Fundação Gulbenkian, 1982, pp. 65-86.

Scholz, Johannes-Michael: "Projekt: Spanische Justiz im 19. Jahrhundert", en *Ius Commune*, 15 (1988), pp. 209-229.

Tatjer, María Teresa: *La Audiencia Real en la Corona de Aragón*, Barcelona, Universidad, 1987 (ed. en microfichas).

Tomás y Valiente, Francisco: Nota bibliográfica a T. Canet (ed.), *Práctica*, en AHDE 55 (1985), p. 984.

Tomé Paule, J.: "La organización judicial en los estados cristianos de la España medieval", en RDPI, 1981 nº 4, pp. 669-715.

Tomé Paule, J.: "La Organización Judicial española durante la Edad Moderna", en RDPI, 1982 nº 2-3, pp. 453-487.

Torres Sanz, David: *La administración central castellana en la Baja Edad Media*, Valladolid, Secretariado de Publicaciones de la Universidad de Valladolid - Departamento de Historia del Derecho, 1982, 294 pp.

Vallejo, Jesús: "La regulación del proceso en el Fuero Real: desarrollo, precedentes y problemas", en AHDE 55 (1985), pp. 495-704.

Vallejo, Jesús: Recensión a M.P. Alonso, *El proceso penal*, en AHDE 55 (1985), pp. 818-820.

Vallejo, Jesús: "Fuero Real 1,7,4: pleitos de justicia", en HID 11 (1984), pp. 343-374.

Vicente de Cuéllar, Benito: "Los procesos de infanzonía en el Reino de Aragón", en RDPI, 1981 nº 1, pp. 193-247.

Post scriptum. El presente trabajo ha querido asumir el riesgo, pero no ha podido sortear el obstáculo: la exhaustividad. Me llegan tardíamente noticias de la publicación de tres monografías editadas por el Centro de Publicaciones de la Secretaría General Técnica del Ministerio de Justicia: la primera, de César Herrero Herrero, *La justicia penal española en la crisis del poder absoluto*, Madrid, 1988, 672 pp., podría seguramente modificar alguna de las apreciaciones de nuestro apartado 4; la segunda, de Ricardo Gómez Rivero, *Los orígenes del Ministerio de Justicia (1714-1812)*, Madrid, 1988, 188 pp., debía de haber ocupado su lugar en la nota 27; de la tercera sólo dábamos noticia de su inicial edición reprografiada, pues se trata de la obra de Luis Moreno Pastor, *Los orígenes del Tribunal Supremo (1812-1838)*, Madrid, 1989. Al comienzo de la nota 28 conviene incluir también otro trabajo de P. Molas, "La Historia social de la administración. Balance y perspectivas para el siglo XVIII español", en *Cuadernos de Investigación Histórica*, 6 (1982), pp. 151-168, estudio bibliográfico de copiosa información. Añádanse, por último, dos investigaciones aparecidas en la misma sede, el volumen colectivo que también acoge la contribución de Marta Lorente ya indicada en la relación bibliográfica: la de Antonio Merchán sobre "La jurisdicción arbitral en la Constitución de Cádiz" (pp. 465-479), y la de Carmen Muñoz de Bustillo, "La organización de los tribunales españoles (1808-1812)" (pp. 545-561), tema este último de cuyo indudable interés ya se ha dado cuenta en estas páginas, y que la autora sabe abordar con la solvencia que corresponde a quien muy bien conoce la compleja etapa histórica a la que su título hace referencia.

LA SECUELA DE HINOJOSA
Y LAS CUESTIONES DE ALTAMIRA

In memoriam. Evocación y motivos

Por cultivar Carlos Díaz Rementería el Derecho indiano, o por no frecuentarlo yo, las conversaciones de índole profesional que tantas veces marcaron nuestros encuentros tuvieron muy poco que ver con las particulares investigaciones de cada cual, y versaron casi siempre sobre la significación de la historia jurídica. Acerca de cuestión tan decisiva para la configuración de la propia obra, mantuvo invariablemente una posición que en la última de las memorias académicas que se vio obligado a redactar alcanzaría formulación tan simple como rotunda. La primera de nuestras citas capitulares la recoge.

Ahora que no hay conversación posible, doy a la imprenta en su recuerdo un monólogo sobre cuyo objeto hubiéramos podido intercambiar pareceres. Tan discutibles como las opiniones que se expresan en un diálogo afable entre compañeros de tareas, no recogen estas páginas otra cosa que una personal y razonada percepción —y no es imposible darles un carácter algo más general: incorporarían así la particular percepción de alguien que se inicia en la historia jurídica muy a principios de los años ochenta y reflexiona críticamente sobre dicha percepción casi tres lustros después— de algunos jalones fundamentales para el desenvolvimiento, en este ya agonizante siglo, de la historia del derecho en España.

Una primera redacción de estas notas formó parte de un Proyecto docente que Carlos Díaz Rementería hubo de evaluar. Tal circunstancia, y el protagonismo en ellas de la figura de Rafael Altamira, indianista insigne aunque no sólo insigne por indianista, son razones añadidas para darlas a la luz en este homenaje.

* * *

El concepto de historia del derecho que estas líneas defienden, implica la identidad de la disciplina como propiamente histórica, cuyo objeto es el derecho concebido como integrante cultural en las comunidades históricas.

Carlos Díaz Rementería, *Proyecto docente*, 1989.

1. Cuestiones preliminares

Así, con las mismas dos palabras con que titulamos el presente apartado, subtitulaba Rafael Altamira y Crevea su obra *Historia del Derecho Español*, editada en 1903 en Madrid por la Librería General de Victoriano Suárez, dentro de la serie "Biblioteca de Derecho y de Ciencias Sociales". Las cuestiones que planteaba el autor merecían con justicia el expresado calificativo, pues el libro incluía capítulos sobre "Concepto y contenido de la historia del Derecho", "Estado actual del estudio de las fuentes en la historia del Derecho español", "Cuestiones de metodología", "El lugar de la historia del derecho en los estudios jurídicos", "El plan de la historia del derecho español", y "La utilidad de la historia del Derecho". Asuntos, como se ve, desde luego preliminares, pero no sólo por su propia naturaleza, sino también por referirse a problemas docentes de una materia cuyas primeras cátedras universitarias habían sido dotadas apenas veinte años antes, y cuyo cultivo comenzaba a dar los frutos del reconocimiento exterior[1]. Escribe un Altamira aún relativamente joven de edad pero científicamente maduro, con los dos primeros volúmenes de su *Historia de España y de la civilización española* ya en las librerías y con su *Historia de la propiedad comunal* también en el mercado. La especie de problemas a los que se enfrenta en la *Historia del Derecho Español* ha ocupado sus reflexiones en más de una ocasión anterior, y las páginas que en este campo ha publicado constituyen tal vez —o sin ninguna duda, si se atiende

1 Reseña de R. Dareste al libro de Altamira que nos ocupa, en *Nouvelle Revue Historique de Droit Français et Étranger* 28 (1904), pp. 112-113, con elogio al autor ("Il paraît fort au courant de ce qui a été écrit sur ces matières en Allemagne, en Italie et en France") y a su naciente contexto ("L'histoire du droit espagnol est du reste fort en honneur et il a paru dans ces dernières années un certain nombre de livres remarquables, principalment sur le Moyen âge").

únicamente a la información editorial— lo más difundido de su obra hasta el momento: el folleto en que abordara la temática de *La reforma de los estudios históricos en España* está agotado, y su libro sobre *La enseñanza de la Historia* ha merecido una segunda edición[2]. Y es que son problemas que en verdad le preocupan: en el mismo año de 1903 asiste en Roma al *Congreso Internacional de Ciencias Históricas*, una de cuyas conclusiones, tras animado debate en el que se alzan entre otras las voces de Del Giudice, Gierke y Saleilles, deja sentado que "la sección jurídica del Congreso histórico hace votos por que las enseñanzas históricas no sufran disminución en las facultades [jurídicas] europeas". Y son problemas que le seguirán preocupando, en este periodo de su vida y de su obra que buenos conocedores de su figura consideran cenital[3]: en 1908, al ser invitados Hinojosa y él al Congreso que aquel año había de celebrarse en Berlín, su primer pensamiento es llevar una comunicación sobre la enseñanza de la Historia del Derecho[4].

2 "Corregida y considerablemente aumentada", en Madrid, Librería de Victoriano Suárez, 1895, con específica atención a "La historia del Derecho" en pp. 441-457. Hay además ahora reedición bien reciente y con "Estudio preliminar" de información abundante a cargo de Rafael Asín Vergara: Rafael Altamira, *La enseñanza de la Historia* (edición de Rafael Asín Vergara), Madrid, Akal, 1997.

3 Rafael Asín Vergara, "Estudio preliminar" (nota 2), pp. 14-15 y 48 y ss.; Mariano Peset, "Rafael Altamira en México: el final de un historiador", en AA.VV., *Estudios sobre Rafael Altamira*, Alicante, Instituto de Estudios Juan Gil-Albert, 1987, pp. 251-273, especialmente pp. 263-264.

4 Para los datos de este párrafo se aprovecha la información editorial que aporta el propio volumen de referencia, que se citará en lo sucesivo como *Cuestiones preliminares*, y a cuya p. 146 pertenece el entrecomillado relativo al Congreso de 1903; sobre éste, detallada y extensa información ofrece Altamira en sus *Cuestiones modernas de Historia*, Madrid, Daniel Jorro Editor (Biblioteca científico-filosófica), 1904, pp. 152 y ss. Sobre Altamira parcos datos ofrece Isabel Hernández Sandoica, s.v. "Altamira y Crevea, Rafael", en Miguel Artola (dir.), *Enciclopedia de Historia de España*, IV: *Diccionario biográfico*, Madrid, Alianza, 1991, siendo ineludible acudir a los estudios biográficos de Vicente Ramos (el más reciente, con noticias de los anteriores, *Palabra y pensamiento de Rafael Altamira*, Alicante, Caja de Ahorros, 1987). Carece de indicación de autor el tan ameno como irregular volumen dedicado por la Diputación de Alicante a Rafael Altamira; en él pueden encontrarse datos y documentos de interés. Sobre el papel de Eduardo de Hinojosa en el Congreso de 1908, y sin mención de Altamira, véase Alfonso García-Gallo, "Hinojosa y su obra", en Eduardo de Hinojosa y Naveros, *Obras. Tomo I: Estudios de investigación*, Madrid, Instituto Nacional de Estudios Jurídicos, 1948, pp. LXXXVI-LXXXVII. La contribución de Altamira en Berlín versó "Sobre el estado actual de los estudios de historia jurídica española y de su enseñanza", impresa luego como capítulo I (pp. 11-47) de Rafael Atamira

A pesar de todo lo dicho, y a juzgar por las exposiciones más usuales sobre la historia de la historia española del derecho, el papel que en ella juega Rafael Altamira es decididamente secundario. Si de hecho podía tal vez justamente corresponderle tal lugar por el volumen relativo de sus aportaciones al conocimiento de la historia jurídica peninsular, desde luego alguno mejor habría que reservarle si nos situamos en el campo de la reflexión sobre la misma disciplina, sobre el concepto, función y método académicos de la historia jurídica. En este terreno, y en suelo peninsular, la aportación de Altamira es pionera, y a pesar de abrir camino no es ni mucho menos ingenua o balbuceante. ¿Por qué entonces se le suele relegar a un bastante poco visible puesto de segunda fila entre los cultivadores de nuestra materia? Creo que la razón no está sólo en la valoración que se haya dado a la obra más sustantiva de Altamira, sino que hay que buscarla en el modo en que ha venido haciéndose el relato del desenvolvimiento de la investigación histórico-jurídica en España. Muy frecuentemente se ha expuesto esta cuestión como la descripción de un árbol genealógico en el que el relieve que se ha dado a la línea directa central oculta casi del todo las líneas secundarias. Estableciéndose una filiación científica que determina el parentesco estrecho de ascendientes y descendientes, el papel de los colaterales queda irremediablemente disminuido.

A una tal representación no es ajena, evidentemente, la circunstancia histórica más genérica, y especialmente la política, de la disciplina: a ésta precisamente corresponde, entre otras, la misión de despertar las conciencias ante semejantes interacciones. Y desde el nacimiento, en 1883, de la Historia del Derecho como asignatura autónoma en el plan de estudios de las Facultades de Derecho, la circunstancia política no puede decirse que haya sido propicia para el pacífico desarrollo de una investigación colectiva, ni tampoco campo abonado para hacer posible una relación personal estrecha entre sus cultivadores. A las agitaciones políticas, con trascendencia académica y científica, del periodo histórico que la vio nacer como tal asignatura autónoma, sucede una dictadura que se hace sentir también en el ámbito universitario, precisamente en el momento en que la disciplina está empeñada en su primer acto colectivo de madurez con la fundación de un órgano de comunicación propio. Cuando todavía la empresa no ha acabado de cuajar, pues los cambios de régimen político se suceden con rapidez, la guerra civil termina por consumar definitivamente y de forma drástica la división radical en la intelectualidad

y Crevea, *Cuestiones de Historia del Derecho y de legislación comparada*, Madrid, Librería de los Sucesores de Hernando, 1914.

española, y también, lógicamente, en la comunidad formada por los cultivadores de la historia jurídica.

La que se acaba de recordar muy a grandes rasgos es seguramente una historia común al desenvolvimiento de otras ramas del saber en la España contemporánea. Y ha sido a veces historia negada: al menos en el seno de la que a nosotros nos afecta se ha producido un fenómeno de ocultación de lo que hay de torturado y dividido en su tradición académica y científica. Se ha creado y difundido una tradición unitaria que ha conformado durante años la memoria colectiva de la disciplina. No es que sea historia del todo inventada, pero sí es imaginaria, y tanto más cuanto mayor es su grado de simplificación. Es imaginaria porque en dicha tradición fabricada hay más de imagen que de realidad: muy por encima del papel que deberían de haber jugado los datos que podrían haberse seguido de una consideración detenida, sin juicios apriorísticos, de aportaciones individuales con o sin conexión con empresas colectivas, lo que domina es la mera autorrepresentación como grupo de los dedicados al estudio de la historia del derecho, elaborada por algunos de sus cultivadores y aceptada luego, y muchas veces de modo acrítico, por los más.

* * *

> En España no podemos dejar de citar al profesor Altamira. Su orientación, claramente histórica, constituyó, junto con la orientación sociológica del argentino R. Levene, el punto de partida del desarrollo de la historiografía jurídica en América hispana.
>
> Carlos Díaz Rementería, *Proyecto docente*, 1989.

2. Imágenes construidas

Hay factores que han favorecido notablemente el surgimiento y el éxito de esa historia imaginada de la historia española del derecho. Existe, en primer lugar, la complicidad de las fechas. Atendida la periodificación que marcan los hitos que más arriba se han recordado —1883 (RD de 2 de septiembre, creando la cátedra de Historia General del Derecho Español), 1924 (aparición del volumen inaugural del *Anuario de Historia del Derecho Español*), y, sobre todo, la derrota republicana de 1939—, es fácil pensar que los años posteriores al último de los señalados se percibirían como un momento de ruptura, propicio entonces para hacer balance del pasado y poner los cimientos del futuro; de hecho, si hay algo que una guerra soluciona es precisamente la continuidad, y no puede negarse además que comenzaba ya a alcanzarse el tiempo preciso para que hubiese una perspectiva suficiente. Se hace, en efecto, balance, y en un ejemplo entre muchos de cómo la historia puede escribirse por sus propios protagonistas, Alfonso García-Gallo publica en 1948 una extensa biografía de Eduardo de Hinojosa como pórtico a la edición de la obra, entendida fundacional, de este último[5].

Ha de señalarse antes de nada que Alfonso García-Gallo sigue ya, otorgando tal consideración fundacional a Hinojosa, una cierta tradición. La comenzaron quienes integraron el grupo iniciador del *Anuario*, que toman como símbolo de maestría la figura y la labor de Hinojosa, con independencia en algún caso de la vinculación discipular real[6]. Con ello realzan enormemente su relieve y los convierten, a él y a su obra, en obligada referencia, pero no puede decirse que elaboren, siquiera mínimamente, una imagen del maestro que pudiera sustituir a la real y ensombrecer a sus coetáneos.

La intervención de García-Gallo produce un cambio sustancial: cuando escribe a mediados de los años cuarenta sobre Hinojosa, no se limitará a construir de él una imagen con las características dichas, sino que pondrá las bases para que sus lectores configuren otra más compleja, la de la historia reciente de la historia jurídica en España. Ya aparecen claramente destacados sus elementos personales fundamentales, y también, en un escrito que es homenaje del seguidor al maestro, la relación que les une. Desde las páginas iniciales del estudio, el lector podía además percibir un cierto paralelismo entre la situación que le tocó vivir a Hinojosa y la trágica que acababa de vivir España, y pasar de la similitud de las circunstancias adversas a la de las personas que han de salvarlas no es operación en exceso complicada. A Hinojosa se le hacía representante de un grupo de científicos e intelectuales españoles que se mantuvieron firmes ante la seducción de las banderías pseudocientíficas que en su tiempo dominaban, un grupo que no despreció la tradición

5 Alfonso García-Gallo, "Hinojosa" (nota 4), pp. XI-CXXIV.

6 En este supuesto se halla José María Ots Capdequí, discípulo inicial de Rafael Altamira, adscrito voluntariamente luego a las filas de los discípulos de Hinojosa, y vivificador tardío de la relación que le vinculaba al primero: véase el notable perfil que traza Mariano Peset en su "Estudio preliminar" a José María Ots Capdequí, *Obra dispersa*, Valencia, Generalitat, 1992, pp. IX-LIII, especialmente pp. XXII-XXXI, tras cuya lectura puede acudirse a Francisco Tomás y Valiente, "Ots Capdequí (Valencia, 1893. Benimodo, 1975)", en AHDE 63-64 (1993-1994), pp. 1411-1414.

mejor de su patria y no traicionó la religión de sus mayores, posibilitando así, con enorme esfuerzo, que el legado cultural que abanderaban hubiese llegado incólume a un tiempo ya seguro en el que no cabía prever que se produjesen de nuevo tamañas desviaciones[7].

García-Gallo describía la antorcha, símbolo de unos valores, y glosaba la personalidad de quien había sido, según afirmaba, su primer portador. Evidentemente no llegaba a señalarse expresamente a sí mismo como el verdadero sucesor de Hinojosa, aunque también hay que reconocer que en sus páginas se dejaba al lector que lo percibiera[8]. Y sucesor no ya en el sentido puramente científico de cultivador de un conocimiento, sino en el estrictamente político de regenerador, en su parcela académica, de una cultura[9]. El lector de 1948 sabía quién era el autor a quien leía, desde 1944 Secretario General del Instituto Nacional de Estudios Jurídicos dependiente del Ministerio de Justicia y del Consejo Superior de Investigaciones Científicas, Instituto en el que ejercía "funciones de dirección y coordinación científica"[10], Instituto que editaba las Obras de Hinojosa, e Instituto entre cuyas publicaciones se encontraba también el *Anuario de Historia del Derecho Español* en el que García-Gallo asumía funciones de dirección[11].

Lo que todavía era ejercicio de adivinación, bien que no muy complicado, del lector de 1948, se convierte en mensaje claro y directo en años posteriores: Eduardo de Hinojosa es el punto de origen y Alfonso García-Gallo el

7 Alfonso García-Gallo, "Hinojosa" (nota 4), especialmente pp. XX-XXI y XXV; repárese también en la descripción del ambiente político en que se desenvuelve la vida pública de Hinojosa, especialmente en pp. LI y ss.

8 Y así lo percibe y lo destaca Rafael Gibert, en su reseña a la edición de las obras de Hinojosa con el preliminar de García-Gallo que se viene citando desde la nota 4, publicada en AHDE 20 (1950), pp. 838-842.

9 Expresamente reconocida como determinante la aportación de Hinojosa cuando "la regeneración de nuestra cultura comienza a intentarse, con un sentido español y cristiano", en Alfonso García-Gallo, "Hinojosa" (nota 4), p. XXXVII; "regeneración" podía tener, ya en la época historiada, otros representantes y otro sentido, cuyo carácter negativo no se deja de señalar: véase p. LXVI.

10 Para el entrecomillado, véase el currículo publicado en AHDE 50 (1980), número homenaje a Alfonso García-Gallo.

11 Será también él quien escriba su historia: Alfonso García-Gallo, "Breve historia del Anuario", en AHDE 51 bis (1982), pp. VII-LIII. Para el momento de cesura que la guerra supuso, con ineludibles, aunque escasas, alusiones al *Anuario*, Prudencio García Isasi, "El Centro de Estudios Históricos durante la Guerra Civil (1936-1939)", en *Hispania. Revista Española de Historia*, 194 (vol. LVI/3, 1996), pp. 1071-1096.

de llegada. Se interponía, sí, una "Escuela de Hinojosa", de la que el propio García-Gallo hubo de ocuparse al escribir la amplia biografía de quien fue su cabeza. Pero su presencia no restaba protagonismo al ocultarse individualidades con una denominación colectiva que venía además a evitar, eliminando la necesidad de enumerar, problemas de adscripción, o, lo que viene a ser lo mismo, a facilitar inclusiones y exclusiones[12].

Es bien sabido que, en la acepción que aquí más interesa, "escuela" es término que se utiliza siempre con un grado notable de indefinición. A la pregunta de quiénes integran la de Hinojosa no hay, en rigor, respuesta única[13]. Si forman de ella parte quienes reciben su magisterio directo de modo no ocasional y contribuyen luego a la consolidación científica de la historia del derecho en España, tenemos la que podríamos llamar escuela reducida de Hinojosa, integrada por Galo Sánchez, Claudio Sánchez-Albornoz y José María Ramos Loscertales; es trío que resulta del doble criterio dicho, pero contamos también para individualizarlo con el testimonio de uno de sus miembros, Sánchez-Albornoz[14]. Este núcleo inicial puede irse ampliando en mayor o menor medida, según sean los intereses de la exposición. Hay, en primer lugar, quienes no cumplen alguna de las dos condiciones expuestas, bien por no

12 De manera aún más acentuada, Alfonso García-Gallo, "Historia, Derecho e Historia del Derecho. Consideraciones en torno a la Escuela de Hinojosa", en AHDE 23 (1953), pp. 5-36, especialmente las iniciales.

13 Sobre la escuela de Hinojosa, últimamente, Francisco Tomás y Valiente, "Escuelas e historiografía en la historia del Derecho español (1960-1985)", en Bartolomé Clavero, Paolo Grossi, Francisco Tomás y Valiente (a cura di), *Hispania. Entre derechos propios y derechos nacionales. Atti dell'incontro di studio. Firenze-Lucca, 25-27 maggio 1989*, Milano, Giuffrè (Per la Storia del Pensiero Giuridico Moderno. Biblioteca, 34/35), 1990, pp. 11-46, poniendo de manifiesto en pp. 13 y ss. las dificultades de definirla, y mostrando en pp. 16 y ss. cómo García-Gallo "difumina los contornos reales de su escuela [la de Hinojosa], contribuyendo así a la mitificación de esta última". El mismo autor vuelve a incidir en el asunto años después, con mayor agudeza, en un escrito que pretende la revisión de la imagen de Hinojosa construida por García-Gallo: Francisco Tomás y Valiente, "Eduardo de Hinojosa y la Historia del Derecho en España", en AHDE 63-64 (1993-94), pp. 1065-1088.

14 Véase Claudio Sánchez-Albornoz, "En el centenario de Hinojosa", en Claudio Sánchez-Albornoz, *Españoles ante la historia* (1958), Buenos Aires, Losada (Biblioteca clásica y contemporánea), 3ª ed. 1977, pp. 189-204, y véase también el "Preámbulo sobre Galo Sánchez" con el que Alfonso María Guilarte encabeza su obra *Castilla, país sin leyes*, Valladolid, Ámbito, 1989, pp. 9-22. García-Gallo no deja de reconocer este núcleo estricto de la escuela: "Hinojosa" (nota 4), p. CXIV.

señalarse posteriormente con obra de importancia o por no seguir la senda de la historia jurídica, perdiéndose entonces memoria de sus nombres[15], o bien por tener una relación sólo ocasional con las enseñanzas de Hinojosa, como sucede en los casos de Laureano Díez Canseco, avanzada ya su carrera académica, o de Fernando Valls Taberner, aún en sus comienzos[16]. Pueden hacerse depender también de Hinojosa aquéllos que, siendo sus contemporáneos, "siguen las huellas" del maestro, aunque con tal expresión pueda tan sólo aludirse al rigor o seriedad de su trabajo: en la exposición de García-Gallo, de entre los contemporáneos de Hinojosa cuya obra tuvo cierta importancia posterior, sólo Rafael de Ureña y Smenjaud mantiene una posición de independencia con respecto al biografiado[17]. Y de Ureña no surge una escuela paralela o alternativa, siendo la suya en tal sentido maestría estéril: aquéllos que pudieron tenerse por discípulos suyos aparecen adscritos a la línea principal[18].

15 Alfonso García-Gallo, "Hinojosa" (nota 4), pp. XCIII-XCIV, citando a "Pedro Longas, Vargas y Giner, entre otros" a continuación de los tres que se han destacado en el texto.

16 Para el primero, Alfonso García-Gallo, "Hinojosa" (nota 4), pp. XCIV y CXI-CXII; un apunte de su posición notoria en la universidad madrileña en Mariano Peset, "Estudio preliminar" (nota 6), p. XXVII; documenta últimamente un episodio de su vida académica Carlos Petit, "Canseco y el Fuero de León", en AHDE 66 (1996), pp. 881-898, que además da cuenta suficiente de la biobibliografía disponible. En cuanto al segundo, que no ha sido nunca considerado, que yo sepa, dentro de la escuela, tiene tantos o más títulos que otros para ser contado entre sus miembros: véase E.M. Guerra Huertas, "Fernando Valls Taberner como historiador del Derecho", en E.M. Guerra Huertas y C. Rodríguez Ortiz de Rescalvo, *Indices de autores, textos jurídicos y obras de literatura jurídica de las Obras Selectas de Fernando Valls Taberner*, Barcelona, PPU, 1985, pp. XVI-XVIII y XXXIV. Que el nombre de Díez Canseco siga siendo familiar en la historia de la disciplina demuestra el éxito de la visión de la misma plasmada por García-Gallo en su repetidamente citada biografía de Hinojosa: Valls, de obra considerable, no es citado en absoluto, y a Díez Canseco, de obra claramente menor, se le presta una atención desproporcionada.

17 Alfonso García-Gallo, "Hinojosa" (nota 4), pp. CVIII-CXIV: aparte del ya citado caso de Díez Canseco y del de Rafael Altamira, sobre el que se volverá, la misma situación de dependencia se predica de Salvador Minguijón. Para un buen acercamiento reciente a la figura de Rafael de Ureña, acúdase a Carlos Petit, "La prensa en la Universidad: Rafael de Ureña y la *Revista de Ciencias Jurídicas y Sociales* (1918-1936)", en QF 24 (1995), pp. 199-302, que es versión ampliada de la aportación del mismo autor en Víctor Tau Anzoátegui (ed.), *La revista jurídica en la cultura contemporánea*, Buenos Aires, Ediciones Ciudad Argentina, 1997, pp. 143-198.

18 Alfonso García-Gallo, "Hinojosa" (nota 4), p. XVI sobre Román Riaza. Este también daba, en cualquier caso, facilidades: además de la fría corrección de sus páginas ne-

Y en esa misma exposición de García-Gallo, ese criterio general de dependencia se proyecta de modo amplísimo a los cultivadores posteriores de la historia jurídica. Utilizar un criterio amplio en la definición de la "Escuela de Hinojosa" equivale a no utilizar ninguno. Es la clara actitud que se sigue en la biografía de 1948, que presenta una escuela "no formada por éste [Hinojosa] al agrupar en torno suyo a discípulos que orienta, sino constituida por aquéllos que al emprender el estudio de la historia del Derecho o de las instituciones se esfuerzan por seguir sus huellas. El magisterio de Hinojosa a través de sus escritos viene a ser, por ello, mucho más eficaz que el ejercido por él desde la cátedra"[19]. Incluir en principio a todos supone la posibilidad de excluir a cualquiera; señalar tan marcadamente a Hinojosa supone impedir que cualquier otra obra se convierta en referencia. Entre biógrafo y biografiado sólo existe la personalidad nebulosa y colectiva de la "Escuela".

El efecto, según decíamos, se hace notar con enorme claridad años después. Los puntos de referencia eran efectivamente individuales, y García-Gallo es presentado como el verdadero sucesor de Hinojosa, depositario y distribuidor de una ciencia y artífice de una disciplina[20]. A esa interpuesta "Escuela de Hinojosa" no deja de aludirse, pero su papel es sólo de importancia relativa aun aportando el necesario factor de continuidad y el prestigio de unos nombres: Claudio Sánchez-Albornoz y Galo Sánchez no habrían sido, en rigor y con todas sus consecuencias, maestros de García-Gallo; habrían contribuido sólo a los inicios de su formación, difuminándose su labor entre la de otros profesores, y dando entre todos sólo impulso a una carrera de mé-

crológicas (Román Riaza, "Don Rafael de Ureña y Smenjaud (1852-1930)", en AHDE 7 (1930), pp. 552-556), pueden recordarse ahora las introductorias sobre "El cultivo de la Historia del Derecho Español" en su obra, conjunta con Alfonso García-Gallo, *Manual de Historia del Derecho Español*, Madrid, Librería General de Victoriano Suárez, 1934, pp. 15 y ss., con la siguiente sucesión de epígrafes: "29. La Escuela Histórica del Derecho: Pidal, Muñoz y Romero, Herculano.- 30. Los historiadores modernos: Pérez Pujol, Costa, Ureña.- 31. Eduardo de Hinojosa.- 32. Historiadores regionales"; ni entre estos últimos, lógicamente, ni entre los "extranjeros" que se relacionan a continuación, más lógicamente aún, aparece Altamira.

19 Alfonso García-Gallo, "Hinojosa" (nota 4), p. CXV.

20 M.A. Pérez de la Canal, "Alfonso García-Gallo de Diego", en *Anuario de Estudios Medievales*, 5 (1968), pp. 673-679, cita de esta última: "es hoy el más eminente representante de la ciencia de la historia del Derecho español. Ha sucedido en ese puesto de honor a Eduardo de Hinojosa. Considérasele, en su especialidad, el maestro de los maestros".

rito marcadamente individual[21]. La complicidad ahora es de la circunstancia política, que impide el reconocimiento, al menos institucional, del papel de alguno de estos maestros[22]. Es Hinojosa quien comienza la línea, y García-Gallo quien la termina[23].

La imagen así construida —aquí no quiere negarse la evidencia— no es del todo gratuita. Desde la década de los años cuarenta hasta la de los sesenta en la que la representación dicha está ya plenamente madura y vigente, Alfonso García-Gallo ha ido presentando los resultados de una extensa y profunda obra investigadora. Su fecunda pluma también se ha ocupado, y eso es lo que ahora más nos interesa, de aquellas a las que Rafael Altamira llamaba "cuestiones preliminares". En este campo la preponderancia de la obra de García-Gallo no necesita de complicidades[24]. Es un terreno en el que incide repetidas

21 M.A. Pérez de la Canal, "Alfonso García-Gallo" (nota 20), p. 673: "Iniciada ya su formación histórico-jurídica en los años de estudiante en Barcelona, la prosigue luego en Madrid, al principio bajo la segura guía de Galo Sánchez y Claudio Sánchez-Albornoz y de los trabajos de otros investigadores, entre los que el profesor portugués Paulo Merêa ocupa un lugar importante; y después irá aquélla adquiriendo cada día mayor profundidad como consecuencia de una incansable tarea de investigación". El propio relato de García-Gallo, en distanciada tercera persona, era algo diferente ("Hinojosa" (nota 4), p. CXVII): "Un discípulo de Galo Sánchez, Alfonso García Gallo (n. 1911), formado también al lado de Sánchez Albornoz e influido por los estudios de Paulo Merêa..."

22 Carta de Claudio Sánchez-Albornoz a Emilio Sáez, de marzo de 1972: "Le agradezco su intención de publicar mi retrato y mi bibliografía en el "Anuario" [de Estudios Medievales]. Pero le ruego que comprenda que es tarde para tal publicación. Pude encabezar el grupo de los medievalistas de los que Vds. han dado noticias. Déjenme ahora en paz y esperen a que me muera". Respuesta de Emilio Sáez, de mayo del mismo año: "Desde su punto de vista, tiene razón: la semblanza debía haber salido en el volumen 1 del "Anuario", en 1964. Pero Vd. sabe muy bien que entonces tal cosa no era posible... Hasta tanto que Vd. actuara en política [Presidente del Gobierno de la República] no era posible publicar una semblanza suya en una revista que aparece gracias a las subvenciones oficiales". Ambos textos han sido publicados en Emilio Sáez, "Don Claudio en mi recuerdo (Notas de un epistolario). II", en *Anuario de Estudios Medievales*, 16 (1986), pp. 13-27, concretamente en la última de las citadas páginas.

23 Es la imagen que también transmite, en fecha tan reciente como 1980, el escrito (pp. VII-XV) de José López Ortiz que encabeza el homenaje a García-Gallo en AHDE, 50 (1980): "Se le puede considerar como de la que podríamos llamar tercera generación de la escuela de Hinojosa, en la que entronca a través de Galo Sánchez; y le interesa aquilatar lo que de ella sigue vigente, y lo que el esfuerzo de aquel maestro tuvo de personal y no legable a sus seguidores".

24 Interpretación distinta se deduce de lo escrito por Rafael Gibert en reciente recen-

veces y en el que se convierte en verdadera referencia, pues salvo excepciones, los historiadores del derecho en España sólo se ocupan de esas cuestiones a los precisos y escuetos efectos de confección de las memorias de acceso al funcionariado docente. Escritas las más de las veces con prisas, sin la madurez científica suficiente, sin el cuidado que se pone en un escrito destinado a la edición, y con el desinterés de quien no va a volver a ocuparse del asunto salvo en similares circunstancias, no constituyen desde luego un *corpus* de ideas de donde surjan discusiones enriquecedoras.

Con todo ello el círculo está cerrado. La historia del derecho en España se figura o se imagina como una línea definida de cultivadores que no se ha quebrado desde el momento de su fundación, y cuya legitimación científica depende en gran medida de proceder de ese momento originario. El reconocido heredero de lo mejor de esa tradición es quien se ocupa de dar las orientaciones que conviene seguir. El efecto de ocultación que todo ello tiene sobre la significación y la obra de quienes no se sitúan en esa línea es claro, y se ha señalado ya[25]. Y es manto de olvido que no se extiende sólo hacia el pasado, sino también hacia el presente: delimitándose tan claramente una ortodoxia, quien no la acepta se ve irremediablemente relegado a un plano secundario, contándose su nombre entre los raros. Hay casos que, teniendo potencialidad suficiente para generar sonadas polémicas, quedan en general como situaciones completamente marginales[26]. Tal ha sido, durante décadas,

sión a Rafael Altamira, *Lecciones en América* (ed. Jaime del Arenal Fenochio), en AHDE 66 (1996), pp. 1131-1132: "Por mucho tiempo y todavía en el mío, década de los cuarenta, las *Cuestiones preliminares* de Altamira, seguramente su memoria de Cátedra, era el libro básico para la redacción de este ejercicio de las Oposiciones y se puede afirmar que configuró la asignatura, en la que acentuó el factor consuetudinario". En lo que tiene de testimonio (el uso del libro), la afirmación de Gibert es irrefutable; en lo que tiene de valoración (configuración de la asignatura), contrasta abiertamente con lo que aquí viene defendiéndose.

25 Denuncia relativamente temprana de ese estado de cosas, en Mariano y José Luis Peset, "Vicens Vives y la historiografía del derecho en España", en Johannes-Michael Scholz (ed.), *Vorstudien zur Rechtshistorik*, Frankfurt am Main, Vittorio Klostermann, 1977, pp. 176-262, especialmente pp. 181 y ss.

26 Véase Mariano Peset, "Prólogo", a Antonio Pérez Martín y Johannes-Michael Scholz, *Legislación y Jurisprudencia en la España del Antiguo Régimen*, Valencia, Universidad, 1978, pp. VII-XX, y la "Nota previa" de Juan García González en el mismo volumen, p. V. Y la marginalidad es también de sede de publicación: Johannes-Michael Scholz, "Acerca de la historia del Derecho en España y Portugal", en *Revista Crítica de Derecho Inmobiliario*, año 58, núm. 550 (1982), pp. 633-661 (traducción de Mariano Peset; origi-

la situación y su efecto, acentuado por la reproducción de esa imagen de globalidad y unidad de "la Escuela" en escritos redactados desde perspectivas no siempre coincidentes con la de García-Gallo[27].

* * *

> Debe destacarse la enorme influencia que en la actualidad tiene el pensamiento y la obra del profesor García-Gallo en los países americanos, tal como en otro tiempo la ostentó Altamira R.
>
> Carlos Díaz Rementería, *Proyecto docente*, 1989.

3. Empeños frustrados

Es difícil decir cuál era la imagen que de sí mismo tenía, en cuanto a tradiciones conservadas, en cuanto a recuento global de maestros y discípulos,

nalmente, "Zum Forschungsstand der neueren Rechtsgeschichte Spaniens und Portugal", en *Zeitschrift für Neuere Rechtsgeschichte*, 3-4 (1980), pp. 164-187.

27 Me refiero, sobre todo, a los de Rafael Gibert, ya desde, al menos, sus páginas citadas en nota 8. Significativas son, y también sólo un ejemplo de su particular modo de abordar estas cuestiones, sus páginas sobre "Tomás Muñoz y Romero (1814-1867)", en *Anuario de Estudios Medievales*, 6 (1969), pp. 563-574, especialmente pp. 563 (Muñoz y Romero como discípulo, aun no directo, de Martínez Marina), 567 (Hinojosa como sucesor de Muñoz y Romero, superando aquél a éste en campos diversos pero no en el estudio de los fueros municipales, terreno en el que el sucesor de Muñoz es Galo Sánchez), y 573, que pertenece ya al apéndice de la prelección y redactada cuando García-Gallo ha publicado su estudio sobre el Fuero de León, trabajo en razón del cual "debe ser colocado su nombre como digno sucesor y legítimo heredero de una escuela científica cuyo tema central son los Fueros Municipales". Pese a todas sus reticencias, bien visibles, Gibert no rompe el esquema general. Lo haría, sí, en escrito posterior, y en favor de la figura de Claudio Sánchez-Albornoz, que si en el citado artículo de 1969 aparecía como "continuador [de Hinojosa] en el campo de las instituciones medievales" (pp. 573-574), en 1983 se convierte en "presidente de la república de historiadores del derecho", "auténtico pontífice, entre Eduardo de Hinojosa y la innumerable generación que de él venimos", y "dirigente específico de los historiadores del Derecho Español" que "ha sido y continúa siendo" (Rafael Gibert "La VI Semana de Historia del Derecho Español (1983)", en *Anuario de Estudios Medievales*, 19 (1989), pp. 43-58, especialmente 44-45, en todo caso, sean los nombres cuales sean, con la consideración global de la escuela).

en cuanto a rupturas y continuidades, el grupo de cultivadores de la historia jurídica en los años que luego se señalaron como iniciales[28]. Es más que probable que su historia se hubiese escrito con un signo totalmente diverso si en la década de los treinta y cuarenta las circunstancias hubieran sido otras; es lícito pensar que una historia colectiva, y no tan llena de individualidades sucesivas, podría haberse escrito, esa historia colectiva que hoy parece razonable privilegiar y que ya ha comenzado a apuntarse[29]. La historia podría haber sido la de una colectividad de iniciadores, sin agobiar los hombros de Hinojosa con la responsabilidad del fundador, pesado papel del que sus contemporáneos le hacían gracia[30], y que a él tampoco le haría ninguna[31]. La de una colectividad de continuadores, en torno a la fundación del *Anuario de Historia del Derecho Español*, siendo esta empresa la determinante y no la circunstancia de un magisterio directo[32]. Y posteriormente, la de una plura-

28 Aportan datos los propios escritos de los protagonistas, y no sólo los de origen académico: George J.G. Cheyne (introducción y edición), *El renacimiento ideal: epistolario de Joaquín Costa y Rafael Altamira (1888-1911)*, Alicante, Instituto de Cultura "Juan Gil-Albert" - Diputación de Alicante, 1992, con recensión de quien esto escribe en AHDE 63 (1993), pp. 1248-1250.

29 Singularmente, Francisco Tomás y Valiente, "Eduardo de Hinojosa" (nota 13), en especial p. 1081 y circundantes, animando al estudio de la "relación triangular entre Costa, Hinojosa y Altamira". Según el testimonio del mismo Altamira, otro triángulo "comprometido en la renovación de enseñanzas, en integrar lagunas, en profundizar en el estudio y formar a nuevos investigadores" parece dibujarse compartiendo vértices con el anterior, y siendo sus integrantes Altamira, Hinojosa y Ureña (Rafael Altamira, *Cuestiones de Historia del Derecho* (nota 4), pp. 46-47).

30 La cita de nota 20, *supra*, es la conversión hecha por Pérez de la Canal de un elogio a Hinojosa publicado por Bunge en 1912; para recuperar la frase original, vuélvase a leer sustituyendo el nombre de Hinojosa por el de Joaquín Costa.

31 Léanse, del mismo Eduardo de Hinojosa, las páginas publicadas en AHDE 2 (1925), pp. 5-12, bajo el título "Joaquín Costa como historiador del derecho", con interesante nota editorial previa. En las páginas de Hinojosa, salvadas del olvido y publicadas por Claudio Sánchez-Albornoz, según propia confesión de este último (véase Claudio Sánchez-Albornoz, "En el centenario" (nota 14), p. 195), no es que se señale a Joaquín Costa como iniciador, pero se le asigna un papel que hace imposible que la figura de Hinojosa se tenga como la de un fundador.

32 Enormemente sugerente para la comprensión de dicho momento fundacional, reconstruyendo el contexto de revistas jurídicas en el que surge el *Anuario*, Carlos Petit, "La prensa en la Universidad" (nota 17), especialmente pp. 280 y ss.: el lector de esas páginas no podrá dejar de pensar que el *Anuario* era desde el principio continente al menos no del todo inadecuado para sus contenidos y orientación de postguerra, pese a que tampo-

lidad de orientaciones como resultado natural de la no exclusión de ninguna tendencia.

Si dichas exclusiones no se hubieran producido, se hubiera situado a Rafael Altamira en la primera de esas colectividades (por supuesto junto a Hinojosa, cuya valía no dejaba aquél de reconocer[33]), se hubiera valorado su papel como testigo de la empresa de la segunda y tal vez se hubiera rastreado el influjo de su labor en la tercera. Su modo de abordar las cuestiones preliminares no hubiera pasado desapercibido. No fue así, y las sombras proyectadas por la obra de García-Gallo acabaron por caer también, ocultándola, sobre la de Altamira, su antecesor en la cátedra de historia de las instituciones indianas[34].

No faltan referencias a Altamira en la obra de su sucesor en esta cátedra indiana. En ellas, además, se reivindica su figura, mas sólo hasta cierto punto. Altamira es presentado como seguidor, ya desde los inicios de su carrera científica, de Hinojosa[35]; y como seguidor de Hinojosa, los discípulos de Altamira forman parte de la "Escuela de Hinojosa"[36]. Atendida la actitud de García-Gallo hacia Hinojosa, la adscripción de Rafael Altamira al grupo de

co pueda negarse la singularidad, cifrada en la orientación histórico-institucional, de los volúmenes iniciales; para esto último, entre otros, Francisco Tomás y Valiente, "Claudio Sánchez-Albornoz", en AHDE 63-64 (1993-94), pp. 1089-1098.

33 El reconocimiento se lo había ganado a pulso; son repetidos los elogios que dedica a su labor Rafael Altamira, y de muestra un botón: la diligente reseña de éste (debo su conocimiento a la amabilidad de Carlos Petit) a la obra de Hinojosa *El régimen señorial y la cuestión agraria en Cataluña durante la Edad Media*, publicada en el "Suplemento Doctrinal" del *Boletín Jurídico-Administrativo, fundado por el Excmo. Sr. D. Marcelo Martínez Alcubilla. Apéndice de 1905*, Madrid, 1905.

34 Con solución de continuidad entre ambos titulares, pese a que la circunstancia no resulte evidente de alguna exposición; M.A. Pérez de la Canal, "Alfonso García-Gallo" (nota 20), p. 674: "Desde el año 1944 al de 1955, García-Gallo sirve, tras de conseguirla por otra oposición, la cátedra de Historia de las Instituciones Civiles y Políticas de América, que hasta su jubilación había desempeñado, durante 22 años, D. Rafael Altamira".

35 Alfonso García-Gallo, "Hinojosa" (nota 4), p. LXIV: "Si su enseñanza [la de Hinojosa] no logra eco entre los consagrados a los estudios jurídicos e históricos, no por eso se desanima... Por el pronto, puede ver... cómo Rafael Altamira y Crevea comienza a explicar en la Universidad de Oviedo la Historia del Derecho español con el mismo sentido que él la imprimiera en 1887. La semilla apenas ha fructificado; pero, ¿qué de extraño tiene esto cuando la palabra misma de Dios no encuentra eco en las gentes?"

36 Alfonso García Gallo, "Hinojosa" (nota 4), p. CXIV, haciendo referencia a Prieto Bances y Ots Capdequí, y pp. CXIX-CXX sobre Juan Manzano y Manzano y Antonio Muro Orejón. Sobre Ots, en cualquier caso, ha de tenerse en cuenta lo recordado en nota 6.

sus secuaces indica, ciertamente, una valoración positiva, mas es ésta una medalla que tiene también su reverso: el elemento negativo no es que se minore la contribución de Altamira definiéndolo como seguidor, sino que no se atienda a su propio testimonio de filiación científica, expreso precisamente en la dedicatoria de sus *Cuestiones preliminares*: "A mi maestro D. Francisco Giner de los Ríos. Testimonio de cariño y reconocimiento de paternidad intelectual"[37]. Son palabras de quien se siente discípulo de uno de los más destacados representantes de la tendencia que tan denodadamente combatió el Hinojosa de García-Gallo, ese Hinojosa imaginado, tan distinto tal vez, en este punto como en otros, del real[38]. Cal y arena hay también en la valoración que hace García-Gallo de la obra de Altamira: si ésta es apreciable atendido el panorama científico de su tiempo, carece sin embargo de originalidad; su trascendencia se ve limitada por dirigirse fundamentalmente a la divulgación o al cultivo de aspectos metodológicos y sociológicos, dejando de lado la labor de construcción sobre las fuentes[39]; y aunque algo aporta en el terreno americanista, a la postre también en este ámbito los nombres fundamentales son los de Hinojosa y García-Gallo[40].

37 Y véase, versando sobre cuestiones conceptuales atinentes a la historia jurídica y fechada en 1903, la "Carta a Don Rafael Altamira" de Francisco Giner de los Ríos, *Ensayos y cartas. Edición de Homenaje en el cincuentenario de su muerte*, Tezontle (México), Fondo de Cultura Económica, 1965, pp. 117-120. Merece también reproducirse la dedicatoria escrita por Altamira en sus *Cuestiones modernas* (nota 4): "A Don Joaquín Costa, mi maestro y primer iniciador en las investigaciones prácticas de historia. Testimonio de gratitud y afecto de El Autor". Sobre las relaciones entre Costa y Altamira, también ilustrativas para lo que venimos tratando, George J.G. Cheyne (introducción y edición), *El renacimiento ideal* (nota 28), *passim*, y por supuesto Rafael Altamira, "Joaquín Costa" (1912), en *Obras Completas de Rafael Altamira, IX: Temas de Historia de España*, Madrid, Librería Fernando Fé, 1929, pp. 8-49.

38 Francisco Tomás y Valiente, "Eduardo de Hinojosa" (nota 13), especialmente p. 1071, advierte de apresuradas interpretaciones sobre la figura de Hinojosa precisamente con respecto a su relación con Francisco Giner de los Ríos y con base en datos proporcionados por el propio García-Gallo.

39 Alfonso García-Gallo, "Hinojosa" (nota 4), pp. CIX-CXI. Si lo más salvable de Altamira está en el terreno epistemológico, la auténtica medida de la falta de aprecio de su obra por parte de García-Gallo la darán las breves páginas introductorias de Alfonso García-Gallo, *Metodología de la Historia del Derecho Indiano*, Santiago de Chile, Editorial Jurídica de Chile, 1970, en especial p. 12 sobre las lagunas, inexactitudes, limitaciones y deficiencias del, sin embargo, "gran maestro".

40 Alfonso García-Gallo, "Hinojosa" (nota 4), pp. CXI y CXXI. Es imagen que ya en-

¿Qué se dejaba, con todo ello, de lado? ¿Cuál era la línea perdida que luego por ello habría, trabajosamente, que recuperar? Desde luego era una línea cuyo principal activo era no lo realizado, sino lo predicado. Ya lo ponía de relieve el propio García-Gallo, quien en verdad no engañaba al lector al destacar la preferencia de Altamira, aun a la vista de obras como su *Historia de España y de la civilización española*, por "destacar problemas, sembrar inquietudes, adoctrinar en los métodos", más que por emprender una labor de tratamiento monográfico trabajando directamente sobre las fuentes. No es tampoco del todo injusto decir de Altamira, como hacía García-Gallo, que "su preocupación sociológica relegaba en él la jurídica a segundo plano"; lo significativo es que eso se alegue como tacha ante la obra de quien, pese a sus aportaciones, "no era un investigador del tipo de Hinojosa"[41].

Un investigador —maticemos— del tipo del Hinojosa de García-Gallo es lo que Altamira claramente no era. No es que relegase Altamira lo jurídico a un segundo plano, sino que defendía una posición metodológica que entendía que hacer la historia del Derecho implicaba bastante más que hacer la historia, estrictamente, del Derecho; y no se trataba entonces de hacer sociología, sino de seguir haciendo historia del Derecho sin perder de vista sus manifestaciones y condicionantes más diversos. Es este un planteamiento metodológico desde luego distante al del Hinojosa que García-Gallo nos describe. Este llega a afirmar que "toda la obra de Hinojosa es una lección de método", pero es frase que culmina todo un capítulo en el que García-Gallo no llega a definir

tonces sería difícilmente admisible: no sé si fue trabajo de encargo, pero si lo hubiera sido tendría explicación la incomodidad y el pie forzado que el lector no puede dejar de apreciar, desde su matizado título, en Ricardo Levene, "La concepción de Eduardo de Hinojosa sobre la historia de las ideas políticas y jurídicas en el Derecho español y su proyección en el Derecho indiano", en AHDE 23 (1953 = *Estudios en Homenaje a D. Eduardo de Hinojosa*), pp. 259-287. Y es imagen que no ha prevalecido, desde luego; es a Altamira, o a Altamira y Ricardo Levene, a quienes se sitúa como referencias insoslayables con anterioridad a la irrupción metodológica de García-Gallo en el Derecho indiano; algunas referencias recientes: Jaime del Arenal Fenochio (estudio preliminar, edición y notas), *Rafael Altamira y Crevea. La formación del jurista*, México, Escuela Libre de Derecho, 1993, en especial p. 13; María del Refugio González, "Alfonso García-Gallo como historiador del Derecho indiano", en AHDE 63-64 (1993-94), pp. 1393-1399, en especial la primera; Víctor Tau Anzoátegui, *Nuevos horizontes en el estudio histórico del Derecho indiano*, Buenos Aires, Instituto de Investigaciones de Historia del Derecho, 1997, desde su "Introducción" (p. 10).

41 Los entrecomillados, en Alfonso García-Gallo, "Hinojosa" (nota 4), p. CX.

la posición metodológica de Eduardo de Hinojosa, pese a que parece proponérselo como objetivo, limitándose a describir sus técnicas de acercamiento a las fuentes y su labor de crítica historiográfica[42]. Con todo ello, creo que la indefinición en la que queda la posición epistemológica de la obra de Hinojosa depende más de la propia indefinición, interesada o ingenua, de su biógrafo. Sólo así pueden entenderse pasajes como el siguiente: "Característica de Hinojosa es, también, su objetividad. Ni juicios preconcebidos, ni su propia ideología religiosa o política, pueden entreverse en sus trabajos"[43].

De juicios preconcebidos, sin embargo, estaba llena la obra de Altamira: "Pretender que el historiador se despoje de sus creencias, de su concepto del mundo y de la vida al calificar los actos humanos y sus consecuencias en la historia, es pretender un imposible"[44]. Y muy en especial hay preconcepción de juicios en la obra que aquí más nos interesa, esas *Cuestiones* precisamente *preliminares*. En ellas, y más exactamente en un capítulo inicial sobre "Concepto y contenido de la historia del Derecho", se partía del prejuicio de la condición histórica del derecho, y de la consecuente necesidad de determinar históricamente qué es y qué no es derecho[45]. No puede considerarse consecuencia directa de lo dicho un segundo principio defendido por Altamira, así también prejudicial: el estudio aislado de lo jurídico en la historia no generaría más que incomprensiones, por lo que es necesario atender a otra serie de elementos condicionantes de presencia simultánea, entre los que se destacan los socioeconómicos (y aquí se recuerda tanto la sociología positiva de Spencer como el materialismo histórico), pero también, y no con menor énfasis, otras determinaciones normalmente menos atendidas, como las causadas por el medio físico o las procedentes de "lo inconsciente del espíritu", sea de orden individual o colectivo.

Son los hechos jurídicos los que han de ser objeto de conocimiento histórico, pero tales hechos no se entienden sólo en un sentido externo, fenoménico (o fenomenal, según diría el propio Altamira). Por supuesto no se excluyen, y así los actos jurídicos, en cuanto realizados, son objeto de la historia. Pero también se consideran los hechos jurídicos en tanto pensados —y así cabe una historia intelectual del derecho— y asimismo en tanto sentidos. No es esta

42 Lo entrecomillado, en Alfonso García-Gallo, "Hinojosa" (nota 4), p. CVII.

43 Alfonso García-Gallo, "Hinojosa" (nota 4), p. CV.

44 Rafael Altamira, *Cuestiones preliminares* (nota 4), p. 32.

45 Rafael Altamira, *Cuestiones preliminares* (nota 4), encontrándose lo ya citado y lo que aún seguirá, salvo nueva indicación, en pp. 2-26.

última consideración la única capaz de sorprender al lector de hoy, seguramente perplejo ante una historia sentimental del derecho que es fundamental para Altamira porque explora objetos que escapan a la consideración ideal —el sentimiento no coincide siempre con la idea— de lo jurídico; la misma historia intelectual del derecho reserva sorpresas, pues no se identifica, sin más, con una historia de la ciencia jurídica, sino que incluye la "opinión vulgar, precientífica, el conocer común del derecho". Ante la opción, que estima anticuada y errónea, de una historia de "la legislación", el planteamiento antipositivista de Altamira es doble: no sólo resulta pertinente el estudio de aquellos hechos de pensamiento y de sentimiento que no lleguen a traducirse en reglas, sino que en éstas tampoco pueden admitirse exclusiones en virtud de la adopción de un concepto estrecho de derecho positivo en tanto aplicado o vivido; las leyes inaplicadas —y de ahí su interés— no dejan de ser "manifestaciones de la inteligencia jurídica de un pueblo".

No creo que sea traicionar las ideas de Rafael Altamira afirmar que quiso una historia de la percepción del derecho. En tanto "historia del concepto que la colectividad tiene, cada vez, de lo que sea o no sea el Derecho", es la historia jurídica, con terminología que hoy no resulta familiar, historia del "estado de espíritu de las generaciones pasadas", "historia psicológica", historia vista a través de los ojos y de la mente de las sociedades pretéritas, historia de representaciones y de mentalidades, que hoy sí diríamos. El historiador ha de hacer un enorme esfuerzo de reconstrucción, pues "el rastro que... deja en las fuentes de conocimiento que perduran y pueden ser estudiadas no es más que un detritus (la ley, la costumbre, la ciencia...) de la vida real jurídica. Mucha parte de ésta, quizá la más íntima y significativa, se desvanece sin dejar vestigios claros... De aquí también que los actos aparentemente no jurídicos tengan tanto valor representativo de la orientación jurídica de un pueblo; v.gr. las guerras, movimientos populares, heroicidades, fiestas, etc." Orientación jurídica de un pueblo que no tenía por qué ser unitaria, sino diversa en función del diverso grado de cultura y educación de cada uno de los grupos sociales así susceptibles de individualización. La historia jurídica habría de ocuparse de cada uno de ellos en particular y de los mecanismos de hegemonía del grupo dominante, revelados en la imposición de principios tales como la ignorancia inexcusable del derecho.

Es evidente que con presupuestos como los que se han venido poniendo de relieve el empeño de Altamira era doble. Atacaba, en primer lugar, un frente estrictamente historiográfico. El catedrático de Historia del Derecho de la

Universidad de Oviedo llevaba ya tiempo, en aquellos años iniciales del siglo, defendiendo y trabajando una historia de la civilización cuya designación podría entonces y ahora compartirse o no, pero ni entonces ni ahora podría afirmarse que fuera sólo retórica. No lo era, ni acomodaticia tampoco. En la estela de la combativa *Kulturgeschichte* del momento, pretendía realmente superarla; si tal *Kulturgeschichte* se entendía en el sentido de "historia de la civilización como denominación de historia total, nacida como reacción a la historia política externa, con el resultado pernicioso de excluir a ésta", Altamira pretendía evitar las exclusiones e integrar también los resultados de la historia tradicional. La operación, en conjunto, llevaba consigo toda una "ampliación del contenido de la Historia" que se conceptuaba como uno de los "tres puntos capitales" en los que radicaba "el más positivo adelanto" de la Historia en el siglo XIX, siendo los otros la "constitución del método histórico científico" y la "modificación del concepto de la Historia y del campo que estrictamente le corresponde"[46].

Es fácil sucumbir a la tentación de valorar esa historia total, superadora de la historia política externa, como prefiguración de cambios que un cierto consenso generalizado en el terreno de la historia de la historiografía (consenso, dicho sea de paso, excesivamente unidireccional y bien susceptible de revisión crítica) sitúa algunos lustros más adelante; no creo que se pueda, en una palabra, presentar a Altamira como un *annaliste avant la lettre*, y no sólo porque en cualquier caso la prefiguración hubiera de corresponder a aquella *Kulturgeschichte* precisamente por nacer ya mutilada, sino porque un examen no necesariamente detenido no dejaría de arrojar un apreciable saldo de diferencias. No sería la menor, desde luego, la derivada del papel asignado en esa historia total a la del derecho, así además obligada a recibir un tratamiento pluridisciplinar e integrador que no podía sino contribuir al enriquecimiento de sus resultados.

Mas queda un segundo frente de ataque de importancia en absoluto menor en la obra de Altamira que venimos examinando, en los planteamientos ya destacados de sus *Cuestiones preliminares*. Altamira aborda la historia del derecho con un evidente interés práctico-jurídico. El rechazo, como historia parcial, de una historia de "la legislación" no responde evidentemente sólo al escrúpulo del historiador profesional y científico al que repugna la considera-

46 Los entrecomillados del presente párrafo pertenecen ya a Rafael Altamira, *Cuestiones modernas* (nota 4), pp. 1-17 bajo el epígrafe "Introducción a la Historia en el siglo XIX".

ción de un pasado mutilado; es la actitud de un jurista preocupado por el auge de una cultura jurídica que tiende ideológicamente a centrarse en la legislación (codificación sobre todo civil mediante), y que, aun no siendo todavía dominante[47], amenaza con ocultar —y contra esa amenaza se sitúa el más que práctico mensaje de su obra de adoctrinamiento conceptual y metodológico sobre la historia— la pluralidad de situaciones que su propio presente ofrece en cuanto a modos de comprender, de sentir y de realizar el derecho[48]. La potenciación de los estudios sobre la costumbre es la consecuencia más evidente, y de hecho ocupa papel preponderante tanto en las *Cuestiones preliminares* (con capítulos sobre "La ley y la costumbre como formas de la historia del Derecho" y "La costumbre en la historia del Derecho español", y con un apéndice titulado "Sobre el Derecho consuetudinario en la historia") como en la obra global de Altamira[49]. Pero no es consecuencia única. Hay otras, ya

47 Ilustra a este respecto Carlos Petit, "El Código inexistente (I). Por una historia conceptual de la cultura jurídica en la España del siglo XIX", en *Anuario de Derecho Civil*, 48 (1995), pp. 1429-1465, artículo también publicado en *Historia Contemporánea*, 12 (1995. Monográfico: Historia y Derecho), pp. 49-90, y, en versión italiana, en *Annali dell'Istituto storico italo-germanico*, 42 (1995 = *Saperi della borghesia e storia dei concetti fra Otto e Novecento*, a cura di Raffaella Gherardi e Gustavo Gozzi), pp. 179-224.

48 La posición de Altamira ha de entenderse, por supuesto, en un contexto de pensamiento jurídico cuya historia comienza a interesar: además del trabajo citado en nota anterior, Bartolomé Clavero, "El método entre infieles o el código en España", en QF 20 (1991) (= *François Gény e la scienza giuridica del Novecento*), pp. 271-317; también de Bartolomé Clavero, "Nativism and Transnationalism. Spanish Law after the Civil Code", en *Rättshistoriska Studier*, 19 (1993) (= *Juristische Theoriebildung und Rechtliche Einheit. Beiträge zu einem rechtshistorischen Seminar in Stockholm im September 1992*), pp. 25-35. Mas siendo cultural el contexto, no puede ser su entendimiento sólo nacional; no lo era la convocatoria a la que respondía el primero de los artículos que se acaban de citar, debiendo atenderse a la obra del convocante: Paolo Grossi, *Absolutismo jurídico y Derecho privado en el siglo XIX*, Bellaterra, Universitat Autònoma (edición del discurso de investidura del autor como doctor *honoris causa*), 1991, cuya versión italiana se publicó en la *Rivista di Storia del Diritto Italiano*, 64 (1991), pp. 5-17.

49 Puede comprobarse en la extensa bibliografía (pp. 80-120) de Rafael Altamira publicada en Javier Malagón y Silvio Zavala, *Rafael Altamira y Crevea. El historiador y el hombre*, México, Universidad Nacional Autónoma, 1971; es aportación del primero de los dos autores del libro y desde luego lo más útil que ofrece. Y atiéndase a la circularidad de referencias de la nota anterior, que no deja de afectar al asunto que ha dado pie a la presente: Paolo Grossi recordaba, en el discurso y en la convocatoria, la figura de François Gény, celebrada por el propio Altamira mediante la participación en un *Recueil* de estudios en honor del francés con un trabajo sobre derecho consuetudinario español citado por Carlos

vistas y que pueden entenderse en la misma clave: la atención que ha de prestarse a grupos sociales cuya posición inferior deriva de su marginalidad cultural; la historia del saber jurídico vulgar como parte de la historia intelectual del derecho; una historia sentimental del derecho que pueda dar cuenta de posturas y actitudes difícilmente racionalizables frente al mundo del derecho oficial; la importancia que ha de reconocerse a las estrategias de imposición de una concreta cultura jurídica por parte del grupo dominante; o incluso el infrecuente papel determinante que se atribuye al medio físico, que no puede dejar de relacionarse con el interés de Altamira por las cuestiones de riegos y derechos sobre aguas que tan honda incidencia tenían (social, jurídica, cultural, tan poco advertidas por "la legislación") en su hortelana tierra de origen.

En los dos frentes de ataque, fueron las de Altamira batallas perdidas. *Cuestiones* como las hasta aquí destacadas, de haber sido tomadas como *preliminares* para la enseñanza universitaria de la Historia del Derecho, hubieran contribuido a que la historia de la disciplina en el siglo presente fuese bien distinta. Se frustró un determinado desarrollo de compromiso abiertamente político[50], y se señaló, con éxito, un punto de partida que en su pretendida objetividad admitía contenidos que tal vez originariamente no le fueran del todo propios, sirviéndose otros compromisos ideológicos y políticos no menos manifiestos[51]. Se forjó así una determinada imagen de la historia jurídica que quienes se han ido incorporando a su cultivo profesional han venido heredando, casi sin darse cuenta, junto con las primeras lecturas: no podía ser de otra manera dada la añosa configuración socioacadémica de la colectividad de investigadores y enseñantes de la historia jurídica en España, con una ortodoxia marcadísima y diversas heterodoxias marginales. Y es imagen que, también en su dimensión docente y en periodo en el que ya dicho orden se ha quebrado de forma al parecer definitiva, viene lógicamente poniéndose en cuestión desde hace ya algunos años[52]. No cesan, en cualquier caso, los

Petit (n. 117 en p. 1464 del título evocado en nota anterior) y por Bartolomé Clavero en los dos estudios que de éste se señalaban, respectivamente pp. 313 y 30.

50 Para otro de sus contextos, y no de trascendencia menor, Bartolomé Clavero, "'La gran dificultad'. Frustración de una ciencia el derecho en la España del siglo XIX", en *Ius Commune*, 12 (1984), pp. 91-115, especialmente pp. 111-113.

51 Quien más abiertamente lo ha sugerido es Mariano Peset, "Rafael Altamira en México" (nota 3), especialmente nota 1 en p. 251.

52 Sobre dicha quiebra, véase el muy expresivo cuadro que traza Carlos Petit, "El segundo testimonio", en Paolo Grossi (ed.), *L'insegnamento della Storia del Diritto medievale e moderno. Strumenti, destinatari, prospettive. Atti dell'incontro di studio. Fi-*

efectos del ahora tal vez languideciente dominio de dicha imagen: el que más interesa señalar aquí es el de la recuperación, pretendida con cierta frecuencia y normalmente como tal no identificada, de concepciones que habían quedado en vía muerta y que ahora corren el riesgo de ser puestas en circulación carentes del rigor y del vigor originarios. Esta puede ser —tendría que ser— la última secuela de un Hinojosa figurado cuya memoria, por haber recorrido en solitario gran parte del siglo, viene hace tiempo reclamando compañía.

renze, 6-7 novembre 1992, Milano, Giuffrè (Per la Storia del Pensiero Giuridico Moderno. Biblioteca, 42), 1993, pp. 401-414, una vez rota ya hasta la "tensa calma" de un cuadro que, aun parcial, pudo en algún momento generar cierto orden: Antonio Serrano, "Hispania, después de entonces", en AHDE 60 (1990), pp. 633-654.

PARATONÍA DE LA HISTORIA JURÍDICA

> No olvidemos el *Goofus Bird*, pájaro que construye el nido al revés y vuela para atrás, porque no le importa adónde va, sino dónde estuvo.
>
> Jorge Luis Borges / Margarita Guerrero, *El Libro de los Seres Imaginarios*.

1. Premisas

Mediada la década de los sesenta, a L.P. Curtis Jr. se le ocurrió una idea feliz: compilar un volumen de ensayos, escritos por historiadores, en los que sus autores relatasen el proceso de elaboración de uno o varios de sus trabajos. Habrían de exponer la historia real de su obra, qué o quién les llevó a escribirla y cómo efectivamente lo hicieron. El resultado final fue un libro tan ameno como original (*The Historian's Workshop. Original Essays by Sixteen Historians*), cuyo título, dando cuenta del número de participantes, reconocía veladamente un fracaso —la invitación fue amplia— que Curtis se ocupó de dejar patente en la vivaz introducción. La índole de las razones de quienes rechazaron la oferta merece aquí, más incluso que los escritos de quienes finalmente aceptaron, nuestra atención. De las excusas que el compilador recibió —algunas se reproducen, anónimas, en la citada introducción—, creo que deben ser destacadas especialmente dos. Un historiador norteamericano elogió la idea negándose a la vez a participar, porque "si todos los colaboradores satisficieran realmente su petición, la profesión histórica quedaría quebrantada hasta los cimientos. Lo que hoy tan sólo sospechamos quedaría probado incuestionablemente: que nadie procede como los manuales de investigación dicen que procedemos". Otro destacado historiador, tan sincero en su respuesta como perplejo ante la naturaleza de su actividad profesional, confesaba, con cierta consternación, lo siguiente: "Creo que mi manera de escribir, como mi metabolismo, es algo que no entiendo; y le hago la desoladora predicción de que esto puede decirse de un buen número de sus colaboradores"[1].

1 L.P. Curtis Jr. (ed.), *El taller del historiador* (1970), México, Fondo de Cultura Económica (Sección de obras de Historia), 1986 (reimpresión de la 1ª edición en español de

Sería excesivo deducir de todo el esfuerzo colectivo que supusieron tanto la idea inicial del libro como su discusión posterior una simple confirmación del viejo enunciado que radicalmente separa teoría y práctica, aplicado esta vez a la historiografía. Creo que la deducción es maliciosamente sugerida en la introducción, pero ni el compilador ni los más reticentes de entre los convocados se hubieran atrevido a formularla abierta y públicamente. No es que no existan métodos en la historia, ni se trata de que resulten inaplicables al ser formulados. En esa dirección no iba la propuesta, cuya virtualidad ha de aceptarse en su propia limitación, en verdad nada estrecha: para conocer de un historiador su concepción de la historia y el método con el que la trabaja es preferible considerar con un respetuoso escepticismo su discurso epistemológico, si es que lo hay, y analizar su obra historiográfica. En esta convicción, la propuesta de radical subjetividad de Curtis alcanza todo su valor.

En ella falta, sin embargo, un elemento que creo imprescindible. Desde luego es el autor —el historiador que escribe— el que de verdad conoce motivaciones, finalidades e intenciones; es sin embargo el lector —el historiador que lee— quien sabe, en la práctica, de resultados. Y resultados no en el sentido positivo de realidad pretérita desvelada, sino en los términos más reales de imagen pretérita construida: tal vez no haya tantas imágenes como lectores, pero desde luego sí serán plurales, y muy distintas en algún caso de las previstas por el autor.

Recordar y matizar de este modo el ya añejo intento de Curtis nos sirve ahora de introducción al análisis de la obra de cuatro historiadores juristas. Con nuestras premisas, dirán seguramente más estas páginas acerca de quien las firma que de aquéllas que pretenden glosar. Es riesgo asumido, pero si tal vez nuestros cuatro autores no puedan reconocerse en los epígrafes que siguen, no hay que temer por eso la tergiversación: con la interpretación van las referencias —no constituyen las notas un repertorio completo, pero sí una guía suficiente—, y con ellas la posibilidad de una lectura propia que acaso acabe por impugnar el mensaje de fondo de las páginas presentes. En ellas no se pretende la acuñación o el refrendo de novedosas y al cabo reduccionistas denominaciones —el título, aun a riesgo de ser críptico, huye del mismo peligro—, como "nueva historia jurídica", o tal vez "historia moderna del derecho"; si es justo calificar de moderna la historia del derecho que aquí nos ocupará, lo es tanto por razones de renovación de planteamientos como por

1975), en traducción —que hubiera requerido sugerencias que o no se produjeron o fueron rechazadas— de Juan José Utrilla; los entrecomillados son de pp. 14-15.

condicionamientos de orden cronológico. Ya hace tiempo que se hizo notar que ambas cosas podían ir unidas, pero no debe tomarse la receta como absoluta: que académicamente la historia jurídica no haya sufrido compartimentación en función de épocas o edades explica parte de sus limitaciones tanto como muchas de sus potencialidades.

Y estas últimas se han venido manifestando con especial fuerza en el último decenio largo de elaboración historiográfica. El cambio ha sido —está siendo— profundo, y ha provocado actitudes diversas, desde la adhesión entusiasta hasta la afectada ignorancia, pasando por el prudente distanciamiento del observador interesado y perplejo. Hay innegablemente cesura, pues aunque la solución de continuidad se haya producido de manera gradual, el cultivo de la historia del derecho resulta ser una actividad bien distinta a uno y otro extremo de la década; tanto, que pueden darse problemas de comprensión en quienes, por la razón que sea, no siguieron con la atención suficiente la eclosión y crecimiento de las nuevas ramas del árbol de la historia jurídica, y se encuentran ahora ante unos maduros frutos de apariencia más bien exótica.

Extensiones recientes de la ciencia jurídica y de otras ciencias sociales, como la antropología y la sociología, están en la base de estas mutaciones; pero también lo están, y en relación difícil de precisar, elementos tan dispares como determinadas tendencias historiográficas también recientes o, con seguridad, el personalísimo escrúpulo político —en el mejor y más amplio sentido de este último término— de los historiadores juristas más comprometidos. Es, este último, factor de carácter nada secundario pese a su primera apariencia meramente subjetiva, puesto que ha llegado a objetivarse en el cultivo de una historia-política (una historia ejercida y desarrollada con finalidad política de incidencia en el presente) cuya potencial utilidad deriva del hecho de ser historia, percisamente, jurídica. Como efecto marginal, este modo de hacer política del derecho —historia mediante— ha contribuido al florecimiento de una historia política (una historia de esta dimensión de la conciencia y del comportamiento) para la que la historia jurídica ha dejado de ser simplemente interesante para convertirse en imprescindible.

Pero no busquemos las causas, materia siempre incierta, y analicemos mejor los resultados. Y del modo más concreto posible, esto es, siguiendo las trayectorias de investigación individuales de algunos de los más significativos protagonistas de los avances de estos últimos años. La diversa cronología de su obra no es indiferente para dicha significación: conoceremos la de quien se preocupó de abrir nuevas vías que luego ha sabido seguir con extrema coherencia (Paolo Grossi), la de quienes de modo más tenaz y con mayor eco propician una historia jurídica renovada y ensanchada (António Manuel Hespanha y Bartolomé Clavero), y la de quien, dentro ya de un panorama en profunda mutación y atento a la labor de los citados, busca vías de profundización propias (Carlos Petit). Diversa es la obra de los cuatro, y diversos son sus intereses inmediatos, según podrá comprobarse; común es, como confío también en mostrar, parte sustancial de su proyecto.

2. La mirada sorprendida: António Manuel Hespanha

Cualquier historiador del derecho reconocerá la obra más significativa de António Manuel Hespanha como la de un colega; habrá quien opine que sigue procedimientos poco ortodoxos, o que muestra una acusada tendencia a situarse cerca de los límites, en inciertos terrenos fronterizos; raro será, sin embargo, que haya quien le niegue la condición de cultivador del campo común de la historia jurídica. Su figura es por eso generalmente advertida, pero, por eso también, raramente tomada como referencia. Desde el campo limítrofe de la historia no jurídica, de la historia sin adjetivos o general, ha podido sin embargo contemplarse la obra de Hespanha como un desafío, como una propuesta digna de ser seguida. Y no es que en el país de los historiadores generales —de la política, de las economías, de las sociedades, de las civilizaciones— se hayan clasificado los escritos del estudioso portugués como artículos de fabricación extranjera e importación merecida en función de su calidad, esta última en cualquier caso innegable; más bien han podido verse, y creo que con más justicia, como el elaborado producto procedente de la explotación de una parte incomprensiblemente poco atendida de sus propios recursos.

Pronunciamientos tempranos del propio autor revelaban al lector la posición desde la que escribía, construyendo a propósito todo un punto de partida válido para quien quisiera seguirle en su comprometida empresa de historiador. El escueto programa puede leerse en la introducción de un pequeño volumen titulado, también programáticamente, *La historia del derecho en la historia social*, que recoge varios trabajos tan diversos en su objeto como uniformes en la intención. Se situaba expresamente Hespanha en el campo de la historia del derecho, lo que ya de por sí constituía toda una reivindicación en un momento en que, so pretexto de elevar el nivel de utilidad de la enseñanza del derecho, se discutía la continuidad de la disciplina en las facultades portuguesas; en realidad se andaban recogiendo en el país vecino, pues el pretexto era tal, las tempestades levantadas por la siembra, durante años, de vientos de excesivo formalismo y de tan indudable como acomodaticia erudición. Se trataba entonces, para Hespanha, de definir y cultivar otras vías para la historia del derecho. Había que dejar de lado la legitimación histórica procurada por una dogmática que acentuaba, en lugar de desvelarlo y hacerlo comprensible, el hermetismo de un sistema de dominación —el jurídico— especialmente eficaz; había que terminar también con una ciencia anticuaria que en su deliberada apariencia de neutralidad imposibilitaba la crítica histórica del derecho vigente. Y puesto que se trataba de desvelar y de descubrir, no había que abandonar la historia del derecho, sino cambiarla desde dentro: se requería "respetar los cánones de una historia rigurosamente materialista, pero mantenedora de la complejidad de lo real; portadora de una lectura global de la sociedad, pero atenta a la cadencia autónoma de cada uno de sus niveles; orientada a la síntesis explicativa, pero sin sacrificar a ésta el análisis pormenorizado de los hechos empíricos". Toda una historia jurídica por hacer, cuya necesaria dimensión social es cuestión de método, cuya ampliación de horizontes objetivos depende del arrojo del historiador para "recorrer problemas-frontera", y cuyo rigor requiere el continuo inventario y elaboración de instrumentos de trabajo[2].

Y al programa se aplica Hespanha, dejando en el camino, como primera lección, una permanente labor de crítica historiográfica que afecta en primerísimo lugar a una tan larga como sólida tradición portuguesa que él mismo contribuye a inventariar, y en segundo lugar a una no menos rigurosa elaboración epistemológica, ya no forzosamente nacional, que así puede alcanzar la difusión necesaria en orden a la asimilación de sus principios por la nueva historia jurídica pretendida. Contribuciones en ambos campos se hallan en el volumen ya citado (respectivamente, "Bibliografía sumaria de Historia del Derecho Portugués", y "El materialismo histórico en la historia del derecho (Notas sobre bibliografía reciente)"), volumen que, no dejando de ofrecer muestras de las posibilidades efectivas de la conjunción de conocimiento his-

2 Todas las referencias bibliográficas del presente apartado que carezcan de indicación de autor son obras de António M. Hespanha; *A história do direito na história social*, Lisboa, Livros Horizonte (Coleção Movimento), 1978, glosa y citas, que traduzco, de la "Nota prévia" de pp. 7-8.

toriográfico y renovación metodológica ("Sobre la práctica dogmática de los juristas del Ochocientos"), y añadiendo una incisiva prueba de las arrojadas querencias de frontera del autor ("Forma y valores en los Estatutos Pombalinos de la Universidad (1772)"), adquiere un valor ejemplar verdaderamente notable[3].

El historiador portugués calificaba sus propuestas de esperanzadoras, y ciertamente se necesitan para formularlas dosis altas de ilusión y optimismo. Es una actitud que hoy creo inexistente o rarísima en el cultivo de la historia jurídica —siendo desde luego una pérdida de difícil reparación, sus consecuencias no han de ser necesariamente, y en toda la amplitud de sus efectos, lamentables—, pero no era actitud infrecuente en el debate metodológico de las décadas de los sesenta y setenta en las que se ideaban y escribían los trabajos que se vienen reseñando. En ese ambiente, dicho sea de paso, se forjaron o maduraron como profesionales de la historia la mayor parte de los autores a los que en este artículo nos iremos refiriendo, y ello no es desde luego casual. El diagnóstico más claro de la situación lo daba el propio António Manuel Hespanha, sugiriendo que el debate no era simplemente fruto de un renovado interés por la teoría de la historia, sino de la extendida convicción de que se cerraba todo un ciclo historiográfico de resultados ya inoperantes[4]. Y era también António Manuel Hespanha quien con mayor coherencia respondía a la rápida pérdida de referencias: desde el punto de partida ya descrito, había de emprenderse la búsqueda de los nuevos caminos de la historia jurídica.

Es la profundización en la dimensión social de dicha historia lo que le lleva progresivamente al alejamiento de posiciones epistemológicas iniciales que en cualquier caso, y tal vez por situarse tan resueltamente dentro del campo

3 Los títulos originales y la paginación de los trabajos a los que acaba de hacerse referencia, y que agotan el índice del volumen citado en la nota anterior, son los siguientes, en el orden en el que han sido mencionados: "Bibliografia sumária de História do direito Português", pp. 165-220; "O materialismo histórico na história do direito (Notas sobre bibliografia recente)", pp. 9-69; "Sobre a prática dogmática dos juristas oitocentistas", pp. 70-149; "Forma e valores nos Estatutos Pombalinos da Universidade (1772)", pp. 150-164.

4 "O materialismo" (nota 3), p. 9. No conozco mejor expresión de la vivacidad de aquella discusión que la contenida en unas páginas, lamentablemente poco difundidas, de Antonio Merchán, en las que relata sus vivencias como testigo presencial de discusiones orales y de actitudes especialmente reveladoras en la Alemania de los primeros años setenta: Antonio Merchán, "El concepto de la Historia del Derecho", en Antonio Merchán, *Comentario y textos de Derecho histórico*, Sevilla, Facultad de Derecho, 1987, pp. 11-47, especialmente pp. 28-29.

de la historia del derecho, no se tomaron nunca sin distanciamiento[5]; es, por otra parte, actitud de toda una epistemología histórica materialista que ha visto innecesario seguir reivindicando combativamente la adopción de sus postulados no sólo por la pérdida de certezas ideológicas o por desconfianza en la teoría, ni tampoco del todo por agotamiento de sus argumentos, sino precisamente por haber sido éstos, en parte considerable y aun con presupuestos y finalidades diversas, generalmente asumidos.

Con esa decidida vocación de historia social, publica Hespanha en 1982 un manual de Historia de las Instituciones cuyo mismo título se explica en función de dicha orientación, y que expresamente preconiza el cultivo y el conocimiento de la historia jurídica como requerimiento de crítica hacia el derecho vigente[6]. Traza en él un amplísimo panorama institucional bajomedieval y moderno que ocupa el grueso de la exposición, quedando los capítulos iniciales (períodos primitivo, romano y visigótico) reducidos casi a la condición de mero tributo a la tradición académica[7]. La funcionalidad de tal opción es evidente: se trata de mostrar la contrapartida del sistema jurídico contemporáneo, el sistema jurídico histórico frente al cual el presente se define, y en contraste con el cual la propia historicidad del derecho actual queda desvelada. El derecho contemporáneo queda en evidencia precisamente por no aparecer; y no se trata únicamente de que no haya en el índice capítulo específico: no aparecen tampoco las categorías propias de la dogmática jurídica de los dos últimos siglos como guía de la exposición. Esta se organiza según el conjunto de referencias de las que se nutren los mismos contenidos del manual, esto es, las conceptuales, terminológicas y argumentativas de la *scientia iuris* bajomedieval y moderna.

La aportación, considerada justamente "de método" por Bartolomé Clavero, crítico compañero de viaje de Hespanha, consiste entonces, desde el punto de vista expositivo, en la depuración de los cegadores efectos del anacronismo consecuente a la retroproyección de la dogmática contemporánea, resultantes no sólo de la concienzuda y normalmente recompensada búsqueda de los elementos configuradores de dicha dogmática en el pasado, sino también de la consideración de tales elementos como punto necesario de llegada aun me-

5 "O materialismo", pp. 30 y ss. y 64-69, con apoyos expresos en la obra de Althusser.

6 *História das Instituições. Épocas medieval e moderna*, Coimbra, Livraria Almedina, 1982, con justificación de título en la amplia introducción.

7 *História* (nota 6): el capítulo VI y último, "Período do sistema corporativo" ocupa las pp. 187-530.

diando discontinuidades. Evitar interferencias y distorsiones en la contemplación del derecho del pasado supone reconocer primero su ajenidad a la experiencia jurídica contemporánea, y luego atender a la autorrepresentación en términos jurídicos de la sociedad que se pretende historiar. Y es eso lo que António Manuel Hespanha hace[8].

Y no sólo en su manual. Una considerable parte de su producción científica explora objetos cronológicamente situados en la época de vigencia del *ius commune*, objetos que son abordados a partir de los mismos presupuestos con tal intensidad y penetración que su obra no tiene dificultades en ser reconocida, en el sentido más amplio de la expresión, en el terreno que en realidad desde el principio le era propio, el de la historia social[9]. Merece especial mención su *Vísperas del Leviatán*, centro de toda una constelación de trabajos sobre la significación institucional del Antiguo Régimen en los que, en el plano de los conceptos, se parte de la representación de la realidad plasmada en los escritos de la tecnificada jurisprudencia de la época[10]. Tomar dicha representación por la misma realidad constituye un peligro evidente para el historiador que se sitúe en la óptica descrita, con el añadido efecto perverso de propiciar una mayor apariencia de objetividad en la exposición final de resultados. Es peligro que nuestro historiador conjura mediante el expediente de hacer al propio discurso, y no a la realidad que refleja, objeto de la indagación histórica: se estudia el discurso que el derecho genera, y no el derecho en sí[11]; la resultante historia de textos no es desde luego la historia

8 Para las limitaciones de la ejecución, que no del método, léanse las esclarecedoras páginas de Bartolomé Clavero, "Del pensamiento jurídico en el estudio de la historia", en QF 13 (1984), pp. 561-577.

9 Véase el certero arranque de Pablo Sánchez León, "Nobleza, Estado y clientelas en el feudalismo. En los límites de la historia social", en Santiago Castillo (coord.), *La historia social en España. Actualidad y perspectivas. Actas del I Congreso de la Asociación de Historia Social. Zaragoza, septiembre, 1990*, Madrid, Siglo XXI, 1991, pp. 197-215.

10 *Vísperas del Leviatán. Instituciones y poder político (Portugal, siglo XVII)* (1986), Madrid, Taurus (Taurus Humanidades), 1989 (versión castellana de Fernando Jesús Bouza Alvarez). De entre los trabajos relacionados con este —en realidad lo está hasta el mismo manual citado en nota 6— cabe ahora destacar "L'espace politique dans l'ancien régime", en BFDUC 58 (1982), (= *Estudos em Homenagem aos Profs. Doutores Manuel Paulo Merêa e Guilherme Braga da Cruz*, II), pp. 455-510, ahora publicado, en traducción de Ana Cañellas Haurie, en *La gracia del Derecho. Economía de la cultura en la Edad Moderna*, Madrid, Centro de Estudios Constitucionales (Historia de la Sociedad Política), 1993, pp. 85-121.

11 En este terreno es paradigmático un trabajo repetidamente publicado: "Représen-

formal de las fuentes ni la descontextualizada historia de los dogmas, sino una historia de concepciones y creencias, de mentalidad y de cultura[12].

No ha de extrañar que haciéndose una historia de la representación discursiva de la realidad social, en el campo además jurídico, en el que con mayor evidencia resalta la inmediata dimensión compulsiva o disciplinante de ese mismo discurso, interese muy especialmente hacer distinciones que tomen como criterios tanto el grado de intensidad con el que el discurso jurídico se percibe, como su consiguiente grado diverso de implantación. El juego entre centro y periferia ha ocupado un porcentaje no despreciable de las páginas de António Manuel Hespanha, tanto desde el punto de vista político-institucional —otra vez ha de recordarse, y otra vez no como título único, *Vísperas del Leviatán*— como desde el más ampliamente sociocultural, indagando la accesibilidad o inaccesibilidad, y sus consecuencias, de un derecho oficial cuyo estudio exclusivo procura al historiador una imagen parcial o incluso deformante del pasado[13]. Lo que ha venido su obra destacando es la periferia de

tation dogmatique et projets du pouvoir. Les outils conceptuels des juristes du *ius commune* dans le domaine de l'administration", en Erk Volkmar Heyen (hrsg.), *Wissenschaft und Recht der Verwaltung seit dem Ancien Régime. Europäische Ansichten*, Frankfurt am Main, Vittorio Klostermann (Ius Commune. Sonderhefte - Texte und Monographien, 21), 1984, pp. 1-28; la versión portuguesa (1986), que incluye leves modificaciones, se publicó con el título "Representação dogmática e projectos de poder. Para uma arqueologia da teoria do direito administrativo", en AA.VV., *Estudos em Homenagem ao Prof. Doutor A. Ferrer-Correia*, III, Coimbra (BFDUC, número especial), 1991, pp. 103-142, habiéndose muy recientemente traducido el original francés para incluirlo en *La gracia del Derecho* (nota 10), pp. 61-84. De planteamiento bastante más asequible es "Una historia de textos", en Francisco Tomás y Valiente y otros, *Sexo barroco y otras transgresiones premodernas*, Madrid, Alianza (Alianza Universidad, 662), 1990, pp. 187-196. Se trata, en conjunto, de una dimensión de la obra de Hespanha que no puede comprenderse sin sus tempranas lecturas de Michel Foucault; y véanse las sagaces reflexiones de Allan Megill, "The Reception of Foucault by Historians", en *Journal of the History of Ideas*, 48 (1987), pp. 117-141.

12 "Une 'nouvelle histoire' du droit?", en Paolo Grossi (a cura di), *Storia sociale e dimensione giuridica. Strumenti d'indagine e ipotesi di lavoro. Atti dell'incontro di studio, Firenze, 26-27 aprile 1985*, Milano, Giuffrè (Per la storia del pensiero giuridico moderno. Biblioteca, 22), 1986, pp. 315-340.

13 En el plano político-institucional ha de partirse de la definición y crítica del paradigma historiográfico estatalista: "A historiografia jurídico-institucional e a 'morte do Estado'", en *Anuario de Filosofía del Derecho* (nueva época), 3 (1986), pp. 191-227; trabajando ya más directamente su propio objeto, valga de ejemplo "La 'Restauração' portuguesa en los capítulos de las Cortes de Lisboa de 1641" (traducción de Alfonso Bolado), en John

ese derecho oficial, y es eso lo que le ha dado la posición historiográficamente fronteriza de la que hablábamos párrafos atrás: incluso en trabajos en los que se indagan cuestiones de evidente centralidad en una consideración estructural de la sociedad y del derecho, la imagen resultante acaba realzando, a veces hasta lo desconcertante, los elementos periféricos[14].

Nunca pierde de vista nuestro autor, en cualquier caso, que tal imagen no es ofrecida por la propia realidad pretérita sin intervención decisiva del historiador. Un pasaje del prefacio de su Historia de las Instituciones me parece especialmente revelador: "Tengo una convicción profunda de que la realidad histórica no se ofrece, a modo de espectáculo, frente a un observador neutral y sumiso. La historia es siempre, hasta cierto punto, una construcción del historiador. Pienso que sólo una (hoy indisculpable) ingenuidad metodológica o hipocresía pueden pretender lo contrario. Las cuestiones que en este

H. Elliott y otros, *1640: la Monarquía Hispánica en crisis*, Barcelona, Crítica - Centre d'Estudis d'Història Moderna Pierre Vilar, 1992, pp. 123-168; con similar orientación, "O Governo dos Austria e a 'Modernização' da Constituição Política Portuguesa", en *Penélope. Fazer e desfazer a história*, 2 (Fevereiro 1989), pp. 49-73; y además del tratamiento monográfico, toda una guía: *Poder e Instituições no Antigo Regime. Guia de Estudo*, Lisboa, Cosmos (Cadernos Penélope), 1992. Para la dimensión sociocultural la aportación básica es "Savants et rustiques. La violence douce de la raison juridique", en *Ius Commune*, 10 (1983), pp. 1-48, ahora también, en traducción castellana de Ana Cañellas, en *La gracia del Derecho* (nota 10), pp. 17-60. Y en los dos sentidos son relevantes los capítulos IV ("Centro y periferia", originalmente publicado en *Ler história*, 8, (1986)) y VI ("De *iustitia* a *disciplina*"), de *La gracia del Derecho* (nota 10), respectivamente pp. 123-150 y 203-273; este último ha sido repetidamente publicado: con el título "Da 'iustitia' a 'disciplina'. Textos, poder e política penal no Antigo Regime", puede leerse en AA.VV., *Estudos em Homenagem ao Prof. Doutor Eduardo Correia*, Coimbra (BFDUC, número especial), 1986, así como en AHDE 57 (1987), pp. 493-578, y últimamente también en António Manuel Hespanha (ed.), *Justiça e litigiosidade. História e prospectiva*, Lisboa, Gulbenkian, 1993, pp. 287-379; una versión aligerada del mismo trabajo se ofrece además en Francisco Tomás y Valiente y otros, *Sexo barroco* (nota 11), pp. 175-186.

14 Sirven las referencias de la nota anterior, a las que pueden ahora añadirse "La revolución y los mecanismos del poder (1820-1851)", en Carlos Petit (coord.), *Derecho privado y revolución burguesa. II Seminario de Historia del Derecho privado. Gerona, 25-27 de mayo, 1988*, Madrid, Marcial Pons, 1990, pp. 15-52, y "Justiça e administração entre o Antigo Regime e a revolução", en Bartolomé Clavero, Paolo Grossi, Francisco Tomás y Valiente (a cura di), *Hispania. Entre derechos propios y derechos nacionales. Atti dell'incontro di studio. Firenze-Lucca, 25, 26, 27 maggio 1989*, Milano, Giuffrè (Per la storia del pensiero giuridico moderno. Biblioteca, 34/35), 1990, pp. 135-204, ahora también en António Manuel Hespanha (ed.), *Justiça e litigiosidade* (nota 13), pp. 381-468.

plano han de plantearse son entonces dos. La primera consiste en saber si esa construcción resulta conformada por el puro arbitrio de las concepciones subjetivas del historiador acerca del hombre y del mundo o, por el contrario, por los datos verificables de la actual teoría social en su esfuerzo por identificar modelos (generales o sectoriales, permanentes o temporales) de comportamiento humano y social. La segunda es la de determinar un equilibrio adecuado entre estos modelos y los datos de la investigación empírica"[15]. En otras palabras: el inevitable elemento subjetivo inherente a la reconstrucción histórica no es justificación de libertad de escritura, sino presupuesto de responsabilidad profesional. El conocimiento y la utilización de los modelos de comprensión que proporcionan las ciencias sociales es un imperativo de rigor historiográfico; y es también, por añadidura, vehículo de importación de novedosos puntos de vista para la comprensión del pasado. Una actitud como la descrita, que en la obra de Hespanha es ya todo un hábito, provoca incluso efectos sobre la forma de exposición de sus trabajos; a un lector no ocasional del historiador portugués no le costará reconocer, como esquema expositivo frecuente, el constituido por un primer conjunto de párrafos críticos con respecto a una historiografía dominante y tradicional, párrafos a los que sigue una nutrida batería de apreciaciones sobre recientes desarrollos de la antropología, la sociología u otra rama cercana del árbol de la ciencia, para abrirse finalmente paso a una reconsideración por extenso del objeto elegido, el cual, a la luz del nuevo modelo interpretativo aplicado, quedará normalmente irreconocible desde los parámetros propios de la historiografía que en primera instancia se señalaba. Si bien no se mirara, parecería casi un juego de prestidigitación, cuyo efecto más inmediato, y acaso no tan superficial como aparenta, fuese asegurar la sorpresa y el asombro del lector.

Lo que no es en ningún caso superficial es el asombro del propio autor, que creo real y que ha de ser desde luego previo. No se malinterprete la apreciación. Un historiador que desarrolla su labor sobre la base de las perspectivas metodológicas que venimos analizando no sólo plantea hipótesis de partida o prevé resultados, sino que directamente los propicia; si lo primero ya relativizaría bastante su posible sorpresa ante las fuentes, lo segundo casi acabaría con ella. Nada más alejado del supuesto del historiador que, desde luego ingenuo o malicioso, describe su quehacer como una sucesión de descubrimientos, y que parece el ciudadano natural del país del asombro y de las sorpresas. El asombro de Hespanha, bien al contrario, se dirige a su propio presente.

15 *História* (nota 6), p. 7.

Es perplejidad que se genera ante la estructura y la dinámica del derecho, de la sociedad y de la cultura que le son contemporáneos: para su aislamiento requiere el contraste que proporciona la consideración de realidades pasadas; para su comprensión necesita entrenar la mirada ante lo ajeno. Y sólo comprendiéndolo es posible contribuir a la conformación de ese mismo presente. Es lo de menos que las propuestas de António Manuel Hespanha comiencen reciente y progresivamente a adquirir, por situarse de modo más resuelto en el presente, un carácter de evidencia del que antes carecían[16]. La lección, la más permanente de su obra, venía ya desde hacía tiempo formulándose.

3. El camino como meta: Carlos Petit

De tres momentos y de tres universos consta hasta la fecha la obra de Carlos Petit, pero los elementos de ambas trinidades no se pueden hacer corresponder de forma biunívoca. Los tres momentos son de fronteras imprecisas y dividen en tres fases su trayectoria investigadora; ya que el criterio que los define es simplemente cronológico, bastará para identificarlos referirse a una fase primera o de iniciación, a una segunda o de madurez y a una tercera o de definición, aún en trance de desarrollarse. Los tres universos son llamativa y radicalmente distintos entre sí; el criterio que los individualiza es objetivo, y en su aplicación pueden contemplarse los intereses temáticos diversos de un iushistoriador que se nos muestra, en primer lugar, preocupado por desvelar la problemática plural que desde el punto de vista de las instituciones y del derecho plantea la particular *Spätantike* hispánica; en segundo lugar, interesado en la observación y comprensión del mundo jurídico propio de los comerciantes y del intercambio mercantil en tiempos de difícil transformación revolucionaria; y en tercer lugar, perplejo ante el papel asumido en relación al derecho por el jurista contemporáneo.

Con tales parámetros parece que estemos ante la obra de un historiador

16 En este sentido me parecen especialmente iluminantes dos trabajos recientes: el primero es "Li-va-sam nao era leproso", en Johannes-Michael Scholz (hrsg.), *Fallstudien zur spanischen und portugiesischen Justiz (15. bis 20. Jahrhundert)*, Frankfurt am Main, Vittorio Klostermann (Ius Commune Sonderhefte. Rechtsprechungen, 8), 1994, pp. 739 y ss., cuyo contexto puede buscarse en "Incursión en el pensamiento jurídico-político chino", en *La gracia del Derecho* (nota 10), pp. 275-293; el segundo de los trabajos a los que me refería es "Lei e justiça: história e prospectiva de um paradigma", en António Manuel Hespanha (ed.), *Justiça e litigiosidade* (nota 13), pp. 5-58.

inquieto, pero sin proyecto. Esa es la primera apariencia, desarticulada o saltuaria, de la obra de Carlos Petit, que puede descuidadamente corroborarse en una lectura también primera. Esta, por superficial que sea, dará al crítico algunos datos más, pero, quedándose en aproximación poco atenta, no le hará cambiar sustancialmente de opinión. Verá ahora la obra sólida de quien conoce a la perfección su doble oficio de jurista y de historiador, de quien con seguridad ejercita las artes precisas para desvelar los misterios del derecho del pasado y para no dejarse dominar por las sutilezas de la técnica o los abismos del tiempo; pero no advertirá la coherencia de la obra en su conjunto. Verá el crítico historia y ciencia del derecho, y no historia y política del derecho.

El caso es que la obra primera de Carlos Petit se situaba resueltamente en esas coordenadas, no siendo por tanto con respecto a ella injusta del todo la crítica que viene apuntándose. El posicionamiento era consciente, conociéndose perfectamente el camino que se emprendía. En un primer trabajo sobre la compañía mercantil en el siglo XVIII se señalaba, como precisión de método, lo siguiente: "pretendemos realizar un estudio de la institución desde el punto de vista estrictamente técnico-jurídico, con las limitaciones y servidumbres que ello comporta y que conviene queden bien claras al lector desde estas páginas introductorias". Era al parecer opción de aprendizaje, puesto que se adoptaba la que se tenía por posición metodológica propia del maestro, a cuya obra se daba así continuidad no sólo en los planos, para el caso más superficiales, de la temática y la cronología. Mas siendo de aprendizaje, no podía ser realmente, en el mejor sentido del término, opción: si se conocían "servidumbres y limitaciones" de un camino, seguramente se ignoraban las posibilidades de otros, ya que el emprendido parecía recorrerse con cierta sensación de fatalidad bien visible en el "no podía ser de otra manera" proferido ante la falta de elaboración que se manifestaba en los campos limítrofes de la historia social y económica. El menos avisado de los lectores puede en cualquier caso advertir la incomodidad del autor, constreñido por las angosturas de método tan riguroso, ante asuntos tan difíciles de explicar satisfactoriamente desde sólo una —la jurídica dogmática— de sus dimensiones o valencias sociales como la transmisión de la condición de socio o la responsabilidad de los socios frente a acreedores de la compañía[17].

17 Todas las referencias bibliográficas del presente apartado que carezcan de indicación de autor son obras de Carlos Petit; *La compañía mercantil bajo el régimen de las ordenanzas del Consulado de Bilbao. 1737-1829*, Sevilla, Universidad (Serie Derecho, 40),

Las citadas estrecheces no parecían incomodar tanto al autor cuando poco tiempo después abordaba, desde un punto de vista no menos estrictamente técnico-jurídico, las complejas cuestiones que suscita el estudio de las garantías personales en los derechos romano postclásico y visigodo[18]. De nuevo la actitud se justificaba como obligada, residiendo esta vez la fatalidad en la escasez de unas fuentes cuya naturaleza había de condicionar el tratamiento expositivo de sus contenidos. Con todo, puede afirmarse que la actitud del historiador comenzaba a ser diferente, pues, rechazándose expresamente una reelaboración dogmática de los datos proporcionados por la exégesis textual —aunque el casuismo con el que ésta se abordaba no conseguía eliminar del todo la tentación de emprender aquélla—, se señalaban dos utilidades de la investigación que podían justificarla desde el punto de vista de una historia no tan cerrada y empobrecedora como ya en apariencia se iba considerando la "estrictamente técnico-jurídica": en primer lugar, la investigación se presentaba como especialmente preocupada por el estudio crítico de las fuentes, en realidad tan inseguras que cualquier pretexto podía resultar objetivamente adecuado para intervenir en una discusión tendente, si no a despejar incógnitas imposibles, sí al menos a definir las ecuaciones desde las que sería razonable abordar su improbable resolución[19]; en segundo lugar, y sobre todo, las conclusiones se querían instrumentales con relación a un derecho altomedieval para cuya comprensión habían de ser ineludible punto de partida. Esta última consideración, de alcance metodológico evidente, y expresa ya en la primera frase de la obra que analizamos ("Para quienes estamos convencidos de que la historia del derecho español no es otra cosa que la historia de la evolución de la tradición jurídica romana en la Península Ibérica..."), tuvo el efecto inmediato de propiciar entre la obra del autor y la de otros señalados iushistoriadores bien presentes en aquellos primeros años ochenta pasajeras afinidades y distanciamientos permanentes.

Porque si también afinidades permanentes hubo en esta fase inicial al margen de la discipular antes señalada, se muestran con especial claridad en un

1980; la obra de la que tanto depende es la de José Martínez Gijón, *La compañía mercantil en Castilla hasta las Ordenanzas del Consulado de Bilbao de 1737. Legislación y doctrina*, Sevilla, Universidad (Serie Derecho, 37), 1979 [ahora también en José Martínez Gijón, *Historia del derecho mercantil. Estudios*, Sevilla, Universidad, 1999, pp. 345-550].

18 *Fianzas y fiadores en derecho romanovisigodo*, Sevilla, Universidad (Serie Derecho, 45), 1983.

19 Era ya justificación de un trabajo de realización algo anterior: "*Lex Visigothorum* 11,1: *De medicis et egrotis*", en *Cuadernos de Historia de España*, 67-68 (1982), pp. 5-32.

trabajo sobre objeto que luego se manifestaría infrecuente en la obra del autor. En páginas tan citadas ya como todavía inatendidas, la consideración del *ius commune* en la Castilla altomoderna daba pie a Carlos Petit para presentar un panorama de historia de las fuentes en las citadas coordenadas de tiempo y lugar con potencialidad suficiente para alterar de forma radical los traslaticios tópicos de tratamiento de la materia aún hoy vigentes[20]. La perspectiva que entonces se adoptaba tenía sus raíces en la obra de Bartolomé Clavero, cuyo peso en este caso se dejaba sentir con especial fuerza precisamente en función de la materia. Eran páginas liberadas de los condicionantes propios del cultivo de la iusprivatística histórica —escritas por alguien, dicho sea de paso y para que no se suponga en lo recién escrito una descalificación ligera, fogueado en la muy dura lidia con las fuentes que tal iusprivatística impone—, y en ellas la consideración crítica de las fuentes, sin tener que constituir pretexto o justificación antidogmática, se instrumentaba con mayor justicia como condición indispensable para el acceso a la dimensión jurídica de toda una cultura que, en otro caso, había de quedar fatalmente oculta. Esas nada simples "notas de literatura jurídica", escritas en estancia alemana, son las propias de un *Volljurist* que quiere también ser —que ya es— *Vollhistoriker*.

La obra de madurez de Carlos Petit puede a partir de entonces analizarse tomando como guía la acentuación de una tendencia ya presente en trabajos tempranos: se trata de una incesante búsqueda de la funcionalidad de su propia obra, y, a través de ella, de la funcionalidad también de la historia jurídica. La que a tal fin aparecía como la más adecuada de entre sus líneas temáticas de investigación —o, al menos, la que como tal se ha presentado en estos muy personales párrafos— acaba, salvo acercamientos ocasionales, abandonándose[21]. Que ello no suponga una pérdida decisiva en la obra de Carlos Petit se debe al hecho de que la señalada adecuación es en todo caso secundaria. Se suceden, ciertamente, las aportaciones en sus dos universos más queridos, el de las fuentes e instituciones visigodas y el del derecho mercantil en los albores del mundo contemporáneo, sin que pueda en ningún caso oscurecerse el alcance y la coherencia de las dos ambiciosas líneas de investigación alegán-

20 "Derecho común y derecho castellano. Notas de literatura jurídica para su estudio (siglos XV-XVII)", en *Tijdschrift voor Rechtsgeschiedenis*, 50 (1982), pp. 157-195.

21 La ocasión la propicia una jubilación: "*De iustitia et iure retentionis Regni Navarrae*", en Aquilino Iglesia Ferreirós (dir.), *Centralismo y autonomismo en los siglos XVI y XVII. Homenaje al Profesor Jesús Lalinde Abadía*, Barcelona, Universidad, 1989, pp. 319-337.

dose el peligro de empobrecimiento inherente a la especialización excesiva. Siendo aquí superfluo recordar que la perdición intelectual del especialista no está tanto en el hecho de no invadir campos ajenos como en su actitud de no permitir incursiones en el propio, tal peligro de empobrecimiento resulta para el caso conjurado —y si es que para ello no bastase ya la misma lejanía, no sólo cronológica, entre ambas "especialidades"— de manera singularmente feliz: las aportaciones de Carlos Petit resultan fundamentales no desde luego por reafirmar, enriqueciéndolas, mezquinas parcelas de especialidad temática, sino por su decidido intento de contribuir a la construcción de una historia del derecho en la que lo "estrictamente técnico-jurídico" no sea dimensión única. Habiendo dejado el objeto de determinar la orientación, puede el tratamiento de aquél adecuarse al proyecto que a nuestro crítico inicial y apresurado parecía inexistente.

Son a este respecto ejemplares las muchas páginas publicadas a mediados de los ochenta sobre el proceso visigodo[22]. A mi juicio, es difícil encontrar un trabajo en el que con tal claridad se aprecie el enriquecimiento de resultados que supone profesar la historia del derecho desde una perspectiva de historia social. El trabajo podía leerse como una provocación en más de un sentido: ante todo por lo dicho, por la aplicación directa de una metodología cuya adopción no se había previamente anunciado con la publicación de la consabida prédica de circunstancias. Pero no sólo por eso: se seguía una tal actitud epistemológica en el terreno de la historia del proceso, en el ámbito por tanto de un entorno institucional tradicionalmente considerado adjetivo frente a la sustantividad de todo un orden jurídico actuado a través de aquél en casos de conflicto, y que, en virtud de esa misma posición sustantiva, había de definir mejor en principio la funcionalidad social del derecho en la época considerada; resultaba así tal funcionalidad especialmente visible, ya que se evidenciaba hasta en las normas y en las prácticas que habían de regular los procesos, adjetivas o secundarias en el sentido apuntado y reducto adecuado, según podría sin mayores reflexiones afirmarse, de las determinaciones meramente técnicas del derecho vigente. Ello suponía además aprovechar al

22 "*De negotiis causarum*", I, en AHDE 55 (1985), pp. 151-251, y II, en AHDE 56 (1986), pp. 5-165. Su complemento no llegó a tener desarrollo definitivo: "Iglesia y justicia en el reino de Toledo", en AA.VV., *Los visigodos. Historia y civilización (Antigüedad y Cristianismo. Monografías Históricas sobre la Antigüedad Tardía - III)*, Murcia, Universidad, 1986, pp. 261-274 [versión revisada de estos trabajos en Carlos Petit, *Iustitia gothica. Historia social y teología del proceso en la Lex Visigothorum*, Huelva, Universidad, 2001].

máximo las potencialidades de las fuentes: no se trata sólo de que un historiador del derecho se encuentre en condiciones inmejorables para la comprensión de una sociedad cuyos más ricos vestigios escritos son de naturaleza jurídica, sino de que el fundamental entre tales vestigios es un *liber*, precisamente, *iudiciorum*.

Que las páginas sobre derecho procesal visigodo, seguidoras de los caminos abiertos por la obra de Abilio Barbero y Marcelo Vigil, se publicasen precisamente en una revista fundada por quien de modo más rotundo rechazó las nuevas orientaciones de los dos autores que acaban de citarse es el mejor símbolo del alcance de la renovación propiciada por Carlos Petit[23]. Desde el punto de vista de la historia de las fuentes, otro trabajo suyo en la misma revista contribuía a cerrar casi definitivamente puertas aún abiertas a discusiones científicas que sólo la inercia académica había logrado mantener, y que poco significaban ya en el contexto en el que venía desenvolviéndose la historia jurídica de los últimos años[24].

El segundo de los universos temáticos de Carlos Petit presentaba especiales ventajas para profundizar en la búsqueda epistemológica del autor. Razones coyunturales de continuidad (las que son causa eficiente de su libro sobre

23 Abilio Barbero y Marcelo Vigil, *La formación del feudalismo en la Península Ibérica*, Barcelona, Crítica, 1978. No pocos años antes, y con respecto a otra señalada obra de ambos autores, ya lamentaba Claudio Sánchez-Albornoz que "dos tan inteligentes estudiosos como Vigil y Barbero hayan sucumbido a la moda triunfante hoy de explicar la historia por causas socioeconómicas", no siendo éste desde luego el más apasionado de los comentarios que seguiría dedicando el incansable maestro a la obra en progresión del inteligente y seducido tándem; para lo citado, Claudio Sánchez-Albornoz, "Observaciones a unas páginas sobre el inicio de la Reconquista", en *Cuadernos de Historia de España*, 47-48 (1968), pp. 341-352, especialmente p. 347.

24 "*Consuetudo* y *mos* en la *Lex Visigothorum*", en AHDE 54 (1984), pp. 209-252; también publicado en *Recueils de la Société Jean Bodin pour l'Histoire Comparative des Institutions*, vol. 52: *La Coutume (2e partie)*, Bruxelles, De Boeck-Wesmael, 1990, pp. 89-120 [y ahora en Carlos Petit, *Iustitia gothica* (nota 22), pp. 21-63]. Un trabajo de elaboración inicial contemporánea a los que se citan en esta nota y en la nota 22 no puede dejar de citarse: "Crimen y castigo en el reino visigodo de Toledo", en *Recueils de la Société Jean Bodin pour l'Histoire Comparative des Institutions*, vol. 56: *La peine (2e partie)*, Bruxelles, De Boeck-Wesmael, 1991, pp. 9-71; mas resultan sobre todo páginas relevantes en función de su contenido y de la utilización de técnicas de procesamiento y presentación de datos especialmente adecuadas al caso; desde el punto de vista metodológico muestran, y sobre todo cuando se las confronta con las dedicadas a la costumbre y al proceso, una indefinición tal vez debida a su confesada reelaboración.

la compañía mercantil bajo el régimen bilbaíno) lo situaban como experto conocedor de una época y de una materia que había de resultar crucial para el entendimiento de uno de los procesos de transformación histórica de mayor interés para el historiador de la cultura jurídica occidental: la llamada, según terminología que al autor gusta mantener, revolución burguesa. Desde la perspectiva del materialismo histórico, de tanta importancia en la obra correspondiente al momento de madurez de Carlos Petit, lo aparentemente saltuario de su obra adquiría así una coherencia extrema, precisamente extrema. Pues desde tal perspectiva, las sólidas y abundantes páginas de nuestro historiador contribuían al conocimiento de los dos momentos básicos de discontinuidad histórica que enmarcaban la vigencia larguísima de un determinado modo de producción, el feudal, del que el derecho no era —y he aquí de nuevo el matiz de heterodoxia que el cultivo decidido de la historia jurídica no puede dejar de marcar— elemento de segundo orden.

La orientación, la estructura y la finalidad de las que son sin dudas sus dos contribuciones más ambiciosas en este campo mercantil, ambas realizadas con ocasión de llamadas internacionales, lo dejan ver con claridad[25]. El autor recorre caminos que, sin dejar de cruzar los terrenos de la historia jurídica, pueden no sólo radicalmente abandonar dogmatismos, sino también por sí mismos incidir en historia social e historia económica sin que haya que esperar, ni desde luego asumir, los planteamientos realizados confesadamente desde dichas perspectivas, que suelen ser ciegas, sobre todo por dificultades de valoración de las fuentes, a la importancia de lo jurídico en el momento revolucionario. La extrañeza ante una mentalidad anterior a la revolución que se analiza según sus propios presupuestos, y el análisis de unos cambios revolucionarios de apariencia especialmente indecisa o contradictoria en el ámbito jurídico-mercantil, son elementos cuya constancia contribuye a la coherencia que desde hace años guarda la obra que venimos considerando[26].

25 "Derecho mercantil: entre corporaciones y códigos", en Bartolomé Clavero, Paolo Grossi, Francisco Tomás y Valiente (a cura di), *Hispania* (nota 14), pp. 315-500; "Signos financieros y cosas mercantiles, o los descubiertos de la Ilustración bancaria", en Vito Piergiovanni (ed.), *The Growth of the Bank as Institution and the Development of Money-Business Law*, Berlin, Duncker & Humblot (Comparative Studies in Continental and Anglo-American Legal History, 12), 1993, pp. 225-310.

26 Especialmente relevantes son los trabajos dedicados al momento constitucional gaditano: "'Arreglo de consulados' y revolución burguesa: en los orígenes del moderno Derecho mercantil español", en HID 11 (1984) (= *Homenaje al Pfr. Dr. D. José Martínez Gijón*), pp. 255-312; "Los derechos consulares en el Trienio", en AA.VV., *Estudios en re-*

En ella puede detectarse un tan reciente como notable enriquecimiento. A pesar de suponer la apertura de un nuevo universo temático y también de una nueva fase en su trayectoria investigadora, no implica el abandono de la coherencia ya encontrada, sino su profundización. La búsqueda epistemológica de Carlos Petit, tal y como se viene describiendo y tal y como aún ahora sigue guiando los pasos del autor, asume como presupuesto no sólo que la historia jurídica se escribe desde el derecho, sino también que se escribe desde el presente. No son simples obviedades, pues por más que puedan verse como condiciones de hecho, sólo la asunción con todas sus consecuencias de tales puntos de partida los hacen operantes desde una perspectiva metodológica así determinada, dejando entonces tales obviedades realmente de serlo y perdiendo desde luego, si alguna vez lo tuvieron, su carácter de condiciones meramente factuales. Asumir que se escribe desde el presente implica no solamente reconocer una determinación temporal, sino sobre todo aceptar una singularidad cultural. Asumir que se escribe desde el derecho supone no solamente una reivindicación de especialidad, sino más que nada un reconocimiento de historicidad. Y asumir conscientemente todo eso obliga inmediatamente a preguntarse por qué pasan por obvias condiciones de tal complejidad potencial, o, lo que es lo mismo, cuáles son los mecanismos de ocultación de dichas dimensiones, nada evidentes, del presente y del derecho, del derecho del presente[27].

Que para emprender tal especie de análisis se halle el jurista historiador en la mejor de las situaciones es algo que el jurista que no comparta tal perspectiva podrá discutir, mas no sin analizar, como aquél, las servidumbres de su posición y de su labor; la tarea no ha sido ajena a juristas contemporáneos, y la reconsideración crítica de la obra de quienes más resueltamente la em-

cuerdo de la Profesora Sylvia Romeu Alfaro, Valencia, Universidad, 1989, pp. 773-782; "Amos, sirvientes y comerciantes. Algo más sobre el primer modelo constitucional", en Carlos Petit (coord.), *Derecho privado y revolución burguesa* (nota 14), pp. 87-122; lo citado ha podido ya dar paso a algún estudio sobre aspectos diversos de la Constitución gaditana: "Una Constitución europea para América: Cádiz, 1812", en Andrea Romano (a cura di), *Alle origini del Costituzionalismo europeo*, Messina, 1992, pp. 57-71. Y es que los desarrollos que pueden todavía esperarse no se reducen a límites estrechos: "Ignorancias y otras historias, o sea, responsabilidades limitadas", en AHDE 60 (1990), pp. 497-507.

27 Es lección de "Oralidad y escritura, o la agonía del método en el taller del jurista historiador", en HID 19 (1992), pp. 327-379, artículo básico para reconstruir la trayectoria intelectual del autor; pero recuérdese que no interesa aquí destacar lo que de otros asume sino lo que a otros aporta.

prendieron habrá de arrojar luz sobre el conocimiento de las condiciones reales de formación —y por tanto de las posibilidades también reales de transformación— del derecho que hoy vivimos. Ya contamos con alguna contribución de Carlos Petit en este campo[28]. Su exploración acabará sin duda llevando consigo una nueva profundización en la búsqueda epistemológica del autor, de desarrollo aún abierto.

4. Historia en el derecho y derecho en la historia: Bartolomé Clavero

El epígrafe resalta la que me parece mayor aportación del autor: poner de hecho en crisis la misma denominación de la disciplina que enseña e investiga. A su obra mejor puede aludirse cambiando la preposición y haciendo la denominación reversible, y es que decididamente gran parte de su producción se sitúa en esa zona gris que separa lo que claramente es historia del derecho de lo que claramente no lo es, y que admite tanto una historia no rígidamente jurídica como un derecho no exclusivamente pretérito.

No precisamente la inicial. Objetivo todavía de aquellos trabajos primeros era situarse expresamente dentro del campo de la historia del derecho para presentar, desde una posición que abiertamente asumía una determinada adscripción de materia, una historia del derecho que aún, sin embargo, se estimaba por hacer[29]. La actitud de Clavero en España era similar a la de Hespanha en Portugal, pues si ambos se molestaban en indicar que el terreno cultivado era justamente la historia jurídica, no les movía el mero afán de proporcionar al lector una información útil, sino la menos inocente voluntad de plantear todo un desafío a la profesión.

Y no sólo a la histórico-jurídica, por la que no corrían tan claros aires de cambio en los setenta como en el país vecino. El mensaje de Bartolomé Cla-

28 "'A Contributor of the Method of Investigation'. Sobre la fortuna de Gény en América", en QF 20 (1991) (= *François Gény e la scienza giuridica del Novecento*), pp. 201-269, y "Absolutismo jurídico y derecho comparado. Método comparativo y sistema de fuentes en la obra de Edouard Lambert", en P. Cappellini y otros, *De la Ilustración al liberalismo. Symposium en honor al profesor Paolo Grossi. Madrid-Miraflores, del 11 al 14 de enero de 1994*, Madrid, Centro de Estudios Constitucionales (Historia de la Sociedad Política), 1995, pp. 121-137.

29 Todas las referencias bibliográficas del presente apartado que carezcan de indicación de autor son obras de Bartolomé Clavero; *Mayorazgo. Propiedad feudal en Castilla, 1369-1836* (1974), Madrid, Siglo XXI, 1989 (2ª edición corregida y aumentada), p. 1.

vero se dirigía sobre todo a una historia social y económica con pretensiones de totalidad que se definían mediando exclusiones y que venían progresivamente empobreciéndose —aún en ciernes el tercer nivel— bajo el incontestable dominio de una metodología serial y cuantitativa que no dejaba espacio siquiera para definir las realidades sometidas a una cuantificación tan minuciosa como, en función de lo dicho, inexpresiva. Que el mensaje fue recibido en dicho ámbito lo muestran añosas polémicas que pueden reconstruirse acudiendo sobre todo a publicaciones periódicas de interés pluridisciplinar[30].

Y es que pluridisciplinar era ya el intento inicial de Clavero. Con su monografía sobre el mayorazgo castellano había podido mostrar a la historia social que no podía prescindir de la jurídica si ésta dejaba de resignarse a ser mera ilustración retrospectiva y erudita del derecho vigente. Y el acercamiento de especialidades, aun polémico, realmente se produjo. No faltó reflexión directa sobre las posibilidades de un tal acercamiento, reflexión que se publicaba además en el número inaugural de una revista que ya en sí se planteaba como empresa conjunta. Si la historia del derecho entendida como especialidad ha de desvelar la función que cumple el derecho en el modo específico de constitución de una sociedad histórica determinada, sus resultados podrían ciertamente alimentar una historia social que integrara también los de otras especialidades, y que hiciese comprensible la funcionalidad social de las relaciones jurídicas dentro del conjunto de relaciones de naturaleza diversa con cuya mediación se constituye la sociedad en cada periodo histórico[31].

Y un periodo histórico se preocupaba Clavero especialmente de definir, con los efectos secundarios y añadidos de señalar término final para otro de cuya delimitación inicial no habría especialmente de ocuparse, y de poner punto inicial aún a un tercero en el que tendería posteriormente a centrar su obra. Ya su estudio institucional del mayorazgo castellano se situaba, en términos del autor, entre una reacción, la feudal, y una revolución, la burguesa, señaladas para el caso con fechas precisas, 1369 y 1836. Que el término final —o inicial, según se mire— marcado por esa revolución sea hoy uno de los puntos de referencia básicos para los cultivadores de la historia no sólo jurídica —con el calificativo dicho (burguesa) o con otro, en el momento marcado

30 Baste recordar dos títulos de breves pero incisivas aportaciones del autor en aquellos primeros años de *combats pour l'histoire*: "Señorío y Hacienda a finales del Antiguo Régimen en Castilla", en *Moneda y Crédito*, 135 (1975), pp. 111-128, y "Para un concepto de revolución burguesa", en *Sistema*, 13 (1976), pp. 35-54.

31 "La historia del Derecho ante la historia social", en HID 1 (1974), pp. 239-261.

o algo antes o aún después, como convulsión o como proceso, o con dudas y discusiones sobre todo ello— se debe, en gran medida, a la obra de Clavero, que sin embargo ha obtenido eco escaso, especialmente ahora en el campo de la historia jurídica, con respecto al término inicial —o final, según se mire— tardomedieval. Que tal momento representase una cesura, de relevancia también institucional, en la evolución de unos modos de relación social correspondientes al régimen de dominio de la tierra era algo que mostraban con especial claridad no sólo las páginas dedicadas al orto del mayorazgo, sino también las que con igual fecha de publicación rendían cuentas del ocaso de la behetría[32]. Se trataba de la versión castellana de la llamada, en expresión también utilizada por el autor, crisis del feudalismo clásico: en cuanto a lo primero, a la determinación territorial, la insistencia de Clavero no ha podido vencer el deslumbramiento que producen los desde luego fascinantes libros jurídicos regios producidos en Castilla entre 1255 (ca.) y 1348, que imponen, con su misma materialidad y en lecturas a veces excesivamente literales, una orientación y una cronología a la historiografía jurídica de la baja edad media castellana; y en cuanto a lo segundo, a la crisis aludida, no ha logrado convencer de que es ese, y no otro anterior, el momento en el que un derecho tradicional castellano finalmente cede el terreno para dejar paso al que conformaría la realidad jurídica de la corona en los siglos sucesivos[33]. Y es que de todos modos, más preocupado por el periodo que se abría que por el que se cerraba, abandonó pronto la idea de hacer incursiones decididas en esa época de "indefinición" del derecho castellano que nacía casi con la misma corona[34].

A la edad moderna apuntaba entonces la obra de Clavero, y a su constitución jurídica sustantiva, con un término final que se mantenía y reforzaba a través del estudio de periodos de crisis manifiestas y prefiguraciones pre-

32 "Behetría, 1255-1356. Crisis de una institución de señorío y de la formación de un derecho regional en Castilla", en AHDE 44 (1974), pp. 201-342.

33 "Notas sobre el derecho territorial castellano, 1367-1445", en HID 3 (1976), pp. 141-165.

34 Intervención aislada, breve y también desatendida —pero en este caso creo que el tercer calificativo se comprende en función de los otros dos— a pesar de la justa llamada de atención sobre las "fuentes de creación", expresión también en su caso entrecomillada, es "Signo social y secuela política de la legislación alfonsina. Planteamientos manualísticos", en Antonio Pérez Martín (ed.), *España y Europa, un pasado jurídico común. Actas del I Simposio Internacional del Instituto de Derecho Común (Murcia, 26/28 de marzo de 1985)*, Murcia, Universidad (Publicaciones del Instituto de Derecho Común), 1986, pp. 601-610.

suntas[35], y un término inicial de determinación especialmente problemática cuando no podía acudirse al agarre de la circunstancia castellana[36]. Pero entre la formación y la disolución, al menos se dibujaba una edad altomoderna como periodo especialmente susceptible de indagación histórica: es periodo de fuentes abundantes y de muy diversa naturaleza, aunque sólo en algunas centraría Clavero su esfuerzo; es periodo además de madurez en lo que se refiere al mundo de las ideas, de las creencias, de los valores y de los modos de comportamiento y de relación, elementos todos con hondas raíces en una tradición ya antigua y suficientemente consolidada.

Y es época, sobre todo, que se sitúa en posición de contigüidad cronológica con aquella a la que todavía pertenece nuestra cultura jurídica actual, mas con la discontinuidad intermedia y abismal de la revolución. Para entender esa edad moderna, y precisamente en virtud de la discontinuidad, nuestras categorías no sirven, pues no pueden explicar realidades a veces radicalmente diversas. Las categorías de uso para el historiador han de ser las propias de la época historiada, igual que para un antropólogo las categorías con las que ha de comprender una cultura ajena y desconocida son precisamente las de esa cultura que pretende conocer. Esta es la actitud y esta es la mirada: la actitud receptiva y la mirada limpia del antropólogo. Y esto, y sólo esto, es lo que la historia ha de aprender de la antropología. El resto, con determinaciones aún metodológicas, es distinto: se mira a una sociedad, sí, pero a la sociedad pretérita que es el antecedente de la propia y a la que por ello resulta especialmente difícil contemplar como si nos fuese del todo ajena; lo que se busca es un paradigma social, esto es, la determinación cultural de las relaciones sociales en un periodo histórico concreto. No se trata de aislar la mentalidad como objeto a historiar, siguiendo la vía entonces de la especialidad historiográfica; se trata de utilizar el concepto de mentalidad como instrumento epistemológico, como vía de acceso al conocimiento del paradigma social dicho.

Mas la propuesta metodológica de Clavero no se agota con ello, pues su más marcada originalidad consiste en ser a la vez propuesta de objeto. Dicho de otro modo: el objeto de la indagación histórica es decisivo a efectos de método, y la opción de objeto se convierte inmediatamente en opción de

35 "La disputa del método en las postrimerías de una sociedad, 1789-1808", en AHDE 48 (1978), pp. 307-334; "La idea de código en la Ilustración jurídica", en HID 6 (1979), pp. 49-88.

36 *Historia del Derecho: Derecho común* (1978), Salamanca, Universidad, 1994 (reimpresión de la 2ª edición revisada y ampliada de Sevilla, Universidad, 1979).

método. Y ello es así porque la vía de acceso que permite el estudio, sin la traición de las categorías contemporáneas, de la sociedad altomoderna a efectos de comprensión y determinación del paradigma social correspondiente a su cultura es la jurisprudencia. Una madura jurisprudencia *iuris communis* que, como esa cultura a la que explica e independientemente de su ejercicio *more gallico* o *italico*, no depende de fronteras políticas dentro de un amplio espacio europeo de conformación medieval, el correspondiente a la entonces llamada *respublica christiana*. Y una jurisprudencia que, en principio, más apariencia tiene de cerrado muro que de puerta abierta, no sólo por su alto grado de tecnicismo, por su latín o por su complejísimo marco de referencias, sino porque antes de leerla para así poder comprender una cultura, hay que conocer los modos de lectura propios de esa misma cultura en la que se pretende penetrar[37].

Habiendo señalado el camino, no duda Bartolomé Clavero en recorrerlo. Lo hace manteniendo permanentemente dos centros de interés, que pueden entenderse en función de la insatisfacción producida por los acercamientos propiciados por una historia económica y una historia social cuyos cultivadores vienen evidenciando los peligros provenientes no ya de ignorar la clave antropológica para descifrar la jurisprudencia, sino de ignorar directamente a ésta. Ambas, historia económica e historia social, avanzan por lo común sin ocuparse especialmente de definir las categorías relevantes a su materia en la época estudiada: la primera se contenta con el dominio, mayor o menor según los casos, del utillaje terminológico y conceptual procedente de la economía entendida como ciencia social contemporánea, cuyo costoso aprendizaje hay que rentabilizar aun a riesgo de construir artefactos historiográficos tan laboriosos como inconscientes de su artificialidad; la segunda, la historia social, no suele caer en la cuenta de que si ha de estudiar sociedades, es presupuesto el conocimiento de los sujetos, pues sólo determinando la naturaleza de lo individual puede entenderse su integración colectiva[38].

37 Para todo lo dicho ha de acudirse, básicamente, a “Historia, ciencia, política del derecho”, en QF 8 (1979), pp. 5-58, y a “Historia y antropología: hallazgo y recobro del derecho moderno”, en *Tantas personas como estados. Por una antropología política de la historia europea*, Madrid, Tecnos (Colección Derecho, Cultura y Sociedad, dir. Antonio Enrique Pérez Luño), 1986, pp. 27-52; antes, bajo el título “Historia y antropología. Por una epistemología del derecho moderno”, en Cerdá Ruiz-Funes, Joaquín, y Salvador Coderch, Pablo (eds.), *I Seminario de Historia del Derecho y Derecho Privado. Nuevas técnicas de investigación*, Bellaterra, Universidad Autónoma de Barcelona, 1985, pp. 9-35.

38 Muy claramente sobre esto último, y desde luego con el tratamiento más sustancial

El empeño en corregir ambas desviaciones explica parte considerable de la obra de Clavero. No abandonará su línea inicial de análisis de la relación jurídica real por excelencia, profundizando, matizando y corrigiendo su estudio inicial sobre el mayorazgo, ampliándolo a otras determinaciones también propias de un régimen jurídico que habría de desaparecer revolución mediante, y construyendo un espacio propio para las condiciones cambiantes de un derecho de propiedad ya contemporáneo[39]. Le interesará también, en un plano no sustancialmente distinto, la problemática conceptual de la usura y la funcionalidad social de su prohibición canónica, que consolida una economía basada en la renta de la tierra y frustra el desarrollo posible de otra cimentada en rentas de capital a la que un forzosamente limitado intercambio mercantil y financiero no dejaría aflorar. Siendo decisiva la intervención de la Iglesia, Clavero no se ceñiría al estudio de las determinaciones formales del derecho canónico, sino a las espirituales que habían de servirle de base; no le interesaba sólo la compulsión externa y temporal del derecho, sea el secular en su función secundaria o expresamente auxiliar, sea el canónico a fin de cuentas depositario de una formalidad compartida con el civil; llegaba a interesarle sobre todo la determinación de conductas impuesta directamente por la religión, la compulsión religiosa causante de un disciplinamiento social manifiesto en los modos de relación de los que había de ocuparse también el derecho. Era la usura paradigma social, accesible desde la historia jurídica y que apunta a la de la religión, cuya problemática historiográfica no dejaría de interesar a nuestro autor[40].

de las referencias de nota 41, "Historia social altomoderna: entre la generalidad y la especialidad", en Santiago Castillo (coord.), *La historia social en España* (nota 9), pp. 219-228.

39 Aparte las páginas finales y añadidas a la segunda edición de *Mayorazgo* (nota 29), y luego todavía reelaboradas en "*Favor Maioratus, Usus Hispaniae*. Moralidad de linaje entre Castilla y Europa", en Lloyd Bonfield (ed.), *Marriage, Property, Succession*, Berlin, Duncker & Humblot (Comparative Studies in Continental and Anglo-American Legal History), 1992, pp. 215-254, interesa "*De maioratus nativitate et nobilitate concertatio*", en AHDE 56 (1986), pp. 921-929; "Enfiteusis, ¿qué hay en un nombre?", también en AHDE 56 (1986), pp. 467-519; "*Amortizatio*. Ilusión de la palabra", en QF 17 (1988), pp. 319-358.

40 Sobre todo ello, "Prohibición de la usura y constitución de rentas", en *Moneda y Crédito*, 143 (1977), pp. 107-131; "*Interesse*. Traducción e incidencia de un concepto en la Castilla del siglo XVI", en AHDE 49 (1979), pp. 39-97; "Religión y derecho. Mentalidades y paradigmas", en HID 11 (1984) (= *Homenaje al Pfr. Dr. D. José Martínez Gijón*), pp. 67-92; son, los tres artículos citados, capítulos luego de un libro —*Usura. Del uso económico de la religión en la historia*, Madrid, Tecnos (Colección Derecho, Cultura y Sociedad, dir.

Y búsqueda de sujetos, empezando por el político. Que la época moderna viniese generalmente considerándose como la de emergencia del Estado significaba ya la adopción de un punto de vista crítico frente a la consideración estatal de formas políticas anteriores. Pero ello no impedía en realidad, aunque resultase paradójico, que se siguiese contemplando la época moderna como edad de oro de ese mismo Estado, el momento de su culminación, el de concentración máxima del poder político: un periodo en el que el Estado podía llamarse absoluto y un rey decir que era el Estado. Era el sujeto político por excelencia de la historiografía, y lo era, encumbrado en tan preeminente posición, precisamente por la sujeción política de la historia. Siendo sujeto artificial, su presencia proyectaba sombras que impedían cualquier otra comprensión de la realidad pretérita. La primera intención de Clavero fue eliminar el obstáculo, a lo que procedió en un breve artículo que propiciaba, con la muerte del Estado moderno, un espacio vacío que había que poblar. La indagación subsiguiente, que incluye alguno de los más costosos enfrentamientos del historiador con la jurisprudencia del *ius commune*, lleva a Clavero a un mundo de cuerpos colectivos y personas ficticias, únicas entidades individuales que constituían sujetos bien reales para el derecho, con tales posibilidades además de composición y de integración mutuas que todo intento de búsqueda en el pasado prerrevolucionario de una entidad colectiva correspondiente a las contemporáneas ha de saldarse o en una ilusión o en un fracaso; no sólo es el estado o los estados, es también la Iglesia, es también la familia y el linaje y la casa. En el otro extremo de la escala, al individuo se le considera sólo en función de su individualidad más trascendente, la del alma. Alma individual y cuerpo colectivo son sujetos que no mueren para un derecho que está por encima del tiempo efímero de los mortales sin ser en lo fundamental disponible para éstos. Con todo ello, ese paradigma social que perseguía Clavero comenzaba a hacerse ya bien visible, y era su obra la que lo desvelaba[41].

Antonio Enrique Pérez Luño), 1984—, y base también de otro título destinado a tener difusión mayor: "The Jurisprudence on Usury as a Social Paradigm in the History of Europe", en Erk Volkmar Heyen (hrsg.), *Historische Soziologie der Rechtswissenschaft*, Frankfurt am Main, Vittorio Klostermann, 1986, pp. 23-36.

41 Sobre todo ello, primariamente, "Institución política y derecho: acerca del concepto historiográfico de 'Estado moderno'", en *Revista de Estudios Políticos* (Nueva Época), 19 (1981), pp. 43-57, y "*Hispanus fiscus, persona ficta.* Concepción del sujeto político en el *ius commune* moderno", en QF 11/12 (1982-83), (= Itinerari moderni della persona giuridica), pp. 95-167; ambos trabajos son luego capítulos, publicados con alguna variación de títulos ("Institución política y derecho: desvalimiento del Estado moderno"; "*Hispanus*

En una consideración conviene ahora detenerse: si la introducción decidida de la antropología —o, como mejor ya sabemos, no de ésta en sí, sino de la limpieza de la mirada del antropólogo— en el campo de la historia produce ventajas evidentes, los problemas son también notorios. Una feliz frase de Jorge Luis Borges, a propósito precisamente del libro de un antropólogo, nos sirve de adecuada introducción: "Creer que en el disco de la luna aparecerán las palabras que se escriben con sangre sobre un espejo es apenas un poco más extraño que creer que alguien lo cree"[42]. La incredulidad es del autor de la frase, de un lector que la escribe sospechando también la del autor del libro que la provoca. No es problema menor, pues afecta al crédito que la obra puede merecer. Cuando se intenta la descripción y el análisis de concepciones y experiencias ajenas al observador hasta el punto de carecer éste de referencias previas para poder con cierto éxito aprehenderlas, la credulidad primero del autor y luego del lector son violentamente puestas a prueba. Ante aquél, deslumbrado por la extrañeza, acecha el peligro de la colección de curiosidades. Reconocida previamente la posibilidad de lo absolutamente distinto, poco se avanzaría con ejemplificarla. El peligro cierto de tal pobreza de resultados parece fácil de conjurar, pues está al alcance de cualquiera entender —y, en todo caso, ya el mismo Clavero se detenía en menciones expresas—

fiscus, persona ficta. Concepción del sujeto político en la época barroca") de *Tantas personas como estados* (nota 37). Interesan también, entre otros, "*Lex Regni Vicinioris*. Indicio de España en Portugal", en BFDUC 58 (1982) (= *Estudos em Homenagem aos Profs. Doutores Manuel Paulo Merêa e Guilherme Braga da Cruz*, I), pp. 239-298; "De un estado, el de Osuna, y un concepto, el de Estado", en AHDE 57 (1987), pp. 943-964; "Del Estado presente a la Familia pasada", en QF 18 (1989), pp. 583-605; "Cataluña como persona, una prosopopeya jurídica", en Aquilino Iglesia Ferreirós (dir.), *Centralismo y autonomismo* (nota 21), pp. 101-120; "Almas y cuerpos. Sujetos del derecho en la edad moderna", en AA.VV., *Studi in memoria di Giovanni Tarello*, I, Milano, Giuffrè, 1990, pp. 153-171. Con dimensión sobre todo historiográfica, con el cuestionamiento de España como sujeto histórico, "Cortes tradicionales e invención de la historia de España", en AA.VV., *Las Cortes de Castilla y León, 1188-1988. Actas de la Tercera Etapa del Congreso Científico sobre la Historia de las Cortes de Castilla y León*, I, Valladolid, Cortes de Castilla y León, 1990, pp. 147-195, y "Anatomía de España. Derechos hispanos y derecho español entre fueros y códigos", en Bartolomé Clavero, Paolo Grossi, Francisco Tomás y Valiente (a cura di), *Hispania* (nota 14), pp. 47-86.

42 Es frase escrita en 1936 a propósito de la obra de J.G. Frazer, *The Fear of the Death in Primitive Religion*: Jorge Luis Borges (edición de Enrique Sacerio-Garí y Emir Rodríguez Monegal), *Textos cautivos. Ensayos y reseñas en "El Hogar" (1936-1939)*, Barcelona, Tusquets (Marginales, 92), 1986, p. 60.

que no se trata de acumular ejemplos, sino de ver lo que hay detrás de ellos, de considerarlos como manifestaciones de un paradigma social que es el que ha de comprenderse. Mas el hecho de que para llegar a tal comprensión los obstáculos sean de verdadera entidad, levantándose ante quien emprende el camino el formidable muro de una jurisprudencia de complejo acceso, puede contribuir a que el estudioso se detenga en la contemplación de sus detalles, considerando, y no sin cierta razón, que ya bastante mérito tiene el esfuerzo sufrido para, sin más, describirlos. Adobar los resultados con simples llamadas de atención sobre diferencias o discontinuidades no ayudaría al conocimiento de sus fundamentos, cimentando sin embargo la repugnancia del lector incrédulo.

Pero no es el descrito, con ser grave, el peligro fundamental, pues no revela las insuficiencias del método sino más bien las de su ejercicio deficiente. La dificultad real es otra, y se cifra en las posibilidades reales de comprensión de lo reconocido de entrada como esencialmente diverso. ¿Puede en realidad conocerse un paradigma social radicalmente ajeno al del historiador hasta el punto de poder formular válidamente hipótesis previas que sirvan de sólido punto de partida? ¿Puede llegarse a la formulación de hipótesis aceptables, asumida la radicalidad de la diferencia, en los casos en que no haya fuentes que respalden una respuesta concreta? Algún reconocimiento de tales dificultades puede encontrarse en la obra de Bartolomé Clavero, de regreso ya de un nuevo intento, más arriesgado y más decidido y confesadamente fracasado, de encontrar la adecuada vía de acceso que rompiera los condicionantes de la radical ajenidad del paradigma social altomoderno. Era la vía en la que había casi naturalmente desembocado la primera intentada, la jurisprudencial, pues ya rondaba sus trabajos desde las fases iniciales de planteamiento de la problemática de la usura: la religión, no ya en cuanto asumida por el derecho sino en sí misma considerada; el acceso, si éste podía a la postre encontrarse, no había de propiciarlo el derecho, sino la teología. Desde este punto de vista sus últimas aportaciones a la realidad prerrevolucionaria se presentan ya como un forcejeo con lo imposible, como un intento fallido de desvelar lo básicamente incognoscible. Mas no se crea que ello supone el reconocimiento de las virtualidades de posiciones epistemológicas ajenas: Clavero había definido su método como único, y así su autorreconocido fracaso no revalida vías de acceso a la realidad histórica de la edad moderna previa o simultáneamente ensayadas y recorridas por otros historiadores[43].

43 *Antidora. Antropología católica de la economía moderna*, Milano, Giuffrè (Per

Lo que se logra con ese drástico cierre de la historia prerrevolucionaria es dirigir los esfuerzos a la contemporánea, a cuyo cultivo entonces no sólo puede calificársele de conveniente, útil, o especialmente atractivo en virtud de su cercanía a nuestro presente vivido, sino de radicalmente necesario por imposibilidad de objeto de determinación cronológica diversa. ¿Fracaso entonces, con tal resultado? Más bien parece, en este punto final, que lo alcanzado es lo pretendido, que el fracaso, si es tal, se quería y se buscaba. La prueba es que tanto esfuerzo no puede, a pesar de todo, considerarse inútil. El saldo positivo es la delimitación precisa de la época contemporánea, en la que nace y evoluciona el derecho que afecta a nuestro presente. De éste conocemos, de forma tan parcial o tan insegura como se quiera, el contraste del derecho que le precedió, que contribuye así a la definición del más reciente. De ese modo se justifica el esfuerzo, y así se desvela su razón: conocer según sus propios presupuestos la sociedad prerrevolucionaria es imposible, e inútil por tanto pretenderlo; construir el derecho del presente supone abrir a la razón y a la convención espacios todavía bloqueados por la tradición, e identificarla como tal requiere el previo acercamiento a la historia. El mantenimiento simultáneo de ambas proposiciones puede parecer a veces contradictorio, pero es el que explica la dedicación, también simultánea, de Clavero a ambas cronologías, moderna y contemporánea[44].

Es dentro de esta última donde sobre todo cabe la operación de política de la historia —opción única frente a la inútil e imposible ciencia de la historia— que implica la depuración de la tradición. Sigue siendo cuestión de sujetos: el Estado liberal, ya sin la legitimación histórica del moderno, ha de entenderse

la Storia del Pensiero Giuridico Moderno. Biblioteca, 39), 1991; "Entre ocio de cambio y negocio de banco: pecunia depositada bajo régimen católico", en Vito Piergiovanni (ed.), *The Growth of the Bank* (nota 25), pp. 191-224; "*Beati dictum*. Derecho de linaje, economía de familia y cultura de orden", en AHDE 63-64 (1993-94), pp. 7-148. Acentuar el acercamiento de religión y derecho es actitud que justamente surge de la contemplación antropológica de la historia moderna, pero deja sin embargo sin resolver el problema de su distinción, también susceptible de consideración desde el punto de vista antropológico habida cuenta del desarrollo posterior de la cultura occidental, por esto, entre otras cosas, bien distinta de otras asentadas en espacios geográficos no especialmente lejanos: lo pone de relieve Carlos Petit, "*Sex, lies and videotapes*", en QF 21 (1992), pp. 671-680, a propósito sobre todo de "Delito y pecado. Noción y escala de transgresiones", en Francisco Tomás y Valiente y otros, *Sexo barroco* (nota 11), pp. 57-89.

44 Para la contradicción posible, compárense las páginas iniciales de *Antidora* (nota 43), con las finales de *Institución histórica del derecho*, Madrid, Marcial Pons, 1992.

en su propia circunstancia contemporánea, en el proceso de su constitución, en todo caso secundaria frente a la del sujeto individual que es también novedad contemporánea, concebido además como titular de unos derechos que habrían de condicionar, y no al revés, el ordenamiento jurídico objetivo. Entre ambos, los sujetos intermedios que pudiera contemplar el derecho con base expresa en sujetos históricos no han de considerarse en razón de dicha historia, sino en su misma determinación de presente: no en vano situar al derecho en su tiempo propio es acción pertinente a la historia jurídica[45].

Mas la operación básica de política histórica en la que Bartolomé Clavero se encuentra empeñado no es estrictamente la dicha. Se trata de despejar históricamente un camino obstaculizado por la presencia de tradiciones que no son prerrevolucionarias, sino el resultado del peso constituyente de una historia constitucional contemporánea que para la instauración de un orden social ha primado al Estado sobre el individuo, al poder sobre la libertad. Una historiografía constitucional de tal signo es la que viene escribiendo Clavero, con el estudio de tradiciones constitucionales diversas y la determinación de su peso relativo, con advertencia sobre depuración y manejo de fuentes, con investigaciones sobre la concepción y la realidad de una justicia contemporánea atada por la ley y desvinculada de los derechos, con la aparición ya de un manual que señala líneas y tareas[46]. Y todo ello con el objetivo querido de

45 *El Código y el Fuero. De la cuestión regional en la España contemporánea*, Madrid, Siglo XXI, 1982, recogiendo trabajos anteriores; *Fueros vascos. Historia en tiempos de Constitución*, Barcelona, Ariel, 1985, también incluyendo trabajos de publicación independiente; "Los Fueros de las provincias vascas ante la autonomía de la República española: proyectos estatuyentes", en *Revista Vasca de Administración Pública*, 15 (1986), pp. 51-65; "'A manera de Vizcaya'. Las instituciones vascongadas entre Fuero y Constitución", en AHDE 58 (1988), pp. 543-559; "Entre Cádiz y Bergara. Lugar de encuentro de la Constitución con los Fueros", en AHDE 59 (1989), pp. 205-282; "'Territorios forales': Página española del palimpsesto europeo", en *Revista Española de Derecho Constitucional*, 37 (1993), pp. 13-35. Y situándose entre los trabajos citados la nota 41 y los señalados en la presente, "Cataluña en España. El derecho en la historia", en AHDE 57 (1987), pp. 805-850.

46 Los títulos que me parecen básicos son los siguientes: *Los derechos y los jueces*, Madrid, Civitas (Cuadernos Civitas), 1988; *Manual de historia constitucional de España*, Madrid, Alianza (Alianza Universidad Textos, 128), 1989; *Razón de estado, razón de individuo, razón de historia*, Madrid, Centro de Estudios Constitucionales (Historia de la Sociedad Política), 1991, incluyendo fundamentales trabajos de publicación poco anterior, de los que necesariamente deben destacarse "Codificación y Constitución: paradigmas de un binomio", en QF 18 (1989), pp. 79-145, y "Propiedad como libertad: la declaración del de-

construir, con el pasado y en el presente, un modelo de futuro. Pura política de la historia. Las propuestas van alcanzando el eco requerido y la discusión ya ha comenzado[47]. Tal juego puede alcanzar, afortunadamente, todavía el cultivo de la historia.

5. Técnica del derecho como estrategia de la historia: Paolo Grossi

No encuentro atributo más adecuado a la obra de Paolo Grossi que el de la fecundidad. Lo mejor de Grossi está en la obra propia casi tanto ya como en la ajena, y para ambas se ha preocupado también de crear cauces de difusión que contribuyen a la potenciación de su influjo. Si en gran parte de su desarrollo puede este artículo, puesto que el orden de exposición no guarda coherencia cronológica, considerarse un viaje a los orígenes, es también en gran medida por lo dicho. La obra de Paolo Grossi está ya en la de Bartolomé Clavero, y a su través o sin mediaciones en la de Carlos Petit, y tampoco la de António Manuel Hespanha, como la de otros muchos que directa o indirectamente han asimilado sus enseñanzas, puede considerarse ajena a su influencia. El efecto es que las lecciones de Paolo Grossi pueden aprenderse en parte considerable sin acudir a la lectura directa de su obra. La actitud tal vez no sea injusta cuenta habida de que no hay mejor prueba de la potencia de la obra grossiana, pero no es suficiente porque siempre se perderán, en las lecturas

recho de 1812", en AHDE 60 (1990), pp. 29-101; "Origen constitucional de la codificación civil en España", en Carlos Petit (coord.), *Derecho privado y revolución burguesa* (nota 14), pp. 53-85; "La gran innovación: Justicia de Estado y derecho de Constitución", en *Jueces para la Democracia. Información y Debate*, 14/3 (1991), pp. 27-35, siendo artículo también publicado en J.-M. Scholz (ed.), *El tercer poder. Hacia una comprensión histórica de la justicia contemporánea en España*, Frankfurt am Main, Vittorio Klostermann (Rechtsprechung. Materialen und Studien, 5), 1992, pp. 169-188. El programa que va definiéndose y desarrollándose en los títulos citados se construye, lógicamente, también sobre aportaciones anteriores cuya cita poco añadiría; no me resisto a citar sin embargo, pues indaga un campo de especialísimo interés, "'La gran dificultad'. Frustración de una ciencia del derecho en la España del siglo XIX", en *Ius Commune*, 12 (1984), pp. 91-115.

47 José María Portillo, "¿Existe una historia constitucional de España? Reflexiones sobre un primer manual de esta especie", en *Revista de las Cortes Generales*, 24 (1991), pp. 295-341, páginas escritas a propósito de *Manual* (nota 46); Marta Lorente, "Poesía como constitución: las razones de Clavero", en QF 22 (1993), pp. 645-663, páginas escritas a propósito de *Razón* (nota 46).

interpuestas, elementos que resaltan con fuerza en las originales; hoy además, con seguras guías en nuestro ámbito, tampoco es actitud justificable[48]. Quede claro, en cualquier caso y en este primer párrafo, que llevamos ya muchas páginas hablando de Paolo Grossi. Si todavía requiere espacio propio es sobre todo por cuatro razones[49].

La razón primera es la de la experiencia jurídica. Se trata, como bien se sabe y el mismo Grossi no ha dejado repetidamente de reconocer, de un concepto importado de obra ajena, y desarrollado también por otro representante de la mejor historiografía jurídica italiana, Riccardo Orestano[50]. Utiliza Grossi el concepto desde sus obras iniciales, de un modo que justifica su motivo y su objeto, su interés por el derecho del pasado. Esos dos términos constituyen por sí solos la respuesta de mayor amplitud que puede darse a la pregunta sobre el qué de su obra. E implican opciones no secundarias, desde luego de objeto pero también de método. No interesa el derecho en sí, sino la experiencia del derecho; no el mensaje directo de las reglas jurídicas, sino el indirecto de su percepción a través del uso, de la aplicación, de la ejecución o de la reflexión. O de su propia formulación, pero comprendida como expresión de un determinado entendimiento del derecho, con la subjetividad interpuesta de la voluntad de quien la establece. Hablar de experiencia

48 Para las guías, que son también breviarios de lecciones, Bartolomé Clavero, "Cosas del dominio (lección de Paolo Grossi)", en AHDE 62 (1992), pp. 623-632, y Francisco Tomás y Valiente, "*Laudatio* a Paolo Grossi", que acompaña a la edición del discurso de investidura del profesor italiano como doctor *honoris causa*, Universidad Autónoma de Madrid, 1994, también publicado en P. Cappellini y otros, *De la Ilustración* (nota 28), pp. 29 y ss.

49 Todas las referencias bibliográficas del presente apartado que carezcan de indicación de autor son obras de Paolo Grossi. Lo que sigue, y aparte las muy específicas referencias que en su momento se darán, procede de la lectura de *Locatio ad longum tempus. Locazione e rapporti reali di godimento nella problematica del diritto comune*, Napoli, Morano (Università di Macerata. Pubblicazioni della Facoltà di Giurisprudenza, 1), 1963; *Le situazioni reali nell'esperienza giuridica medievale. Corso di storia del diritto*, Padova, CEDAM, 1968; *"Un altro modo di possedere". L'emersione di forme alternative di proprietà alla coscienza giuridica postunitaria*, Milano, Giuffrè (Per la Storia del Pensiero Giuridico Moderno. Biblioteca, 5), 1977; y diversos trabajos ahora recogidos en *Il dominio e le cose. Percezioni medievali e moderne dei diritti reali*, Milano, Giuffrè (Per la Storia del Pensiero Giuridico Moderno. Biblioteca, 41), 1992.

50 Hay páginas específicas todavía recientes: "Storia di esperienze giuridiche e tradizione romanistica (a proposito della rinnovata e definitiva *Introduzione allo studio del diritto romano* di Riccardo Orestano)", en QF 17 (1988), pp. 533-550.

jurídica es hablar de derecho vivido, no de sistemas formales; es hablar del desenvolvimiento de las instituciones, y no de la formulación de los dogmas. La experiencia del derecho es experiencia de una sociedad, de una sola, y la concreción con la que ha de abordarse el estudio del primero imprime concreción también a la segunda; una sociedad determinada conoce una específica experiencia jurídica, y esa determinada sociedad puede así identificarse a través de una indagación experiencial de su derecho que no permite la pérdida de individualidad histórica de la sociedad de referencia. Estudiar la experiencia jurídica es inevitablemente estudiar históricamente el derecho, situarlo en unas coordenadas sociales que consigo llevan una fijación de espacio y tiempo ni aleatoria ni intercambiable.

La razón segunda es la de las situaciones reales. El concepto hace referencia a la que durante años ha sido la temática predilecta del autor: la relación del hombre con las cosas y su consideración por el derecho. Es el objeto predominante de la obra de Grossi, pero en el sentido únicamente de materia estudiada y esclarecida, no en el de finalidad perseguida. La posesión, los distintos grados del dominio, la propiedad, la locación, la enfiteusis o la servidumbre son instrumentos en el taller del historiador; instrumentos de segundo orden, que ha tenido que construir con herramientas más primarias, pero instrumentos al fin: para pensar sociedades, que para eso sirven, para comprenderlas desde sus mismos presupuestos. Otros podrían haber sido los temas abordados en la obra de Grossi, mas sólo otro acceso hubieran abierto para llegar al mismo destino. No puede dudarse, en cualquier caso, de la adecuación del elegido, cualesquiera que hayan sido las razones de la elección. El modo de relación con las cosas, con el mundo material, y sobre todo con la tierra, es causa tanto como efecto de modos de acción y de pensamiento, de maneras de vivir a las que da coherencia una mentalidad y una cultura. En cada una de las distintas fases del desarrollo histórico discontinuo de la occidental a la que pertenecemos se han producido y experimentado modos de relación real incomprensibles desde presupuestos de mentalidad que no les sean estrictamente contemporáneos, sin perjuicio de lo larga o corta que resulte esa condición de contemporaneidad. Tan expresivos para el caso resultan los motivos centrales o definitorios de las relaciones reales como los marginales o aparentemente contrarios al modelo dominante, pues sólo tienen también sentido, como heterodoxia que son, frente a la ortodoxia cuyos límites y perfiles contribuyen a resaltar.

La razón tercera es la del pensamiento jurídico. Se trata de la aportación más personal de la obra de Grossi, aquélla que más lleva de sí mismo al incorporar, según creo, sus más profundas convicciones sobre los valores de una civilización; quizá por ello es la expresión que nombra su obra no escrita, el *Centro*, los *Quaderni* y la *Biblioteca*, que como es de esperar seguirán su labor *per la storia del pensiero giuridico moderno* todavía muchos años[51]. El concepto se toma como una reivindicación, y casi también como una provocación. El derecho, como producto intelectual, no es sólo susceptible de ser abordado como una mera técnica de organización social, ni tampoco como una ciencia de base positiva que espera de su cultivador la precisión que procure una practicidad no problemática; lo jurídico es susceptible de un modo de conocimiento superior, ligado a los valores vigentes en en seno de una sociedad, como elemento de su cultura específica. Así el derecho es expresión de esa cultura, expresión que en la occidental resulta ser básica por haberse constituido su civilización sobre el derecho. Y también así concebir la historia del derecho como historia del pensamiento jurídico lleva consigo centrar la mirada en el jurista y su obra. Aunque en el caso de Grossi la idea de experiencia jurídica opere como correctivo a la rigidez de unos límites ya por otra parte suficientemente amplios, decir jurista es decir *ius commune* y derecho contemporáneo. En esas coordenadas, la consideración del jurista desde la óptica del pensamiento jurídico no es la de quien ejerce un oficio intelectual de mera aplicación lógica en un sistema autónomo de reglas jurídicas, sino la del mediador entre el vivir conflictivo de una sociedad y la cultura jurídica que le es propia. La jurisprudencia *iuris communis* adquiere especialísimo relieve desde esta perspectiva, pues siendo su obra el más acabado reflejo del multiforme universo de relaciones sociales que constituye su entorno propio, estudiarla y comprenderla no es sólo estudiar y comprender un derecho, sino

51 Me refiero al florentino *Centro di Studi per la Storia del Pensiero Giuridico Moderno*, a su publicación anual *Quaderni Fiorentini per la Storia del Pensiero Giuridico Moderno* y a la *Biblioteca*, su colección de anejos que sirve de cauce de publicación a las monografías más extensas. Para lo que sustancialmente sigue, específicamente, "Sulla storia del pensiero giuridico. (A proposito di N. J. Espinosa Gomes da Silva, *Historia do Pensamiento Juridico*)", en QF 11/12 (1982-83), (= *Itinerari moderni della persona giuridica*), pp. 1147-1150; "Sulla 'natura' del contratto (qualche nota sul 'mestiere' di storico del diritto, a proposito di un recente 'corso' di lezioni", en QF 15 (1986), pp. 593-619; "Pensiero giuridico (Appunti per una 'voce' enciclopedica)", en QF 17 (1988), pp. 263-269, y la versión definitiva de dicha voz: "Pensée Juridique", en André-Jean Arnaud et al. (dir.), *Dictionnaire Encyclopédique de Théorie et de Sociologie du Droit*, Paris-Bruxelles, Librairie Générale de Droit et de Jurisprudence / E. Story-Scientia, 1988, pp. 285-287.

conocer una cultura. Para ello es imprescindible atender a la complejidad de la obra jurisprudencial; no es válida la estrategia de la recuperación sólo de lo más accesible que la literatura jurídica puede ofrecernos; no es posible, conociendo su trascendencia, renunciar a la complejidad técnica del derecho; el historiador ha de ser jurista y leer como un jurista sus fuentes. Si la *scientia iuris communis* se nos aparece como un lenguaje cifrado, clave de lectura es la actitud y la voluntad permanentes de pensar el derecho con quienes formulan el lenguaje que mejor expresa el modo de constitución de la sociedad bajomedieval y moderna, uniendo su voz el historiador jurista, en contrapunto, al coro de voces plurales que durante siglos construyeron dicho lenguaje.

La razón cuarta es la del absolutismo jurídico[52]. Se trata de un concepto acuñado para expresar una frustración y formular una esperanza. La frustración es la producida por el colapso contemporáneo del papel del jurista entendido del modo tradicional. Cumplida la ilusión ilustrada de reducir el derecho a un conjunto de reglas codificadas y sancionadas como leyes, y asumido por el Estado el monopolio de la producción jurídica, se cumple también la de suprimir por innecesaria la mediación del jurista, terminándose entonces su tarea como intérprete de una cultura. Si antes era él quien articulaba la vida jurídica de la sociedad, ahora tal función le era expropiada. El derecho se convierte en instrumento de un poder político unitario, que para la imposición de su voluntad jurídica no requiere la labor enriquecedora, y por tanto modificadora, del intérprete, sino únicamente el trabajo mecánico y servil del exégeta. Sólo el estudio de la ciencia jurídica contemporánea, al que Grossi ha dado un impulso decisivo, es capaz de desvelar hasta qué punto el absolutismo jurídico entendido como ideología llegó a plasmarse en un absolutismo jurídico considerado como práctica. Sea como fuere, su carácter ilusorio ha sido desvelado por esa misma ciencia jurídica para la que se reservaba papel tan secundario. De ahí la esperanza. De nuevo se requiere al jurista en toda la dimensión perdida de su función tradicional. Y es la historia jurídica, la historia del pensamiento jurídico, la que proporciona las bases de reflexión para formular en el terreno dicho propuestas de presente con dimensión de

52 Para lo que sigue, específicamente, "Epicedio per l'assolutismo giuridico (dietro gli 'Atti' di un Convegno milanese e alla ricerca di segni)", en QF 17 (1988), pp. 517-532; "Absolutismo jurídico y derecho privado en el siglo XIX", discurso de investidura del autor como doctor *honoris causa* por la Universidad Autónoma de Barcelona, Bellaterra, 1991, con versión italiana en la *Rivista di Storia del Diritto Italiano*, 64 (1991), pp. 5-17. Y no merece olvido alguna aportación anterior de carácter menor, con párrafos tan breves y expresivos como su propio título: "La fantasia nel diritto", en QF 15 (1986), pp. 589-592.

futuro. Es la ocasión del jurista historiador, y es su obligación no perderla y asumir su compromiso. A ello ha encaminado Grossi su obra, y esa es la más permanente de sus enseñanzas.

6. Epílogo

Sería traicionar las premisas del presente artículo intentar en su final lo que todo él pretende evitar, esto es, la exposición teórica sobre métodos y conceptos que tan sin sentido resulta cuando se sitúa en un nivel discursivo completamente ajeno al de las investigaciones que han de reflejar su aplicación. No procede ahora, por tanto, inducir principios comunes a partir de las aportaciones particulares que nos han venido sirviendo de referencia; es trabajo al que, en cualquier caso, podrá aplicarse el lector. Pero me parecen necesarias unas reflexiones finales que resultan, según creo, extremadamente funcionales en un escrito de las características del presente.

No se tomen, en primer lugar, las referencias dadas como conformadoras de un panorama mínimamente completo de la historia jurídica reciente. Todavía hoy el cultivo de la historia del derecho ofrece, por fortuna, mucho más que lo que aquí ha podido ser recogido. Pero —y este es nuestro primer punto de interés— difícilmente puede encontrarse un conjunto de historiadores cuya obra ofrezca un potencial similar de enriquecimiento de la materia en común cultivada. Que la historia del derecho no presente hoy la imagen apacible de aguas tranquilas propia de un mar tal vez muerto, sino la agitación y el oleaje provocados por la tensión creadora se debe sobre todo a la acción de obras tan singulares y sugerentes como las reseñadas, con un clarísimo efecto, en el sentido dicho, paratónico. Que al campo propio de la historia del derecho resulte difícil señalarle fronteras precisas, que la historia jurídica sea hoy una historia abierta, tendencialmente confundida con una historia de la cultura que privilegia su dimensión jurídica, tiene su causa en la convulsión metodológica y conceptual operada, entre otras, por las obras que han ido citándose en las notas del presente capítulo. Quienes propician el cambio son bien conscientes de esta apertura, perfectamente visible cuando se desciende a la concreción de los nombres[53]: en la historia del derecho de hoy están, de

53 Para la aludida conciencia, António Manuel Hespanha, "Histoire du droit", en André-Jean Arnaud, et al. (dir.), *Dictionnaire* (nota 51), pp. 172-174; Pietro Costa, "Saperi, discipline, disciplinamento: verso una 'nuova' storia della cultura giuridica?", en *Annali*

la mano sobre todo de António Manuel Hespanha, la arqueología de Michel Foucault y la sociología de Pierre Bourdieu —con respecto al que merecería consideración aparte la obra de otro singularísimo historiador del derecho, Johannes-Michael Scholz[54]— y la antropología de Boaventura Sousa Santos, con la aportación inicial de principios fundamentales del materialismo histórico; en esta operación le acompañaba Bartolomé Clavero, que dio luego entrada epistemológica a la antropología y a Jack Goody y a Louis Dumont, y a la historia de la ciencia de Thomas S. Kuhn, y a todo un saber teológico sobre el que viene últimamente llamando la atención; la obra reciente de Carlos Petit incorpora los acercamientos múltiples a la realidad también histórica del lenguaje de Walter Ong, y no desprecia las historias clínicas, significativas por patológicas, de Oliver Sacks; Paolo Grossi propició el conocimiento mutuo de *annalistes* e historiadores del derecho, en mundos hasta entonces casi cerrados el uno al otro[55]; y si persiguiésemos la senda de influencias trazada por la obra de quienes nos ocupan no tardaríamos en recorrer otros terrenos fronterizos, topándonos, por poner un significativo ejemplo, con una historia institucional que asume la herencia de Otto Brunner y se sitúa en posición cercana a ese modo específico de acercamiento al pasado constituido por la *Begriffsgeschichte*.

Pero con todo ello la historia del derecho no ha perdido especificidad. No se trata sólo de que pacíficamente convivan las tendencias de renovación con una historia de las instituciones de tan noble como añeja cuna —más en nuestros pagos *Verfassungsgeschichte* que *Constitutional History*—, o con una historia del derecho privado que acepta y asume tal designación aun cuando se afana en cronología no contemporánea, dando ambas ramas frutos siempre aprovechables; se trata de que la historia del derecho sigue siendo el resultado de la mirada del jurista hacia el pasado. Es mirada crítica, porque

della Facoltà di Giurisprudenza. Università di Macerata, N. Serie, 1989/II, pp. 993-1027, especialmente pp. 998 y ss.

54 Bástenos aquí citar un escrito programático y dos aplicaciones: "La historia del derecho como sociología histórica de la cultura" (traducción de Antonio Serrano), en AHDE 58 (1988), pp. 499-507; "Amt als Belohnung. Eine spanische Justizkarriere am Ende des Ancien Régime", en *Ius Commune*, 18 (1991), pp. 51-147; "Reproduktion durch Korrektur. Zur Ökonomie richterlicher Disziplinierung im Spanien des 19. Jahrhunderts", en Johannes-Michael Scholz (hrsg.), *Fallstudien* (nota 16), pp. 555-595.

55 El intento, una de las aportaciones de mayor interés de los últimos años en el terreno conceptual en el que nos venimos moviendo, ya ha sido citado en las presentes páginas: Paolo Grossi (a cura di), *Storia sociale* (nota 12).

busca más encontrar un marco de resolución de problemas que directamente resolverlos, y porque no se contenta con la recuperación simple del antecedente. Es mirada técnica, porque supone el conocimiento y la aplicación de las de la historia y de las del derecho. Es mirada del jurista, lo que supone el criterio de un punto de partida que ha de ser continuamente cuestionado. Es mirada hacia el pasado, ya que es condición ineludible de la historia.

Mas a pesar de esta primaria dimensión de pretérito, adviértase que cada una de las cuatro semblanzas que nos han ocupado en estas páginas ha venido a cerrarse prácticamente en el mismo punto: en la dimensión de presente de la historia jurídica. No es casual: el historiador, que juega con el tiempo, no puede ser ajeno al suyo propio, que como jurista contribuye a construir. Comentando una anécdota de juventud de un conocido erudito, que se lamentaba de no haber podido conocer directamente la realidad de la Inglaterra medieval, Carl Joachim Friedrich hacía el comentario justo: "Haber vivido en la época de los Plantagenets: ése es en verdad el problema, y mientras más cerca se esté de lograrlo, menos se podrá ofrecer al siglo XX"[56]. Son las paradojas de la historia jurídica: cuanta más historia se siembra, más derecho se cosecha, y cuanto más descomprometidamente quiere hacerse historia, más políticamente se hace derecho. Es lección moderna de los historiadores juristas, empeñados en una historia de la cultura jurídica que puede dar impulso y contexto al difícil debate sobre los retos de la composición multicultural de la sociedad contemporánea[57].

Y es que este es realmente su campo. Los historiadores juristas se han situado en el presente con la soltura y la comodidad lógicas de quien está en su verdadero terreno. El presente lo define el historiador, y definiéndolo lo hace suyo. No se trata de un apoderamiento prepotente, sin embargo. En el territorio del derecho presente el historiador no ocupa posición de especial preeminencia, pues no suele, aunque también le quepa hacerlo, pisar las regiones centrales. Desde la periferia, donde desarrolla su inacabable trabajo de deslinde —aquí discute con un colega la exacta ubicación de un hito fronterizo, allá observa la continuidad o discontinuidad del paisaje a ambos lados de la

56 Carl Joachim Friedrich, "Derecho e historia" (1961), publicado como "Apéndice I" en Carl Joachim Friedrich, *La filosofía del derecho* (1955), México, Fondo de Cultura Económica (Breviarios, 179), 1982 (3ª reimpresión de la 1ª edición en español de 1964, traducción de Margarita Álvarez Franco), pp. 331-371, especialmente pp. 368-369.

57 Lo más llamativo: António Manuel Hespanha, "Li-va-sam" (nota 16); lo más directo y reciente: Bartolomé Clavero, *Derecho indígena y cultura constitucional en América*, México, Siglo XXI, 1994.

línea de demarcación— domina los dos flancos, el del pasado y el del presente, y sobre ellos despliega una mirada necesariamente más abierta y amplia que la del centrado jurista no historiador. Y no es que el pasado ofrezca exactamente claves de comprensión ni directamente modelos de organización de una realidad que es, en su más estrecho sentido, contemporánea, esto es, sólo comprensible desde los presupuestos propios de su concreto y actual momento histórico; lo que el tiempo pretérito da a quien no deja de tenerlo —precisamente— presente es la capacidad de mirar desde observatorios distintos, o al menos la de concebir tales diversos puntos de vista como generadores de nuevas posibilidades de enriquecer un modo de análisis social del derecho que, sin tales aperturas, corre el peligro permanente de acabar en vía muerta.

Así, frente al progresivo aumento de la complejidad que adorna a la descodificada realidad jurídica de este fin de siglo el historiador jurista se sitúa con la mirada habituada a una cultura jurídica ya pasada y fenecida que, pudiendo ser justamente considerada paradigma de complejidad, tuvo la capacidad de elaborar recursos técnicos suficientes como para reproducirse durante siglos sin sufrir alteraciones sustanciales. Frente a la realidad de un derecho abocado a regir un orden social plural y diverso en una sociedad de sociedades, el historiador jurista se sitúa con el conocimiento asumido de una cultura jurídica pretérita que tenía como uno de sus fundamentos la articulación policéntrica de comunidades que no por constituir en sí mismas corporaciones dejaban de entenderse incorporadas a entidades de ámbito superior. Frente a la actual insuficiencia, en definitiva, de un derecho escrito y legislado, el historiador jurista se sitúa con el conocimiento de una experiencia jurídica pasada que todavía consideraba, sin perjuicio de una técnica jurídica refinada y culta, a la escritura y a la ley como pertinentes a la forma accesoria del derecho, y no a su sustancia.

Desde su atalaya los historiadores juristas, los que nos han venido ocupando, no se han dedicado sólo a contemplar y desvelar las incógnitas de un pasado que ya va siendo remoto; en todos los casos fue sólo el inicio de su andadura. Sin forzar tanto la vista, han ido progresivamente centrando sus esfuerzos en una arqueología del propio presente que ofrece contraste y fundamento. Y así es como, desde el conocimiento de una pluralidad de culturas, ha podido ya propugnarse una cultura de la pluralidad. Aquella pregunta tan ingenua como difícil con la que Marc Bloch no renunciaba a enfrentarse abiertamente —¿para qué sirve la historia?— va teniendo, en el campo de la del derecho, respuestas tan concretas como carentes, en la medida en que suponen la impugnación de tan tradicionales como vivos conceptos y métodos, de la autocomplacencia habitual. Compartida por muchos o aislada en la obra de unos pocos, es la más real dimensión de futuro de la historia del derecho, la que hace imposible que un pájaro necio volando hacia atrás pueda convertirse en metáfora del historiador jurista.

EN BUSCA DE AUDIENCIAS PERDIDAS

A propósito de Bartolomé Clavero, "Sevilla, Concejo y Audiencia: invitación a sus Ordenanzas de Justicia", estudio preliminar (pp. 5-95) de *Ordenanzas de la Real Audiencia de Sevilla, edición facsímil de las de 1603-1632*, Sevilla, Audiencia / Diputación / Universidad / Fundación El Monte, 1995, 1001 pp.

Hay cierto género de literatura académica que se caracteriza por pretender el imposible de la exclusión de su lector natural. Son obras fieles a su origen, sin embargo, con tan clarísima adscripción de materia que no pocas veces basta con quedarse en la portada para conocer el campo del saber desde el que se escribe. A diferencia de las monografías, a las que a veces se parecen, son obras concebidas de modo que la exposición no deje lagunas al preconocimiento (y así al prejuicio) del lector, sin que ello suponga cerrar espacios a su inteligencia. A diferencia de los manuales, a los que en ocasiones se asemejan, son obras realizadas sin el condicionamiento traslaticio de la acumulación o del resumen, en las que el argumento surge de un rigurosamente cimentado esfuerzo de comprensión de una realidad presentada y desvelada como esencialmente compleja. Las que se parecen a las monografías no renuncian, por no serlo en sentido estricto, a la apertura de preguntas aparentemente obvias o a la reexploración de conocidísimos mediterráneos, actitud de la que a menudo resultan respuestas sorprendentes y descubrimientos de mares ignotos. Las que se parecen a los manuales están libres, por no serlo estrictamente, del doble yugo de hacer relación de lo incierto y de repetir lo inseguro, pudiendo entonces tomar la distancia crítica suficiente para la valoración y el entendimiento.

Si el lector acude a estos a modo de manuales para encontrar el lugar preciso en el que situar su dato, no hallará seguramente lo buscado, pero a cambio encontrará tanto el contexto en el que el dato es comprensible como elementos para reconsiderar su actitud primera. Si el lector acude a estas a modo de monografías con el solo objeto de aumentar el cúmulo de sus conocimientos con un conjunto mayor o menor de novedades, no conseguirá tal vez lo pretendido, pero a cambio podrá hacerse con los instrumentos precisos para poner en crisis lo que ya traía sabido. Puesto que no son manuales, no quieren estas obras lectores de manuales, y puesto que no son monografías, tampoco de éstas los quieren. Se explica así la búsqueda del lector nuevo, el rechazo del autor a una lectura previsible, habitual y viciada.

Dejemos por ahora de lado la propuesta de los autores que ejercitan el recurso de dirigirse a otro público, a una audiencia que no es la suya, y reparemos en la respuesta de sus colegas, pues inútil es el empeño del autor de desplazar al especialista. Al historiador jurista que lee y se siente destinatario de la obra a despecho de la intención del autor le cabe el argumento añadido de que no se trata de obras de divulgación, género este que tender a considerar, dicho sea de paso, tan explicable en otros campos del saber como inaceptable en el suyo. Y es que los que nos vienen ocupando no son, ciertamente, trabajos de mera divulgación, por renunciar también el autor a esa indulgencia. ¿Qué son, entonces, estas obras concebidas, escritas y publicadas sin atención al cumplimiento de las claves y códigos que se estilan en las alturas de la monografía, en las bajezas de la divulgación, o en la común medianía de los manuales? ¿Qué lugar les corresponde, si no es tampoco el de la categoría ennoblecida de la alta divulgación, ni el de la innominada pero frecuente baja monografía, ni el que ocupan esos cursos o manuales raros por brillantes?

Quedan, en realidad, sin género al menos reconocible, lo que lleva necesariamente consigo que resulte más comprensible la actitud rebelde del lector especialista que la excluyente del autor en busca de nueva audiencia. Es difícil entender, pongamos por caso, a quien titula un libro *L'ordine giuridico medievale* para a renglón seguido, en la primera frase de la introducción, conminar al incauto *storico del diritto* en cuyas manos haya caído el volumen a soltarlo de inmediato: "Se questo libro capitasse, per avventura, nelle mani di uno storico del diritto, non esiterei a chiedergli di metterlo senza indugio da parte: è un libro che non fa per lui"[1]. Más fácil es comprender las reacciones del lector, desde la más primaria (sentirse cogido en falta, cerrar el libro, y volverlo a abrir un instante después con el redoblado interés del que se siente injustamente recriminado) hasta la más serena, consistente en calificar como "dudosa" la "afirmación cautelar" del autor e interpretarla como señalamiento de género: "ni Manual exhaustivo, ni monografía para ser leída dentro del

1 Paolo Grossi, *L'ordine giuridico medievale*, Roma-Bari, Laterza, 1995, p. 5.

coto cerrado de los colegas"[2]. Esta segunda reacción, pausada y reflexiva, parece la más justa, la más adecuada, pero la matización la invalida; pues si puede con ella entenderse, *sensu contrario*, que "dentro del coto cerrado de los colegas" la obra en cuestión puede leerse como monografía, o que, entre colegas o no, es posible considerarla manual no exhaustivo, cabe maliciar que el autor busca en realidad reacciones más primarias. Y no es que la intención se presuma sin fundamento: no es lo más llamativo que el autor (historiador del derecho) diga al lector (historiador del derecho) que deje el libro (de historia del derecho); lo es que considere que lo ha cogido *per avventura*. La frase es de una modestia inaudita o de un pesimismo radical; en cualquier caso es de un autor que siente que ha perdido su audiencia natural, o, lo que no es decir desde luego lo mismo, que su audiencia natural está perdida.

Era sólo un ejemplo, pues no vamos a ocuparnos de esa obra de Grossi que no es un manual, sino de otra de Clavero que no es una monografía.

No hay en este caso expulsión expresa. Todo lo contrario, el título es hasta acogedor, con "invitación" incluida. Son, si redondeamos, 100 páginas de historiografía y 900 de fuentes, las primeras invitando a la lectura de las segundas. Se deja que el historiador del derecho lea, estudie, descubra y aprenda, y también que confronte y critique, pero aunque las páginas de fuentes son de durísima lectura y valoración difícil incluso para el lector avezado, las de introducción no están escritas sólo para el especialista, sino también, o sobre todo, para quien no lo sea.

Es, por un lado, disposición o condicionamiento editorial: edita la Audiencia Provincial de Sevilla, citándose también al Consejo General del Poder Judicial en la Presentación de "Los Editores" (p. 3), lo que acredita interés de juristas y previsión de compra y lectura del volumen sobre todo entre jueces, magistrados, fiscales, abogados y procuradores, las gentes del foro, los profesionales de la justicia. Editan también la Diputación Provincial y la Fundación El Monte, instituciones sevillanas con la tradición y el compromiso de promover estudios sobre la ciudad, su pasado, su presente y su futuro, así que se prevé también buena acogida, compra y lectura, en los muy notorios círculos sociales que en la capital andaluza tienen a gala mostrarse ávidos por ensanchar su visión de Sevilla. Edita el Servicio de Publicaciones de la Universidad, que participa no sólo por el hecho de estar circunstancialmente dirigido por quien se viene señalando en la publicación y estudio de fuentes básicas

2 Francisco Tomás y Valiente, en recensión a la obra citada en nota precedente, publicada en AHDE 65 (1995), pp. 1139-1145.

para conocer la historia de la ciudad[3], sino, según cabe con toda lógica presumir, por entenderse obra en la que habrá necesariamente de interesarse un no reducido público de historiadores de formación o profesión universitaria.

Pero sobre todo se trata de la convicción del autor de que en este concreto caso sus lectores pueden o deben ser más de los que habitualmente le siguen, de su voluntad de que, en su búsqueda de la Audiencia histórica de Sevilla, le atienda una audiencia más amplia y de varia procedencia.

Se aprecia en un primario análisis de estilo. El autor se esfuerza en ser comprendido, y procede a eliminar barreras que impidan o dificulten lo más mínimo su comunicación con el lector: a sabiendas de la anacronía, usa un dicho universalmente conocido para comenzar a explicar la posición del rey, que "reina pero no gobierna" (p. 28); acude a símiles de la realidad institucional o social presente para que la pretérita se comprenda, diciendo así, "para entendernos", que el del gobierno de Murcia era un "régimen bicameral" (pp. 42 y 57), que no cabía "la que hoy diríamos independencia judicial" (p. 23), o que "el corporativismo, que diríamos hoy, era algo intrínseco al orden de entonces" (p. 45); elimina, en fin, la posible aridez de algún pasaje apelando al sentido del humor de quien lee, que podrá así enterarse de que la edición original de las Ordenanzas "es algo que se parece a la edición de una obra que se pone al día en los kioscos mediante fascículos, pero con la pequeña diferencia de que ésta no se ofrece al público y por una razón más sustancial de que no hubiera todavía kioscos" (p. 93).

¿Hay peligro de que algún lector crea que se insulta a su inteligencia? Hay que contar con ello, pero el autor se pone en guardia dejando claras y expresas las limitaciones de la propia. Puesto que a duras penas —viene a decir— cabe la cabal comprensión del concreto objeto que nos ocupa, no deja de ser un verdadero alivio que sólo hayamos de vérnoslas con él, y no con otros asuntos de algún modo relacionados con el principal cuya consideración, obstáculo insuperable, haría ya imposible el intento. Así, cuando comienza a tratar del gobierno de Sevilla, advierte que "no vamos a intentar reconstruirlo comple-

3 Me refiero a María Luisa Pardo Rodríguez, que publica en colaboración con Pilar Ostos Salcedo, *Documentos y notarios de Sevilla en el siglo XIII*, Madrid, Fundación Matritense del Notariado, 1989, con Pilar Ostos Salcedo y Marcos Fernández Gómez, *El Libro de Privilegios de la Ciudad de Sevilla. Estudio Introductorio y Transcripción*, Sevilla, Ayuntamiento / Universidad / Fundación El Monte, 1993, y con los ya señalados, más Mercedes Borrero Fernández y Aquilino Iglesia Ferreirós, *Sevilla, ciudad de privilegios. Escritura y poder a través del Privilegio Rodado*, Sevilla, Ayuntamiento / Universidad / Fundación El Monte, 1995.

to... aquí no es necesario que hagamos ese esfuerzo en verdad bien arduo que otros y otras... vienen realizando" (p. 56); a veces esos otros y otras no existen, pero, aunque no se les pueda suplir, la inteligibilidad de la exposición se salva por la mínima: "menos mal que aquí se trata tan sólo de situarnos", y no de abordar jurídicamente el estudio de la Ciudad y Tierra de Sevilla (p. 62); se constata que en las circunstancias de tiempo y lugar pertinentes "había otras muchas justicias, pero tenemos suficientemente complicada la vida como para intentar contemplarlas todas" (p. 74); con todo ello, y con respecto a muchas de estas cuestiones conexas, "ya se ve que hay historia y una historia compleja, pero aquí no tenemos por fortuna que reconstruirla" (p. 80). El lector puede respirar tranquilo, adquiriendo a la vez una conciencia clara de la complejidad no sólo ya de las cuestiones que no se abordan, sino de las que en realidad se tratan; quien lee no podrá dejar de pensar que la exposición, efectivamente, avanza rozando complicados asuntos que son dejados de lado, pero sólo porque la línea que sigue no admite desviaciones, requiriendo toda la atención y toda la concentración de autor y lector.

Autor y lector, los dos juntos, pues el primero da pie suficiente al segundo para que éste deduzca, al compás de la lectura, que el avance es conjunto, que el aprendizaje es simultáneo, que al autor no se le sigue sino que se le acompaña. El uso de la primera persona del plural es signo de auténtica complicidad, la del esfuerzo que se reconoce compartido: en p. 25, por ejemplo, "ya sabemos que la cosa no estaba tan clara", lo que no es de extrañar cinco páginas después de señalarse que el "orden" que se busca "resulta... más liado todavía de lo que lo tenemos". La exposición, con ese continuo estar al límite, adquiere un sensible carácter de desafío intelectual incesante, llevándose con frecuencia la complicidad aludida al extremo de situarse el autor en el lugar que habría de corresponder al lector (p. 22: "¿En qué queda todo este galimatías?"), como si el primero supiera lo que el segundo piensa o, mejor, como si a su vez lo pensase. Ambos están en el mismo barco, y como en su arriesgada singladura por aguas tan procelosas todas las precauciones son pocas, lo mejor es estibar en la bodega, pronto para su uso, el más adecuado equipo (p. 15: "Pero conviene no dejar de observar estas cosas porque luego veremos..."; p. 20: "Vayamos reteniendo esto pues la otra cara de la moneda... la trataremos luego"). El lector evidentemente sabe que sabe menos que quien escribe, pero no le resultará difícil simpatizar con un autor que tampoco parece tenerlas todas consigo: el "no sabemos todavía" de p. 23 puede perfectamente ser argucia expositiva, pero no tienen la misma apariencia ni el "salvo mejor explicación que no tengo" de p. 55, ni el "no sé explicarlo" de p. 62, ni el "no sé", el "también ignoro" y el "ignorar, lo que más ignoro" que se agolpan en p. 69, ni los "no sé" de pp. 77 y 81. No, no está el lector ante el autor que domina una materia que generosamente enseña a quien quiera aprenderla, sino junto al autor que avanza aprendiendo y que comparte lo que aprende. No es el autor omnisciente que adopta una forma de narratividad tan aparentemente natural y aséptica como realmente artificial y contaminada; si la más clásica historiografía de raíz decimonónica tuvo la referencia de la narrativa coetánea, la actual puede ofrecer a lectores ya largamente maleados por la literatura de su tiempo un discurso formalmente inseguro o discontinuo como cauce de un mensaje no necesariamente confuso, sino paradójicamente más claro[4]. No es que estemos aquí ante un supuesto extremo[5], pero la forma de escribir historia que Clavero en este caso adopta es tan llamativa que es ineludible prestarle atención detenida.

El autor no lo sabe todo, ni siquiera todo lo que puede saberse: "lo digo por animar siempre y hasta el final al trabajo", afirma, repitiendo lo que es ya a esas alturas un *leitmotiv* de su discurso, tras su última confesión de ignorancia (p. 94). El lector atento temerá, en cualquier caso, que tras toda una nueva oleada de animados estudiosos las cosas no se aclaren del todo. Ese lector atento podrá concluir que los asuntos de los que lee son, constitutiva y esencialmente, un "misterio", un "enigma", un "arcano" (p. 23): el misterio del orden de la justicia, el enigma institucional de la ciudad, el arcano de una cultura que resulta casi impermeable a nuestra comprensión. El lector puede

4 Sobre esto, Peter Burke, "Historia de los acontecimientos y renacimiento de la narración", en Peter Burke (ed.), *Formas de hacer Historia* (1991), Madrid, Alianza (Alianza Universidad, 765), 1993 (versión española de José Luis Gil Aristuff, a mi modo de ver no acertada en la traducción del título general, originalmente *New Perspectives on Historical Writing* y que en español prescinde de la novedad y de la escritura), pp. 287-305, especialmente pp. 293 y ss. Véase también Antonio Morales Moya, "Paul Ricoeur y la narración histórica", en Carlos Barros (ed.), *Historia a debate. Actas del Congreso Internacional "A historia a debate" celebrado el 7-11 de julio de 1993 en Santiago de Compostela, vol. III: Otros enfoques*, Santiago de Compostela, 1995, pp. 183-193.

5 Tampoco es que falten, y con excelentes resultados, en nuestra reciente historiografía jurídica: Antonio Serrano González, "Chocolate a la española. Formación y afección de jueces en el siglo XIX", en Aldo Mazzacane y Cristina Vano (eds.), *Università e professioni giuridiche in Europa nell'età liberale*, Napoli, Jovene (Biblioteca di Unistoria, 2), 1994, pp. 425-462, especialmente pp. 431 y ss.

perfectamente irse haciendo una idea de hasta qué punto están presentes el misterio, el enigma y el arcano; pero no precisamente porque vea que ni el autor, que sabe más, puede del todo con ellos, sino porque observa que ni sacándose a la luz los testimonios escritos más ocultos de aquellas edades se abre paso el entendimiento completo: el libro de las Ordenanzas de la Audiencia se mantuvo en su tiempo fuera del alcance del común de los mortales; era libro privado —que se imprimiera, según se nos recuerda, no quiere decir que se publicara, que se hiciera público—, no venal y de circulación restringida a los miembros de la Audiencia (pp. 91-95), pero el hecho de que ahora pueda libremente comprarse, tenerse y leerse no implica que el secreto se haya desvelado.

¿Y es que acaso puede desvelarse, con los elementos que Clavero aporta? ¿Puede entenderse una Audiencia que es el rey pero no es el rey, que se inserta en un complejo institucional del que también forma parte un Consejo que también es el rey pero que tampoco es el rey y que en cualquier caso no lo es en la misma medida que la Audiencia, con respecto a la cual es el Consejo órgano superior sin poder en realidad serlo? ¿Puede entenderse un rey, ese rey, "doblemente desdoblado"? ¿Puede entenderse que las cosas "avancen y no avancen", que sean y a la vez no sean, que las actuaciones judiciales se regulen tan minuciosamente para quedar sustancialmente desreguladas, que la imponente presencia de la norma escrita no contraríe el dominio de la costumbre y la tradición, que haya recursos extraordinarios por vía ordinaria, que la comunicación mediante recursos entre los diversos niveles de la justicia regia no responda del todo ni al despliegue jerárquico del poder político ni a la cautela frente al error en la aplicación del derecho, sino a la necesaria presencia en la cúspide de una instancia decisoria desligada hasta el extremo del *rigor iuris*? ¿Puede entenderse una ciudad que, contemplada desde fuera, sea *corpus*, corporación, un cuerpo cuya cabeza es el rey, y a la vez, contemplada desde dentro, sea *respublica*, república, y como tal un menor (*minor et respublica pari passu ambulant*, era el tópico común con el que se argumentaba) tutelado por un gobierno de regidores que es entonces *rector universitatis* pero no *caput corporis*, teniendo siempre presente que "cuerpo", "cabeza", "menor" y "tutor" no son metáforas de un florido lenguaje político sino términos propios de un muy técnico lenguaje jurídico? ¿Se puede entender que la falsificación documental de un privilegio no se considere realmente tal por no concebirse invención histórica la concesión? ¿Podemos de verdad entender cosas como estas?

Podemos al menos intentarlo, pero a condición de que nos olvidemos de muchas otras, y no sólo desde el punto de vista institucional: es fácil admitir que el rey de hoy no es el mismo del siglo XVI, así que el lector reputará superfluo que se lo recuerden, pero ya no es tan fácil asimilar que lo que es "persona" hoy no es lo que era "persona" (y por tanto "persona del rey") en el citado siglo; no constituye para nadie un problema irresoluble encontrar diferencias entre un alto tribunal de justicia de hoy y su equivalente en el quinientos, pero empieza verdaderamente a serlo encontrarlas y admitirlas en el concepto de "justicia" al que uno y otro se deben; cualquiera esperaría que los trámites procesales o los recursos no fuesen iguales (qué menos) ahora y tres o cuatro siglos atrás, pero no es sencillo asumir que la misma idea de proceso, o la función de los recursos, o, con aplicación o no a éstos, la percepción de lo ordinario o lo extraordinario, puedan ser radicalmente distintas. También podían serlo, e igualmente difícil es ponerse en situación de admitirlo, la diferencia entre lo verdadero y lo falso, o la distancia que separa lo real de lo ficticio, o la relación entre lo dicho y lo escrito.

El esfuerzo se pide al lector desde las primeras páginas, con alguna concretísima admonición en ese plural de complicidad tan utilizado: "no proyectemos nuestras apreciaciones a tiempos tan distintos" (p. 30). Es la primera herramienta para el entendimiento, el primer criterio de comprensión. Hay un segundo, situado un paso más adelante: desligarse del presente no supone dejarse caer sin más en las manos de la historiografía, sobre todo porque hay mucha, y clásica, y prestigiosa, que no responde al primer criterio. Toda ella habrá de ponerse en cuestión, y no sobrarán entonces las preguntas del todo ingenuas que en nuestro texto desde luego abundan y de las que tal vez el mejor ejemplo sea el de p. 38, donde inmediatamente después de señalarse que "le toca a la ciudad", se añade un "¿Qué significaba?" que conjura bibliotecas enteras. De la confrontación con las fuentes surgirá la valoración, a veces positiva —adviértase la justa posición preeminente que en las notas de Clavero adquiere la obra de Carlos Garriga[6]— y a veces no, en una lectura siempre crítica y nunca crédula.

6 Es quien hoy marca el estado de la cuestión, sobre todo en *La Audiencia y las Chancillerías castellanas (1371-1525)*, Madrid, Centro de Estudios Constitucionales (Historia de la sociedad política), 1994, trabajo más extenso pero igualmente sólido que otros del mismo autor, señaladamente, para lo que aquí interesa, "Observaciones sobre el estudio de las Chancillerías y Audiencias castellanas (siglos XVI-XVII)", en Bartolomé Clavero, Paolo Grossi, Francisco Tomás y Valiente (a cura di), *Hispania. Entre derechos propios y derechos nacionales. Atti dell'incontro di studio, Firenze-Lucca 25, 26, 27 maggio 1989*, Milano, Giuffrè (Per la Storia del Pensiero Giuridico Moderno. Biblioteca, 34/35), 1990,

El lector habitual de esta sede es lector habitual de Clavero, y habrá reconocido ya la prédica, nada nueva. Estamos, efectivamente, leyendo al Clavero que insiste en la discontinuidad que abre el mundo contemporáneo y en la consiguiente ajenidad del universo fenecido del antiguo régimen. Ya ofrecía argumentación específica hace alrededor de una década[7], con un lenguaje bastante menos acogedor que el que ahora usa —era entonces arduo el estilo, y la provocación frecuente[8]—, y con el corolario, ahora menos visible, de proponer criterio para llenar el vacío que en el análisis historiográfico han de dejar tanto las categorías de nuestro presente como las (a menudo idénticas) de curso historiográfico común[9]. Que sea repetitivo el autor puede deberse a la ampliación prevista de su audiencia, y hay indicios de que el mensaje se ha recibido: la Presentación del volumen firmada por "Los Editores" es insualmente ponderada, de una prudencia en la redacción que cabe atribuir, como mínimo, a la más enriquecedora de las perplejidades; no habrá, por otra parte, magistrado actual alguno que pueda reconocerse en un oidor de los que Clavero pinta, ni ningún profesional de la práctica jurídica que pueda identificar en la descrita por Clavero la Audiencia que él frecuenta, ni siquiera su embrión o su infancia. ¿Es este entonces el mensaje para esa audiencia perdida, o tal vez jamás ganada por la historia jurídica? ¿Es el mensaje para los juristas? Al menos es este uno de ellos, y desde luego lo es al menos para ellos.

Leerán también los historiadores de origen, los que no tienen más especia-

pp. 757-803, y "Control y disciplina de los oficiales públicos en Castilla: la 'visita' del Ordenamiento de Toledo (1480)", en AHDE 61 (1991), pp. 215-390.

7 Bartolomé Clavero, "Historia y antropología: hallazgo y recobro del derecho moderno", en Bartolomé Clavero, *Tantas personas como estados. Por una antropología política de la historia europea*, Madrid, Tecnos (Colección Derecho, Cultura y Sociedad), 1986, pp. 27-52; antes, bajo el título "Historia y antropología. Por una epistemología del derecho moderno", en Joaquín Cerdá Ruiz-Funes y Pablo Salvador Coderch (eds.), *I Seminario de Historia del Derecho y Derecho Privado. Nuevas técnicas de investigación*, Bellaterra, Universidad Autónoma de Barcelona, 1985, pp. 9-35.

8 Un ejemplo de esto segundo —de lo primero creo que no hace falta aportarlo— en Bartolomé Clavero, *Usura. Del uso económico de la religión en la historia*, Madrid, Tecnos (Colección Derecho, Cultura y Sociedad), 1984, primera frase del prólogo: "Entre los enemigos de la ciencia histórica se cuentan las tradiciones empecinadas en imprimir sobre la propia historia imágenes de continuidad".

9 Y con modulaciones posteriores a lo ya citado: Bartolomé Clavero, *Antidora. Antropología católica de la economía moderna*, Milano, Giuffrè (Per la Storia del Pensiero Giuridico Moderno. Biblioteca, 39), 1991.

lidad que la que ellos mismos asumen, los que un día lo fueron de las monarquías o de las naciones, de los eventos de la política, la diplomacia o la guerra, los que en los últimos decenios lo suelen ser de la sociedad o de la economía, o, cada vez más, de las mentalidades y de las percepciones, de lo cotidiano y de lo marginal, de las civilizaciones o de la cultura. Muestran sus cultivadores irrefrenables querencias de acotación del espacio, con el consiguiente y continuado auge de la historia local o regional[10], y también un indomable sentido crítico que, autoalimentándose, produce un vaivén de tendencias en el que ahora, y por causas de las que sólo en cierta medida sabría dar razón, está en alza cierta historia política con clara dimensión institucional y revalorización de lo jurídico[11]. Las Ordenanzas de la Audiencia de Sevilla no pueden dejar de suscitar interés en esta audiencia, que entre nosotros una vez se perdiera y que ahora parece mostrarse en la mejor de las disposiciones para ser de nuevo encontrada[12]. Las páginas de Clavero pueden brindar elementos para confi-

10 Es lugar común reiterado en los felizmente frecuentes ejercicios de autocrítica del gremio: José Luis de la Granja Sainz, "La historiografía española reciente: un balance", en Carlos Barros (ed.), *Historia a debate* (nota 4*), vol. I: Pasado y futuro*, pp. 299-307, especialmente pp. 303-304, y Julio Valdeón Baruque, "La historiografía española de finales del siglo XX: miseria de la teoría", en el mismo volumen, pp. 309-317, especialmente pp. 309 y 313. En la misma obra, vol. III, se cuenta con las específicas contribuciones de Juan Pro Ruiz, "Sobre el ámbito territorial de los estudios de historia", pp. 59-66, y de Bruno Anatra, "Storia locale in veste regionale: il caso italiano", pp. 51-57, que no se quedan, por supuesto, en la constatación del fenómeno.

11 Atiéndase al fundado análisis de Jean-Frédéric Schaub, "L'histoire politique sans l'état: mutations et reformulations", en Carlos Barros (ed.), *Historia a debate* (nota 4), vol. III, pp. 217-235, o, de modo mucho más directo, las razones expresas de la perspectiva adoptada por Pablo Fernández Albaladejo en las páginas prologales de su libro *Fragmentos de Monarquía. Trabajos de historia política*, Madrid, Alianza (Alianza Universidad 734), 1992. Ha de advertirse de los títulos engañosos: sin perjuicio de su interés, que lo tiene, no se encontrará apenas nada que afecte al argumento de esta nota en Richard Tuck, "Historia del pensamiento político", en Peter Burke (ed.), *Formas de hacer Historia* (nota 4), pp. 240-254, pero sí en Pablo Sánchez León, "Nobleza, Estado y clientelas en el feudalismo. En los límites de la historia social", en Santiago Castillo (coord.), *La historia social en España. Actualidad y perspectivas. Actas del I Congreso de la Asociación de Historia Social. Zaragoza, septiembre, 1990*, Madrid, Siglo XXI, 1991, pp. 197-215.

12 No deja de señalar ni el origen ni la pérdida Francisco Tomás y Valiente, "Escuelas e historiografía en la Historia del Derecho español", en Bartolomé Clavero, Paolo Grossi, Francisco Tomás y Valiente (a cura di), *Hispania* (nota 6), pp. 11-46, especialmente pp. 12-16 y 43-44, pero no conozco mejor crónica de la citada pérdida que Carlos Petit, "La prensa

gurar un espacio imaginario donde esa convergencia sea posible, para que los historiadores que quieran serlo de las instituciones, procedan de donde procedan, puedan construir juntos en un terreno común[13]. Hay para ello, primariamente, criterios de cronología, materia con respecto a la cual tantas son las veces en las que los historiadores saben situarse en un plano de profundidad o abstracción considerable para la discusión epistemológica[14], cuantas son, o seguramente más, las ocasiones en que respetan a ultranza segmentaciones del tiempo histórico que no tienen mejor fundamento que el muy operante de la definición académica de los departamentos universitarios de los que son miembros. Para la historia institucional no hay campo posible a definir con divisiones tales, y en nuestro caso, ¿cómo comprender la historia exclusivamente medieval o exclusivamente moderna de un concejo o del concejo, de una Audiencia o de la Audiencia, de unas ordenanzas o de las Ordenanzas, de la justicia o de las justicias? No se trata sólo de la más simple cuestión del encadenamiento entre antecedentes y consecuentes, sino de la constitución de una cronología que se extienda desde el nacimiento en fecha incierta hasta la desaparición difuminada y discreta de un modo de comprensión que también lo es, aunque no sólo lo sea, del derecho, cronología que ni cuadra con la que, con cierta dosis de fatalismo en el mejor de los casos, sigue aceptándose desde la perspectiva más general, ni puede artificialmente construirse con fechas de disposiciones normativas que enmarquen la biografía fantasmagórica de una institución desde que por primera vez la contemplan las palabras escritas de una ley hasta que en los términos expresos de otra se pretenda que mute o desparezca.

¿Podrá así contribuirse a que la historia institucional o, más clásica y abiertamente, la historia jurídica, no sea vista desde otras parcelas del estudio del

en la Universidad: Rafael Ureña y la Revista de Ciencias Jurídicas y Sociales (1918-1936)", en QF 24 (1995), pp. 199-302.

13 De que el encuentro viene produciéndose y sigue fructificando dan testimonio algunas de las obras citadas en notas anteriores, pero no estaría de más renovar, cumplida ya una década, el debate que impulsara Paolo Grossi (a cura di), *Storia sociale e dimensione giuridica. Strumenti d'indagine e ipotesi di lavoro. Atti dell'incontro di studio, Firenze, 26-27 aprile 1985*, Milano, Giuffrè (Per la storia del pensiero giuridico moderno. Biblioteca, 22), 1986.

14 Carlos Aguirre Rojas, "La larga duración en el espejo (más allá del tiempo 'vivido' y del tiempo 'expropiado')", y Julio Aróstegui, "La historia como atribución. (Sobre el significado del tiempo histórico)", ambos en Carlos Barros (ed.), *Historia a debate* (nota 4), vol. III, respectivamente pp. 21-33 y 35-49.

pasado como una mera historia legal? ¿Podrá así evitarse la prevención o el espanto ante los tecnicismos del derecho que en alguna ocasión se ha manifestado desde dichos fundos colindantes[15]? Tampoco es que deje de tener su razón histórica —dejando ahora aparte las incorrecciones de traducción de la actual lengua franca universal, que creo deben considerarse más un efecto de la incomprensión que una causa de la misma— el hecho de que pueda considerarse que quien estudia derecho estudia leyes, que quien estudia historia del derecho cultiva la historia de la legislación, o que pueda el historiador no jurista estimar intercambiables lo que cabe esperar de una perspectiva jurídica y de un "punto de vista legal", por utilizar una expresión no del todo infrecuente y utilizada con dicho alcance; pero identificar dicha razón histórica y tenerla presente no me parece requisito imprescindible para, a los más prácticos efectos historiográficos, superar el malentendido. Puede ayudar bastante, de todos modos; y hasta el punto de poder constituir condición suficiente aunque no sea, según acaba de decirse, necesaria: el desconocimiento o el olvido nos puede deparar el espectáculo de una historiografía que, partiendo de posiciones de exigencia epistemológica y buscando apertura de horizontes, corre el peligro de encerrarse en terrenos que se iban quedando vacíos precisamente porque los más rigurosos de sus antiguos cultivadores, ahogados en estrecheces, llevaban ya tiempo despejando el campo[16].

Y no es que, con las excepciones que se quiera, el historiador general no sea capaz de ver la reducción de perspectiva que es necesaria consecuencia de la consideración exclusiva de la ley o —digamos, por ensanchar el concepto— de la norma, y no ya en el campo abierto de una historia con vocación globalizadora o totalizadora, sino incluso en el mismo seno de una especializada y

15 Carlos Petit hacía de ello argumento en "Sex, lies and videotapes", en QF 21 (1992), pp. 671-680, sobre la base de las intervenciones de Jacques Le Goff en Paolo Grossi (a cura di), *Storia sociale* (nota 13), con ciertos miedos ante la historia jurídica que ésta quizás hiciera bien en no acrecentar, ni en los títulos ni en los motivos: Antonio Serrano González, "Drácula y el motor Diesel. Juristas y medios de expresión en tiempos de los Lumière", en *Historia Contemporánea*, 12 (1995) (Monográfico: Historia y Derecho), pp. 209-230, con traducción alemana de Gabriele Rittig en *Rechtshistorisches Journal*, 14 (1995), pp. 219-240, artículo cuya doble publicación coincide en fecha con el de Mariangela Ripoli, "Un mito moderno. Note di lettura sul Frankenstein di Mary Shelley", en *Materiali per una Storia della Cultura Giuridica*, XXV-2 (1995), pp. 439-461.

16 Léase el prólogo del editor, con indicación de objetivos, en Carlos Martínez Shaw (ed.), *El Derecho y el Mar en la España Moderna*, Granada, Universidad / Centre d'Estudis d'Història Moderna Pierre Vilar, 1995.

sectorial historia del derecho. Pero tender a pensar que la miopía procede de la —indudable, reconozcámoslo— reticencia que suele mostrar el historiador del derecho con respecto a los documentos de aplicación, falta de tacto (del documento) procedente de una previa falta de educación (histórica) que el historiador sin formación jurídica tenderá, y lo más visiblemente que pueda, a evitar[17], sin que se ocupe por lo común de valorar los intentos de reflexión sobre el acceso a las fuentes que se han venido produciendo en el seno de la historia del derecho[18]. El simplificado prototipo del historiador jurista que se siente a sus anchas en una biblioteca rebosante de "códigos" y de tratados de "teoría" jurídica parece así poderse seguir oponiendo al no menos simplificado prototipo de historiador de la sociedad viva, experto conocedor de archivos, rápido en desanudar legajos, en revisar, transcribir, analizar y publicar documentos. Son simplificados, y son prototipos; pero en uno y otro campo se publican tan frecuentemente trabajos cuyos autores muestran tan considerable empeño en identificarse con modelos que, por serlo, habrían de tener la condición de irreales, que no debería caer en saco roto un intento como el que las páginas de Clavero, tan manifiesta como implícitamente, incorporan. ¿Advertirá el lector, el que ya sabe que la norma no basta, por qué no desvelaría razón sustancial alguna la consideración —particularizada o masiva, serial

17 Desde los mismos títulos en ocasiones, y valgan dos de la obra citada en nota anterior: Jerónia Pons Pons, "Legislación y práctica en el seguro marítimo. Las contradicciones de la segunda mitad del seiscientos en Mallorca", pp. 39-58, e Isabel Lobato Franco, "Reglamentación y práctica en las compañías mercantiles barcelonesas de la segunda mitad del siglo XVII", pp. 59-79, con conclusiones de contradicción o ajuste, respectivamente, al cabo inexpresivas por un sustancial e irresuelto problema inicial de método para cuya superación no están las guías tan ocultas: Carlos Petit, "Derecho mercantil: entre corporaciones y códigos", en Bartolomé Clavero, Paolo Grossi, Francisco Tomás y Valiente (a cura di), *Hispania* (nota 6), pp. 315-500, así como el breve pero ilustrativo artículo del mismo autor "Ignorancias y otras historias, o sea, responsabilidades limitadas", en AHDE 60 (1990), pp. 497-507, títulos a los que, si es que dificultades hay, puede llegarse desde una publicación más a mano para historiadores: Carlos Petit, "Oralidad y escritura, o la agonía del método en el taller del jurista historiador", en HID 19 (1992) (= Homenaje al Pfr. Dr. D. Luis Núñez Contreras), pp. 327-379 y especialmente p. 348; pero en este último puede espantar, si no la sede, sí el planteamiento.

18 Valgan referencias de nota 7, añadiendo elementos para la reflexión, desde perspectiva muy diversa, Aquilino Iglesia Ferreirós, "'Doctrinas e instituciones civiles: familia, patrimonio, sucesiones'. La situación de los estudios de historia del derecho privado en España", en Bartolomé Clavero, Paolo Grossi, Francisco Tomás y Valiente (a cura di), *Hispania* (nota 6), pp. 205-314.

o cuantitativa que sea— del documento de aplicación de esta justicia que se ejerce en la Audiencia y se manifiesta en sus Ordenanzas? ¿Seguirá habiendo quien considere historia imposible la de la Audiencia de Sevilla en virtud del famoso incendio de su archivo? Adviértase: tras las cien páginas de la "invitación", sin cita en ellas de ningún capítulo de las Ordenanzas de la Audiencia —las normas no bastan— y sin transcripción tampoco en ellas de sentencias u otras decisiones de la Audiencia —documentos apenas hay—, ¿puede el lector decir que el autor, a través de una integradora historia institucional, no le ha conducido en un acercamiento sustancial a la Audiencia, y no sólo a la sevillana, al gobierno de la ciudad, y no sólo al hispalense, a la justicia, y no sólo a la que se impartió a orillas del Guadalquivir? ¿Que cómo lo ha hecho? Para contestar sólo cabe invitar a la lectura de la invitación de Clavero.

Los juristas y los historiadores están invitados a plantearse y responder esas y otras preguntas, y también, ya lo indicábamos, los juristas historiadores. Si éstos se asoman a esta suerte de monografía, encontrarán material más que sobrado para la reflexión y la discusión. En un marco general, hay novedades particulares; con éstas, aquel marco general tampoco es el habitual.

No quiero en ningún caso decir que a los que somos historiadores del derecho nos sobren todos los mensajes anteriores, que seamos por definición audiencia ganada. De formación básicamente jurídica, tenderemos siempre a considerar que unas ordenanzas, se las mire por donde se las mire, son unas ordenanzas, y es difícil hacerse de verdad a la idea de que puedan no serlo, o no serlo del todo, o no del mismo modo[19]. Quien no supere el obstáculo tenderá a pasar por encima de textos como estos, que salen al paso con sólo iniciar la lectura a la que Clavero invita:

> Ordenanzas, 1,1,6: "EL REY. Regente, y Iuezes de la nuestra Audiencia de los grados de la Ciudad de Seuilla, auiendo visto lo que me escriuistes sobre la pretension de el lugar en las honrras que se han de hazer en la Yglesia Mayor de essa Ciudad, por la Reyna que aya gloria, he ordenado lo que el Conde del Villar

19 Para el condicionamiento de la formación, añádanse a las referencias florentinas de nota 12 otras del mismo origen: Bartolomé Clavero, "Arqueología constitucional: empleo de Universidad y desempleo de derecho", en QF 21 (1992), pp. 37-87; del mismo autor, "Reforma de las enseñanzas universitarias en España: la historia en el derecho", en Paolo Grossi (a cura di), *L'insegnamento della Storia del Diritto Medievale e Moderno. Strumenti, destinatari, prospettive. Atti dell'incontro di studio, Firenze 6-7 novembre 1992*, Milano, Giuffrè, 1993, pp. 357-400; en el mismo volumen, Carlos Petit, "El segundo testimonio", pp. 401-414.

nuestro Assistente os dira de mi parte, hazerse ha aquello. De Eluas, siete de Enero, de mil y quinientos y ochenta y vn años. YO EL REY. Por mandado de su Magestad. Mateo Vazquez. fol. 11."

Y si se considera que el texto que sigue inmediatamente al transcrito, dirigido al asistente, salva la aparente incoherencia, no hemos de avanzar mucho para encontrar otra:

> Ordenanzas, 1,1,8: "EL REY. Licenciados Blanco, y Don Iuan Çapata, Inquisidores en la Ciudad de Seuilla, porque nos queremos ser informados de vos, de algunas cosas que tocan a nuestro seruicio, os mandamos que dentro de quince dias primeros siguientes, despues que esta nuestra cedula os sea notificada, vengays y parezcays personalmente en esta nuestra Corte, y no salgays della sin nuestra licencia y mandado, que venidos que seays, se os dira para que soys llamados. Fecha en Madrid a veynte y dos dias del mes de Diziembre, de mil y quinientos y nouenta y ocho años. YO EL REY. Por mandado del Rey nuestro Señor. Don Luys de Salazar. Fol. 22."

No puede dejar de parecernos extraño que algo así se recoja en una recopilación de ordenanzas, pero más extraño es que, al verlo, no nos preguntemos de inmediato qué son ordenanzas, o qué es recopilación. Y es que tampoco hay que pasarse mucho tiempo leyendo para poner a prueba nuestros frecuentes prejuicios acerca de qué sea recopilar (nota marginal a Ordenanzas, 1,1,7: "... y todos los [autos] que cerca de lo suso dicho passaron, estan en el libro de los originales de estas ordenanças, folio 15"), o sobre el papel que cumple el recopilador (nota marginal a Ordenanzas, 1,1,10, §2, con relato de la práctica efectivamente seguida en el supuesto que se regula). Es el tipo de preguntas que no suelen hacerse en las monografías, porque suelen entenderse superfluas para los especialistas, y a las que el lector de Clavero, si sigue sus pasos, no puede renunciar.

Pero no caigamos en una lectura dirigida, que era posibilidad que el mismo Clavero rechazaba. Limitémonos a los cuatro ejemplos señalados, procedentes de las primeras nueve páginas de las Ordenanzas; sabiendo que éstas constan en total de unas novecientas, el lector podrá conocer por sencillísimo cálculo cuántos ejemplos similares, si la proporción es constante, podrían traerse a colación. Podrá aducirse que la resultante colección de rarezas no podrá dar cuenta del funcionamiento institucional de la Audiencia, ni de su inserción en el orden ciudadano. Tal vez, aunque ya sabemos que ni el libro entero lo resuelve. Pero en cualquier caso ayudarán a responder, pues obligan a replantearlas, preguntas más básicas, cuyas respuestas son cimiento de las que con más frecuencia suelen destacarse[20].

Y en este ámbito basilar, lo primero que se advierte es que Castilla se sigue fragmentando. La rápida incursión sevillana de Clavero llega ya tras la paciente aventura asturiana de Carmen Muñoz de Bustillo[21]. Son acercamientos impensables sin construcción[22] y reflexión[23] previas, que nítidamente se destacan sobre la imagen generada desde otras perspectivas[24]. Se nos habla de una ordenación primera a fuero de Toledo que puede entenderse con mayor riqueza de significados que la que hasta ahora solía atribuirse al periodo inicial de repoblación, concesión y posteriores confirmaciones y reconocimien-

20 Se habrá reconocido la receta metodológica de Robert Darnton, *La gran matanza de gatos y otros episodios en la historia de la cultura francesa* (1984), México, Fondo de Cultura Económica, 1987 (traducción de Carlos Valdés), p. 12 ("Cuando no podemos comprender un proverbio, un chiste, un rito o un poema, estamos detrás de la pista de algo importante. Al examinar un documento en sus partes más oscuras, podemos descubrir un extraño sistema de significados. Esta pista nos puede llevar a una visión del mundo extraña y maravillosa"), relanzada ahora, recuperando origen, por Carlos Petit, "Oralidad y escritura" (nota 16), expresamente en p. 349.

21 Con tres entregas hasta el momento: "Asturias, cuerpo de provincia. De la corporación provincial en la Castilla moderna", en AHDE 62 (1992), pp. 355-475; "De corporación a constitución: Asturias en España", en AHDE 65 (1995), pp. 321-403; "Encuentros y desencuentros en la historia: los territorios del Norte peninsular en la coyuntura del setecientos", en *Historia Contemporánea*, 12 (Universidad del País Vasco, 1995) (Monográfico: Historia y Derecho), pp. 135-173 [Estos trabajos se editan ahora reunidos en Carmen Muñoz de Bustillo, *Historia. Derecho. Territorio*, Sevilla, Universidad, 2014].

22 Señaladamente, António Manuel Hespanha, "L'espace politique dans l'ancien régime", en BFDUC 58 (1982), (= *Estudos em Homenagem aos Profs. Doutores Manuel Paulo Merêa e Guilherme Braga da Cruz*, II), pp. 455-510, ahora publicado, en traducción de Ana Cañellas Haurie, en António Manuel Hespanha, *La gracia del Derecho. Economía de la cultura en la Edad Moderna*, Madrid, Centro de Estudios Constitucionales (Historia de la Sociedad Política), 1993, pp. 85-121, pudiendo acudirse también a obra mayor del mismo autor, *Vísperas del Leviatán. Instituciones y poder político (Portugal, siglo XVII)* (1986), Madrid, Taurus (Taurus Humanidades), 1989 (versión castellana de Fernando Jesús Bouza Álvarez).

23 Pablo Fernández Albaladejo y Julio A. Pardos Martínez, "Castilla, territorio sin Cortes (siglos XV-XVII)", en *Revista de las Cortes Generales*, 15 (tercer cuatrimestre 1988), pp. 113-208, en especial pp. 159 y ss.

24 Juan Antonio Alejandre, "La tendencia anticentralista en la historia contemporánea de España", en HID 11 (1984) (= Homenaje al Pfr. Dr. D. José Martínez Gijón), pp. 93-113, con sus referencias, sobre todo las iniciales.

tos de privilegios y fuero. Leemos acerca de una Sevilla foral prácticamente inédita. Se nos presenta una temprana y austríaca Nueva Planta sevillana y se nos sugiere la significación del modelo sevillano en la posterior y borbónica Nueva Planta aragonesa, asunto, el de dicha significación, invisible para la historiografía institucional que transita por los mismos pagos[25]. Hay más: el uso alternativo —lo es frente a la utilización habitual, aunque debería ser el adecuado— de la literatura jurídica más castiza, consistente en entenderla lectura del *ius proprium* desde su único contexto posible, el del *ius commune*, no es que sea un hallazgo sin precedentes peninsulares[26], pero es también elemento nada frecuente y que en cualquier caso podrá contribuir a la mejora del índice de receptividad, entre especialistas, de estas páginas no escritas sólo para ellos. Y mejorarlo implica abrir paso a la idea, en cuyo fundamento se insiste, de que ese especialista que lee es especialista sólo hasta cierto punto, pues lo es en el mejor de los casos de una única faceta, la jurídica, del orden social impuesto en la época en la que Clavero se sitúa para hacer y deshacer el ovillo en que se cruzan los hilos de las ordenanzas, del concejo, de la Audiencia y de la justicia; una única faceta y secundaria, además, pues si el derecho contribuye a la fijación y reproducción de dicho orden, no es, desde luego, el que lo crea, ni tampoco el que básicamente lo mantiene: es planteamiento tan fácil de entender como difícil de asumir, y no sólo en virtud de la consecuente incapacitación por desconocimiento a la que conduce[27]; pero ha de reconocérsele como mínimo su capacidad de solventar la conclusión del con-

25 Santos M. Coronas González, "La nueva dimensión hispánica de la justicia del rey", en AA.VV., *La aplicación del Derecho a lo largo de la historia. Actas: I Jornadas de Historia del Derecho de la Universidad de Jaén*, Jaén, Cámara Oficial de Comercio e Industria de la Provincia, 1996, pp. 31-49, en especial la referencia de nota 11 en p. 38.

26 Es añejo y habitual recurso de António Manuel Hespanha, aun en aportaciones no expresamente portuguesas: *História das Instituições. Épocas medieval e moderna*, Coimbra, Livraria Almedina, 1982.

27 Sobre ello incidía Carlos Petit, "Sex, lies and videotapes" (nota 15), sobre el que cabe ahora decir que si el sexo procedía del título de la obra sobre la que se reflexionaba y las mentiras se ponían de relieve bajo la mirada del crítico, las cintas de vídeo se introducían con calzador, poco sofisticado método de quien confesaba miedos ante la teología que no hacía prever la soltura con la que poco después se manejaba en "*Iustitia* y *Iudicium* en el Reino de Toledo. Un estudio de teología jurídica visigoda", en *Settimane di Studio del Centro Italiano di Studi sull'Alto Medioevo, XLII: La giustizia nell'Alto Medioevo (secoli V-VIII)*, Spoleto, Presso la Sede del Centro, 1995, pp. 843-932 [véase ahora Carlos Petit *Iustitia gothica. Historia social y teología del proceso en la Lex Visigothorum*, Huelva, Universidad, 2001].

flicto irresuelto y permanente —incomprensible por insostenible— en la que pueden desembocar trabajos que hagan propias, sin esta, otras condiciones epistemológicas de las defendidas por Clavero para el estudio institucional del antiguo régimen[28].

* * *

Para el estudio institucional del antiguo régimen. Pero ¿es posible ese objetivo? ¿No había quien llegaba a ponerlo en duda? ¿No era el mismo Clavero? ¿No lo relegaba a un terreno de radical ajenidad con el presente? ¿No había abierto vías de comprensión del presente para las que lo prerrevolucionario no contaba? ¿No venía ya directamente formulando propuestas de futuro[29]? ¿Para qué entonces cruzar tan a menudo la frontera que parece quererse siempre situada a la espalda, e invocar a San Bernardo, a Bártolo y a Lorenzo Valla[30], a los alcaldes y los oidores de aquella Sevilla compleja y rica, fortaleza y mercado, ciudad y tierra, concejo y audiencia, que sólo conserva algo de lo que tuvo pero nada de lo que fue? ¿Para qué convocar tan trabajosamente audiencias para ocupar las butacas de un teatro que parece querer abandonarse, donde se representan sin descanso las deshilvanadas escenas de una función incomprensible? ¿Es que acaso lo que se pretende es, más que el logro de una función terminada, ahormar en la audiencia un cierto modo de mirar? ¿No será que se considera que resulta más fácil aprender a despejar un supuesto presente que todavía lastra, si ya se sabe tomar drástica distancia con un pasado fenecido? Y siendo ese pasado tan complejo, ¿no adiestra me-

28 Si se me disculpa que utilice ejemplo de obra propia, es la distancia que media entre "Power Hierarchies in Medieval Juridical Thought. An Essay in Reinterpretation", en *Ius Commune*, 19 (1992), pp. 1-29, con la conclusión citada, y "Amor de árbitros. Episodio de la sucesión de Per Afán de Ribera el Viejo", en Johannes-Michael Scholz (hrsg.), *Fallstudien zur spanischen und portugiesischen Justiz (15. bis 20. Jahrhundert)*, Frankfurt am Main, Vittorio Klostermann (Rechtsprechung. Materialen und Studien, 8), 1994, pp. 211-269.

29 Sobre el objeto de estas preguntas y de las que siguen ya he incidido, también de modo abierto, en otra ocasión, con referencias que ahora pueden aligerar notas: Jesús Vallejo, "Paratonía de la historia jurídica" [en este volumen].

30 Aludo a trabajos recientes de Bartolomé Clavero: "*Beati dictum*: derecho de linaje, economía de familia y cultura de orden", en AHDE 63-64 (1993-94), pp. 7-148, y "Blasón de Bártolo y baldón de Valla (a propósito de *una gramática de signos*)", en prensa cuando escribo estas líneas [publicado en QF 25 (1996), pp. 573-616].

jor para la comprensión de un presente nada simple? ¿Y no es este el mejor modo de desarrollar una política de futuro profesando el derecho del pasado?

Los interrogantes afectan a toda la obra, y no sólo a la reciente, de Clavero, contexto en el que han de leerse esas últimas páginas sevillanas que nos han venido entreteniendo. Son de esperar nuevas contribuciones prerrevolucionarias, aunque puedan no parecer coherentes: el objetivo de hacer volver la cabeza a una audiencia acostumbrada a mirar hacia atrás requiere hacer las señales allí donde son más visibles.

Y para terminar, dos obviedades: la primera es que por mucho que haya quien se empeñe en encontrarlas, siempre habrá audiencias que se obstinen en perderse; la segunda es que la permanente validez de la proposición anterior se basa en el hecho de que los perdidos pueden alegremente ignorar, o con toda legitimidad rechazar, su extravío.

UN CUARTO DE SIGLO, UNA HISTORIA, UN ANUARIO

> "...ese monumento [el Código de Hammurabi]... pone en cuestión la idea dominante, cuanto más errónea, según la cual el derecho es una emanación de cada sociedad y de sus convicciones. Lo que hay de común es el cuerpo humano y la elemental distinción entre sacar un ojo, abrir la cabeza, romper un hueso o castrar al enemigo. Tirar de la barba siempre será una injuria, tanto si se le infiere al Cid como a don Ramón Menéndez Pidal"
>
> Rafael Gibert en AHDE 68 (1998), p. 674.

1. Preliminares

El cuarto de siglo de referencia es el que ha cumplido la Constitución española, obviamente; por el carácter y origen de la revista que alberga el presente artículo, es evidente también que la historia de la que hablamos es la del Derecho, aun con cierta reducción que enseguida aclararemos; pero el anuario de nuestro título no es el que el lector tiene en sus manos, sino el de Historia del Derecho Español que viene publicándose desde 1924 y que, como habrán ya intuido quienes no hayan prescindido de la lectura de la cita inicial, admite en su seno posiciones historiográficas a las que sin recato alguno puede darse el calificativo de plurales.

Tuvo y tiene este Anuario (AHDE en siglas) la vocación de ser el órgano natural de comunicación de los cultivadores de la historia del Derecho en España, y cumpliéndola más en unas épocas que en otras, su examen resulta imprescindible para identificar los caminos que ha ido recorriendo en cualquier tramo de las últimas ocho décadas la ciencia iushistórica española. Mas como hay mucha de esa ciencia fuera de sus páginas, el AHDE indiscutiblemente no sirve como fuente única para llevar a buen término una indagación de tal especie. ¿Es útil al menos como guía, como fuente básica? ¿Proporciona orientación suficiente a quien tenga curiosidad por los modos y rumbos de la historia contemporánea del Derecho? Creo que sí, siempre que se elija un periodo de relativa amplitud y se enfoque un objeto de relevancia notable. Ambas condiciones se cumplen en nuestro caso, pues la finalidad de estas páginas no es otra que encontrar respuesta fundada y coherente a la siguiente pregunta: ¿cómo ha incidido la Constitución Española de 1978 en el terreno de la Historia del Derecho?

El planteamiento tal vez haya sorprendido. Para lectores no advertidos o poco resabiados en los complejos vericuetos de la metodología histórica, esto es, del pensamiento sobre fundamentos y posibilidades, maneras y usos de conocimiento del pasado, las casi evidentes preguntas a las que lógicamente habría que responder cuando se trata, como ahora, de relacionar constitución e historia jurídica, tendrían como denominador común la más simple cuestión de los antecedentes, y serían seguramente estas: ¿a qué historia responde la Constitución española de 1978? ¿En qué cadena histórica viene a constituir un eslabón más? ¿Qué lugar puede asignársele en la serie de las que, desde principios del siglo XIX, jalonan nuestra historia contemporánea? ¿Qué juicio global puede hacerse de nuestra primera norma desde esa misma historia? ¿Qué orígenes pueden señalarse o asociarse a sus opciones particulares? Creo que las preguntas pertinentes y merecedoras ahora de respuesta no deben ser ni éstas ni otras parecidas, que pudieran tener su sede y su momento, sino precisamente la que cierra el párrafo anterior, y confío en que estas páginas puedan mostrar por qué lo creo. Lo que nos importa, en efecto, es saber cómo entra y cómo se recibe la norma fundamental en el campo en el que se desenvuelve el intento de comprensión del Derecho del pasado desde y para el presente, cómo ha modificado la presencia de la Constitución, si es que lo ha hecho, las perspectivas, los objetivos y las actitudes de quienes se empeñan en escribir a propósito del Derecho histórico.

Pero ¿es que ha podido hacerlo? ¿Cabe pensar en la incidencia real de la Constitución vigente en un escenario que parece, en efecto, más propio de bárbaras leyes remotas y barbudos personajes antiguos? Habrá, por qué no, quienes se lo sigan preguntando, y especialmente para ellos retraso todavía un tanto el punto final de estos preliminares. Tres párrafos sólo.

Imaginemos que la biblioteca universal de legislación, jurisprudencia y doctrina (o, más amplia y exactamente, de cualquier especie de manifestación del discurso jurídico) está compuesta por una serie inacabable de salas contiguas que se van colmando progresivamente de materiales de estudio y consulta. Sobre todo en la última, la de las novedades, trabajan los juristas, tan atentos a los libros, a las pantallas y a los periódicos como a las ventanas, amplias y bien orientadas hacia el exterior. Se trata de una sede sólo provisional: cuando se agotan las posibilidades de formación e información que la sala ofrece, y se ven abarrotados los estantes, obsoleto el material informático y ajados los boletines y gacetas, los diligentes usuarios, tras haber echado las persianas, se trasladan con lo imprescindible a la sala siguiente, flamante y bien iluminada, desde cuyos ventanales se pueden contemplar vistas que sólo se adivinaban o intuían tras las antiguas cristaleras. Es cierto que desde este lugar abierto al futuro, cuya misma disposición se va ordenando según requieren las circunstancias, lleno de hambrientas baldas vacías y de medios tecnológicos que claman por no quedar infrautilizados, visitan los juristas esporádicamente las salas ya abandonadas, donde a fin de cuentas se han forjado como profesionales. Pero sólo si atraviesan varias de ellas, para componer, pongamos por caso, un capítulo introductorio de precedentes históricos, podrán toparse con algún miembro de un particular grupo de rezagados que bregan entre papeles amarillos, encuadernados o enlegajados, impresos o manuscritos, y que sólo disponen, si acaso, de tecnología portátil de supervivencia. Puesto que el ocasional visitante no podrá dejar de apreciar que estos habitantes suburbiales de la imaginaria biblioteca jurídica universal se encuentran como en su propia casa ocupándose de estorbar el callado y continuo esfuerzo del polvo, la humedad y la polilla, es previsible que se pare un momento a reflexionar, con noble compasión o envidia sana, sobre el alejamiento permanente que cultivan los adictos a esta secta con respecto a la vivificante y agotadora vorágine de la sala de novedades.

Sólo si el visitante ocasional se convierte en asiduo de estos tranquilos parajes (a veces sucede) llegará a saber que la premisa de tal reflexión, esto es, la permanencia del alejamiento, es falsa, y no sólo porque aquellos rezagados sean visitantes ocasionales o frecuentes (también sucede a veces) de la sala puntera de la biblioteca jurídica, sino porque su hábitat natural está también en una sala de novedades: la no menos vertiginosa (y si no asómense) de la imaginaria biblioteca universal de rememoraciones escritas del pasado (o, más amplia y exactamente, de cualquier especie de manifestación del discurso historiográfico). En ella un considerable conjunto de estudiosos, con idénticos medios de almacenamiento y uso de información, con parecida atención a libros, revistas y pantallas, con utilización semejante de los igualmente amplios y bien orientados ventanales, reescriben continuamente la historia. La sala tiene asimismo carácter de sede provisional, y cuando sus posibilidades se agotan, hay traslado, instalación nueva, amueblamiento progresivo, nutriente aporte de material de estreno y enésima reescritura del pasado; tiene la biblioteca histórica incluso sus rezagados particulares, que en salas ya abandonadas atienden a los modos conforme a los cuales, en un determinado tiempo pretérito, se escribió sobre un pretérito anterior.

En estos dos mundos paralelos trabajan los historiadores del Derecho. Sucesos de tanta entidad como los que suponen la génesis y entrada en vigor de toda una Constitución han de tener su eco en ambas bibliotecas. En la sala de novedades de la histórica un acontecimiento como ése, ocupando gran parte de la realidad visible tras los ventanales, tiene necesariamente que producir el efecto de matizar la luz a la que se escribe sobre el pasado. Y a nadie extrañará que en la jurídica una conmoción de tal calibre provoque nada menos que una apresurada mudanza, casi con lo puesto, a sala nueva. Así que los iushistoriadores, en su trasiego entre bibliotecas, no podrán dejar de advertir cambios que necesariamente han de afectarles. Y es tan previsible que lo reflejen en sus escritos como que algunos de éstos, en número seguramente significativo, se impriman en su órgano de comunicación más abierto, el anuario de nuestro título. Estas son nuestras premisas.

2. El yermo

A la altura de 1978 nuestro AHDE tiene algo más de medio siglo de vida y algo menos de 50 volúmenes publicados; el desfase entre los 48 números y los 54 años se debe sobre todo a la cesura de la guerra civil y a la factura bienal de un par de tomos en la década inmediatamente posterior. Así que salvo para el caso de los cinco republicanos y los todavía poquísimos de la transición en curso, puede decirse que en el adviento de nuestra Constitución las dictaduras han sido el marco político de la cadenciosa aparición de los gruesos tomos de la revista, que han conservado desde el principio tanto su sólida división en secciones (Estudios, Documentos, Miscelánea, Bibliografía, Varia) como su débil encuadernación en cartulina, cuyo color naranja se debe a elección personal de Ramón Carande a instancias, muestrario mediante, de Claudio Sánchez-Albornoz, fundador e impulsor del proyecto[1].

1 La confidencia la debemos al propio Carande, en texto póstumo interesante para la historia del Anuario (no sólo por el nimio extremo que acabamos de destacar), publicado bajo el título "Sánchez-Albornoz ante la cuna del Anuario" en AHDE 59 (1989), pp. 763-784, con una breve introducción de Bernardo Víctor Carande y seguido de un agrio apén-

Además de las señaladas de división interna y presencia externa, la característica más destacable para el asunto que nos importa es que, en ese mal contado medio siglo, no se atendió apenas a la constitución como fenómeno histórico en los muchos millares de páginas impresas que, en cientos de artículos, se fueron acumulando año tras año. No faltará razón al lector que vincule la ausencia al contexto político dominante; que éste sea causa principal es desde luego hipótesis verosímil, tanto más si se atiende a la única excepción: justo en 1932, al abrirse el paréntesis de la II República, Nicolás Pérez Serrano publica en el AHDE "La Diputación de Cortes en Derecho constitucional histórico". Es verdad que la sintonía entre pasado y presente tiene aquí un ejemplo de los que se dicen de libro, compareciendo en época constitucional la historia constitucional en el seno de una revista que la ignora en periodos de constitución secuestrada o negada; no ha faltado quien lo señale[2]. Pero también es verdad que habiéndose producido en ese primer tiempo del compás republicano la conjunción armónica entre historia en curso e historia escrita, los tres tiempos restantes (de 1933 a 1935) son de silencio. Poco sonó (un solo acorde) ese "Derecho constitucional histórico" surgido de la nada y vuelto a sumirse de inmediato en el limbo de lo desconocido.

No sólo hay razón política, entonces. Y es que en los años veinte y treinta del siglo XX la Historia del Derecho es todavía una disciplina joven, servida por la generación inmediatamente posterior a la de los fundadores, que madura buscando voz propia mediante la profundización en la cronología medieval marcada por la obra de Eduardo de Hinojosa, a quien se tiene por inspirador y maestro[3]. De hecho, aparte de algunos estudios sobre historia

dice epistolar compuesto por piezas firmadas por Claudio Sánchez-Albornoz, Luis García de Valdeavellano, Hilda Grassotti y el autor del texto principal. Y en cuanto a las secciones, la de "Estudios" está, lógicamente, ya en el primer volumen, pero aparece en los índices innominada hasta el tomo 42 (1972); las de "Documentos", "Bibliografía" y "Varia" están también, y con tales denominaciones, en el número 1 (1924), sufriendo la segunda de ellas diversas subdivisiones internas desde mediados de los años cuarenta. La sección "Miscelánea" nace en el tomo 11 (1934), situándose en su definitivo lugar tercero en el 13 (1936-41).

2 Y en la mismísima sede, dos veces además en el mismo volumen: Carlos Petit, "Oposición foral al Código de Comercio (1829)", en AHDE 59 (1989), pp. 699-736, especialmente nota 8 en pp. 700-701, y Bartolomé Clavero, "Materiales primeros para una historia constitucional de España", pp. 841-847, especialmente p. 857.

3 Puesto que no se trata de asunto central en estas páginas, y aunque seguirán referencias específicas sobre lo que vamos tratando, puedo ahorrar muchas remitiendo ahora al lector a las indicadas en Jesús Vallejo, "La secuela de Hinojosa y las cuestiones de Altamira", en

comercial e indiana, y por supuesto salvando ese relámpago constitucional que en 1932 fulmina en las páginas de la revista un estudioso que no es, bien se sabe, historiador del Derecho, es la medievalística jurídica la que se lleva la parte del león en la primera docena de volúmenes. La razón académica y científica también está presente[4].

Y es razón que adquiere funcionalidad política en la postguerra civil. Bastará ahora para advertirlo que nos detengamos brevísimamente en algunas significativas consideraciones que pueden encontrarse en la obra de Alfonso García-Gallo, la figura de mayor importancia desde ese momento en nuestro terreno, vinculado durante décadas a las tareas de dirección del AHDE y que aún las asume en 1978[5]. De 1940 es su *Historia del Derecho Español,* exposición de conjunto en la que, mostrando su concepción global de la materia

Gustavo E. Pinard y Antonio Merchán (eds.), *Libro Homenaje. In memoriam Carlos Díaz Rementería,* Huelva, Universidad, 1998, pp. 765-782 [incluido en el presente volumen].

4 El AHDE tiene su historia parcialmente escrita en Alfonso García-Gallo, "Breve historia del Anuario", en AHDE 51 bis (1982), pp. VII-LIII; y las más rigurosas páginas con las que contamos historian precisamente su origen: Carlos Petit, "La prensa en la Universidad: Rafael de Ureña y la *Revista de Ciencias Jurídicas y Sociales* (1918-1936)", en QF 24 (1995), pp. 199-302, que es versión ampliada de la aportación del mismo autor en Víctor Tau Anzoátegui (ed.), *La revista jurídica en la cultura contemporánea,* Buenos Aires, Ediciones Ciudad Argentina, 1997, pp. 143-198

5 Una bien concebida introducción es la de Raquel Medina Plana, "Maestros complutenses de Historia del Derecho. Alfonso García-Gallo de Diego", que puede leerse en el sitio web del Departamento de Historia del Derecho y de las Instituciones de la Universidad Complutense; para visiones globales y de contraste sobre el desarrollo de la historiografía jurídica española en los años que ahora evocamos puede acudirse a Mariano y José Luis Peset, "Vicens Vives y la historiografía del derecho en España", en Johannes-Michael Scholz (ed.), *Vorstudien zur Rechtshistorik,* Frankfurt am Main, Vittorio Klostermann, 1977, pp. 176-262, y a Johannes-Michael Scholz, "Acerca de la historia del Derecho en España y Portugal", en *Revista Crítica de Derecho Inmobiliario,* año 58, núm. 550 (1982), pp. 633-661 (traducción de Mariano Peset; originalmente, con el más preciso título "Zum Forschungsstand der neueren Rechtsgeschichte Spaniens und Portugal", en *Zeitschrift für Neuere Rechtsgeschichte,* 3-4 (1980), pp. 164-187, ambas de fecha cercana a la que nos va sirviendo de referencia en este epígrafe. Más recientes y más distantes, pero igualmente ilustrativas, son las páginas de Francisco Tomás y Valiente, "Escuelas e historiografía en la historia del Derecho español (1960-1985)", en Bartolomé Clavero, Paolo Grossi, Francisco Tomás y Valiente (a cura di), *Hispania. Entre derechos propios y derechos nacionales. Atti dell'incontro di studio. Firenze-Lucca, 25-27 maggio 1989,* Milano, Giuffrè (Per la Storia del Pensiero Giuridico Moderno. Biblioteca, 34/35), 1990, pp. 11-46, y ahora en *Obras Completas,* vol. V, Madrid, Centro de Estudios Políticos y Constitucionales, 1997, pp. 4143-4168.

que cultiva, aborda con claridad pero aún sin rigidez un punto que enseguida comprobaremos crucial: en un parágrafo introductorio sobre "La delimitación de lo español", redactado con prudencia y profusamente anotado al pie, reconoce que "todavía no se ha precisado cómo se expresa la hispanidad en el Derecho, es decir, cuáles son los rasgos característicos del español"[6]. Pocos años después, para su *Curso de Historia del Derecho Español* de 1946, García-Gallo resume drásticamente ese mismo epígrafe introductorio sobre "La delimitación de lo español", y en un solo párrafo carente de sustentadoras notas, de redacción mucho más resuelta y en el que sólo caben certezas, afirma: "la Historia del Derecho *español* ha de estudiar, pues, el Derecho creado por el pueblo español o aceptado por él, destacando especialmente sus rasgos originales. Ha de estudiarse desde el momento en que aparezcan en él caracteres propios —lo que ocurre ya en los tiempos primitivos— y ha de continuarse su historia hasta nuestros días". Tanto el Derecho español como el pueblo español que lo crea son, pues, entidades históricamente identificables ya desde una época primitiva de noticias inciertas y poco expresivos vestigios, entidades internamente homogéneas además y distinguibles de sus equivalentes en territorios vecinos, y entidades cuyos rasgos definitorios mantienen tal grado de permanencia que no pueden sino proyectar su propia continuidad al discurso historiográfico: puede y debe el historiador indagar en ellos hasta llegar a su propio presente. Hasta el presente, sí, razón por la cual incluye ahora García-Gallo capítulos sobre la historia jurídica contemporánea que faltaban en el tratado anterior y que agrupa bajo la rúbrica de "La desnacionalización del Derecho español". El largo sustantivo descalifica: "desnacionalización" es término que implica carencia o pérdida, y no puede entenderse más que en sentido negativo. La circunstanciada explicación acerca de la merma en la esencia nacional del Derecho se abre con un epígrafe sobre "La crisis del Imperio español", y se cierra, según expresión de los preliminares, en "el momento actual", esos años cuarenta en los que el autor escribe y en los que constata "una reacción nacionalista" dirigida a contrarrestar la tendencia básica de potenciación de lo foráneo que se pretende nacida en la violencia de 1808 y muerta en la de 1936[7]. Cuando en 1957 comienza a publicarse su

6 Utilizo la tercera edición, corregida y aumentada, de Alfonso García Gallo, *Historia del Derecho Español. Tomo I: Exposición histórica*, Madrid, 1943, p. 17 n. 14.

7 Utilizo la sexta edición de Alfonso García Gallo, *Curso de Historia del Derecho Español. Tomo I. Exposición histórica*, Madrid, 1956, pp. 7 y 9, además del índice, para los entrecomillados.

definitivo *Manual de Historia del Derecho Español*, reeditado de continuo desde 1959 y usado con bastante frecuencia en las aulas (en las hispalenses, por ejemplo) todavía a fines de los años setenta y principios de los ochenta, queda consagrada en su índice esa expresiva "desnacionalización del Derecho español"[8]. Una historia jurídica que se quiere española en su proyección docente y que como nacional tiene también definido el continente de cartulina naranja al que se incorpora parte considerable de la cosecha anual de investigaciones, encuentra así motivos para marginar su desarrollo contemporáneo, pudiendo prácticamente prescindir de una historia constitucional que tan poco peso a fin de cuentas tiene en la identificación como distinta de la etapa que surge a partir de los primeros años del siglo XIX: no se ven éstos como el amanecer de una nación que se constituye, sino como el ocaso de un imperio que se desmorona.

La inercia medievalista sale así reforzada. Los mismos años setenta que ven nacer nuestra Constitución son testigos todavía de la consideración generalizada del medievo como terreno de cultivo preferente, e idóneo además para cimentar la formación del historiador del Derecho; y aunque sean años ya también de primera consolidación de estudios histórico-jurídicos sobre los siglos modernos[9], siguen contemplando como marginales los acercamientos históricos al Derecho contemporáneo. Nuestro AHDE no ha podido dejar de reflejar las convicciones y tendencias que dejamos dichas, y en su trayectoria *post bellum* sus páginas, muy acogedoras también para la romanística[10], mantienen un rumbo esencialmente tan estable como su mismo Consejo de Dirección, el mismo desde 1948 y que no variará hasta la primera mitad de los años ochenta[11].

¿Y la irrupción de la Constitución? ¿Se aprecia de forma inmediata? Un

8 Utilizo la octava edición revisada de Alfonso García-Gallo, *Manual de Historia del Derecho Español. I: El origen y la evolución del Derecho*, Madrid, 1979.

9 Especialmente sobre esto último, aun no constituyendo su único interés, ha de verse Benjamín González Alonso, "Derecho e instituciones en la Castilla de los Austrias: notas sobre su consideración por la reciente doctrina histórico-jurídica española", en Bartolomé Clavero, Paolo Grossi, Francisco Tomás y Valiente (a cura di), *Hispania* (cit. en nota 5), pp. 87-133.

10 Aunque es asunto que espera valoración específica, no está huérfano de comentarios: véase Carlos Petit, "El Romano de Pompeyo, o *hic sunt leones*", en AHDE 60 (1990), pp. 563-606, especialmente p. 580 con indicación de ulteriores lecturas.

11 Conviene recordar que lo integran José López Ortiz, Alfonso García-Gallo, José Maldonado Fernández del Torco y Álvaro D'Ors.

vistazo al índice del volumen de 1978 bastaría para comprobarlo, pero como no debemos tampoco exigir reflejos de esgrimista a los cultivadores de la historia jurídica (no nos importa dar por cierto el poco verosímil colofón de este tomo, que señala el 31 de diciembre como fecha, sospechosamente redonda, de terminación de las tareas de impresión), extendamos el examen al de 1979. Dejando por el momento a un lado la sección bibliográfica y sin contar los artículos de cronología extensa[12] ni tampoco aquéllos a los que ahora podemos colocar bajo la genérica etiqueta de la metahistoria (historia de la historiografía, filosofía de la historia, método...)[13], en el tomo 48 (1978) del AHDE se publican 5 aportaciones romanísticas[14], 9 artículos sobre derecho medieval[15] y 4 sobre época moderna[16]; en el tomo 49 (1979) la progresión es inversamente

12 Escasos, de todos modos: Antonio Pérez Martín, "Los Colegios de Doctores en Bolonia y su relación con España", en AHDE 48 (1978), pp. 5 ss.; Álvaro D'Ors y Alejandro Guzmán, "*Article*", en AHDE 48 (1978), pp. 621 ss.

13 Jesús Lalinde Abadía, "Notas sobre el papel de las fuerzas políticas y sociales en el desarrollo de los sistemas iushistóricos españoles", en AHDE 48 (1978), pp. 249 ss.; Álvaro D'Ors, "Sobre las asignaturas histórico-jurídicas del primer curso de Derecho", en AHDE 48 (1978), pp. 577 ss.; Jesús Lalinde Abadía, "Panorama incompleto de la iushistoriografía argentina", en AHDE 49 (1979), pp. 665 ss.; Rafael Gibert, "Braga da Cruz, cien años de Historia del Derecho portugués", en AHDE 49 (1979), pp. 703 ss.

14 José Luis Murga, "Un original concepto de *officium* en Séneca", pp. 91 ss.; José María Sainz Ezquerra, "Derecho sucesorio y configuración jurisprudencial del usufructo", pp. 141 ss.; Álvaro D'Ors, "Un episodio jurídico de la guerra sertoriana", pp. 269 ss.; Alfonso García-Gallo, "La ciudad de Valencia y su condición jurídica en la época romana", pp. 549 ss.; Alejandro Guzmán, "Derecho romano y equidad en F. de Duaren", pp. 615 ss.

15 Juan Antonio Arias Bonet, "Las *Reglas del Derecho* en la Séptima Partida", pp. 165 ss.; Benjamín González Alonso, "El juicio de residencia en Castilla, I: origen y evolución hasta 1480", pp. 193 ss.; José Orlandis, "La problemática conciliar en el reino visigodo de Toledo", pp. 277 ss.; María Luz Alonso, "La perduración del Fuero Juzgo y el Derecho de los castellanos de Toledo", pp. 335 ss.; María Luz Alonso, "La dote en los documentos toledanos de los siglos XII-XV", pp. 379 ss.; Santos García Larragueta, "Sobre la prueba documental en Derecho aragonés", pp. 457 ss.; Luis Vicente Díaz Martín, "La Mesta y el Monasterio de Guadalupe. Un problema jurisdiccional a mediados del siglo XIV", pp. 507 ss.; María Luz Alonso, "La revisión de la sentencia *según costumbre de Toledo*", pp. 543 ss.; Alfonso García-Gallo, "Sobre las Observancias aragonesas de Jaime de Hospital", pp. 549 ss.

16 Bartolomé Clavero, "La disputa del método en las postrimerías de una sociedad, 1799-1808", pp. 307 ss.; Adela Mora Cañada, "Carta de población del Señorío de Valldigna de 1609", pp. 487 ss.; Jesús Lalinde Abadía, "Inquisición, ciudad y justicia (Relámpago jurídico de la Zaragoza barroca)", pp. 585 ss.; María Luz Alonso, "Un caso de pervivencia de los fueros locales en el siglo XVIII", pp. 593 ss.

proporcional a la cronología, pues 7 artículos constituyen el bagaje de la romanística[17], 6 el de la medievalística[18], y 5 son los estudios dedicados a la Edad Moderna[19]. Sólo la cuarta parte, por tanto, del contenido de estos dos tomos evoca tiempos posteriores al reinado de los Reyes Católicos, y es absoluta la carencia de trabajos que se ubiquen resueltamente más allá (más acá, en realidad) del Antiguo Régimen.

Y es que se siguen observando tendencias que todavía tendrán manifestaciones posteriores. Puede comprobarse en el tomo 51 *bis* de la serie del AHDE, volumen de índices editado como anejo al correspondiente al año 1981. Para la ocasión, además de reproducirse los índices de todos y cada uno de los tomos y ofrecerse un repertorio alfabético de colaboradores, se elabora también un índice sistemático de materias, cuya compleja construcción supone casi el levantamiento de un mapa de la disciplina en tanto reflejada en su más significativo espejo. Es el mismo Alfonso García-Gallo quien lo inspira, aunque el trabajo real de confección no se le deba; pero que responda a autoría determinable no le quita representatividad con respecto a los que hace poco más de veinte años se consideraban "criterios conceptuales fundamentales de la disciplina"[20]. Entre ellos estaba el cierre absoluto de espacio para una posible

17 Luis Rodríguez Álvarez, "La tentativa de homicidio en la jurisprudencia romana", pp. 5 ss.; Fernando Betancourt, "La *stipulatio iudicialis de dolo* en el Derecho romano clásico", pp. 165 ss.; Álvaro D'Ors, "La acción del menor restituido (crítica a Kupisch)", pp. 297 ss.; Álvaro D'Ors, "Cleopatra *¿uxor* de Marco Antonio?", pp. 639 ss.; Juan Freixas, "Una nota sobre la *transactio*", pp. 643 ss.; José Santa Cruz Teijeiro y Álvaro D'Ors, "A propósito de los edictos especiales *de iniuriis*", pp. 653 ss.; Antonio Díaz Bautista, "La prohibición de ser arrendatarios los clérigos", pp. 721 ss.

18 Mario Julio de Almeida Costa, "Os contratos agrarios e a vida economica em Portugal na Idade Media", pp. 121 ss.; José Luis Bermejo Cabrero, "Los primeros secretarios de los reyes", pp. 186 ss.; Gonzalo Martínez Díez, "Fueros de La Rioja", pp. 327 ss.; María Luz Alonso, "La compraventa en los documentos toledanos de los siglos XII-XV", pp. 455 ss.; Milagros Rivera Garretas, "Alfonso VIII y la Hermandad de villas de la ribera del Tajo", pp. 519 ss.; María de los Desamparados Cabanes Pecourt, "Formularios diplomáticos para la repoblación valenciana", pp. 533 ss.

19 Bartolomé Clavero, "Interesse: traducción e incidencia de un concepto en la Castilla del siglo XVI", pp. 39 ss; Concepción García-Gallo, "La legislación indiana de 1636 a 1680 y la Recopilación de 1680", pp. 99 ss.; Josep-Maria Madurell Marimon, "Francesc de Borrás y Vinyals y su biblioteca jurídica", pp. 547 ss.; Cándido Flores Sellés, "Un estudio inédito de Antonio Agustín (1517-1586) sobre los Digestos", pp. 625 ss.; Pilar Arregui Zamorano, "Visita en Indias", pp. 661 ss.

20 Sobre la composición del índice, pp. L-LIII de Alfonso García-Gallo, "Breve historia" (cit. en nota 4).

Historia constitucional, que carece de epígrafe propio; podría haberlo tenido, porque según sabemos no estaría del todo vacío, pero en esta nueva etapa constitucional el AHDE no parece poder responder con tanta diligencia a la historia en curso como lo hizo en la anterior republicana; no se habilita nicho alguno para un santo tan raquítico, pese a que Pérez Serrano ofrecía tanto el material como la cartela ("Derecho constitucional histórico", recordémoslo). Ya que no se ve siquiera como epígrafe subordinado, es inútil preguntarse si podría, en el contexto que vamos poniendo de manifiesto, haberse entrevisto como disciplina más o menos autónoma.

Si se analizan los índices observando las aportaciones anteriores a 1980, se advierte que la carencia sobre todo es de elaboración de contenidos, porque una cierta masa crítica de estudios podría haber ayudado a que se aprovecharan mejor las opciones que a fin de cuentas no dejaba de ofrecer el índice de materias. El pionero artículo de 1932 queda consignado dentro del subapartado 3.1.8, "Época constitucional", del apartado 3.1, "Las formas de la sociedad política", del capítulo 3, "Instituciones políticas". Es evidente que en un subapartado como ése, en cuya definición se conjugan, en su dimensión institucional, expresiones como "sociedad política" y "época constitucional", podrían haber tenido cabida aportaciones historiográficas no sólo sobre "forma", sino también sobre materia sustantiva de significación constitucional, pero es que no las hay. En el recién señalado compartimento del índice de materias se estiban, junto a la de Pérez Serrano, dos referencias que remiten a aportaciones de época no constitucional (por su fecha propia y por las fechas a las que se refieren), una de Mariano y José Luis Peset en 1967 sobre legislación contra liberales después del Trienio, y otra de 1972 debida a José Antonio Escudero acerca de memoriales privados de contenido político en época de Fernando VII. Que los criterios de distribución de materias en el índice no corresponden a los que exigiría la eventual consideración de una historia constitucional lo muestra también la existencia y utilización del subapartado 2.2.7, "Siglos XIX y XX", del apartado 2.2, "Los diferentes sistemas", del capítulo 2, "Formación y fuentes del Derecho", y nos ha de resultar hoy llamativo que, abriéndose con él un específico espacio para la consignación de estudios sobre "formación y fuentes del Derecho" en los "siglos XIX y XX", no encontremos señalada, porque tampoco la hay, aportación alguna directa sobre ninguno de los textos constitucionales de la historia española, integrándose tan lagunoso subapartado con la indicación de trabajos de Alfonso Otero sobre la compilación foral gallega de 1965, y de Federico Camp en 1926 sobre el Derecho en Cataluña durante la Guerra de la Independencia.

No se agotan aquí los registros del índice que pueden dar cuenta de algún aspecto de la historia contemporánea. Dejando aparte los de Peset sobre historia de las universidades, clamores en el desierto cuando se publican y que sólo recientemente van consiguiendo la repercusión que el buen hacer y la perseverancia merecen, la mayor parte se arracima en el apartado 3.2, "Administración". Tocan asuntos interesantes a la historia constitucional, ciertamente, pero se trata por lo común de aportaciones sobre cuestiones concretas en las que la conexión con el tan escasamente constitucional presente del historiador o está latente[21] o directamente aflora en relación con acontecimientos de actualidad[22], sin que podamos encontrar problematizada en nuestro índice la primaria y sustancial cuestión de la incardinación constitucional de la historia administrativa[23].

Eso era lo que había antes de 1980, y eso es también lo que nos da la medida de lo que faltaba. Hace cinco lustros, en 1978 y años circundantes, el panorama no era otro que el correspondiente a una disciplina de la que desde luego puede predicarse tanto su sólida vertebración como su naciente proceso de expansión y apertura, con feraces parcelas de cultivo intensivo, con otras ya en agraz o entrando incluso en sazón, pero con las espaldas vueltas hacia un extenso fundo, el de la consideración histórica del fenómeno constitucional, todavía digno de ser señalado con el título de un célebre poema de T.S. Elliot.

3. La siembra

¿Falla nuestra hipótesis, entonces? ¿Qué hay de aquellos ventanales en las salas de novedades? ¿Y qué de aquel esperable reflejo en el AHDE? En verdad algún rayo de luz llega en el mismo 1978, pero es tan nimio que lo hemos podido pasar hasta el momento por alto. Prestémosle ahora atención.

21 Luis Suárez en 1948-49 sobre creación del Ministerio del Interior, Concepción García-Gallo en 1971 sobre el estatuto de los empleados públicos a mediados del siglo XIX...

22 José Antonio Escudero en 1972 sobre la creación de la Presidencia del Consejo de Ministros.

23 Contamos con una aportación reciente y específica, aún inédita: se trata de la de Fernando Martínez, "Spagna", en *La Storiografia delle Istituzioni Amministrative in Europa. Secoli XIX e XX* (Convegno Internazionale, Roma, 2003) [versión italiana, "Vent'anni di storiografia amministrativa in Spagna", en *Le Carte e La Storia*, 1 (2005), pp. 17-32; versión española, "La historiografía de las instituciones administrativas en España (siglos XIX-XX)", en *Istor. Revista de historia internacional*, 16 (2004), pp. 91-112].

Se trata tan sólo de un par de detalles. En la sección bibliográfica del tomo correspondiente al año de la Constitución hay una reseña de la ahora ya clásica *Storia della cultura giuridica moderna*, de Giovanni Tarello, y en ella, con los condicionantes de cronología del caso (*Assolutismo e codificazione del diritto*, según se sabe, volumen primero de desarrollo dieciochesco de una obra mayor que a la postre quedaría incompleta[24]), el crítico no se olvida de destacar —única mención, si no me equivoco, en el grueso número de la revista— la problemática histórica constitucional[25]. Como contrapartida, hay en la misma sección una recensión del por entonces recién publicado libro de Alicia Fiestas Loza sobre *Los delitos políticos, 1808-1936*[26], en la que no merece comentario alguno la oportunidad de una publicación cuya ordenación interna, clarísima en su mismo índice, se subordinaba precisamente a la sucesión de periodos constitucionales en la historia española contemporánea, y cuyo valor de presente se reivindicaba con viveza en un desafiante prólogo (escrito por el director de la tesis doctoral que el libro poco antes fue) que suponía todo un reto a una especialidad académica hundida, habitual y descomprometidamente, en los abismos del pasado. En las páginas del AHDE podían convivir la respuesta ágil a estímulos no muy directos, según vemos, con la frialdad ante excitaciones más certeras. El recensionista que destacaba la forja incipiente de un futuro constitucional que se esperaba salvador era Bartolomé Clavero; el prologuista valiente, Francisco Tomás.

Puede parecer que hemos forzado las cosas para que estos dos nombres coincidan, pero ya iremos viendo que no se trata de una convergencia ni casual ni aislada. Son precisamente ellos quienes, dos años después, compensan con la contundencia de sus aportaciones el retraso de la respuesta sustantiva del AHDE a la circunstancia constitucional: en el volumen de 1980, amplio conjunto de estudios en homenaje a Alfonso García-Gallo, Bartolomé Clavero publica "Historia jurídica y código político: los derechos forales y la Constitución"[27], y Francisco Tomás y Valiente "La Constitución de 1978 y la historia del constitucionalismo español"[28]. Respondiendo ambos al estímulo

24 Bologna, Il Mulino, 1976.

25 AHDE 48 (1978), pp. 725-726.

26 Salamanca, 1976. La recensión es de Clotilde Romero Sirvent, en AHDE 48 (1978), pp. 636-639.

27 AHDE 50 (1980), pp. 131-154; incluido luego en Bartolomé Clavero, *El Código y el Fuero. De la cuestión regional en la España contemporánea*, Madrid, Siglo XXI, 1982, pp. 19-40.

28 AHDE 50 (1980), pp. 722-751; incluido luego en Francisco Tomás y Valiente, *Có-*

de la Constitución, les une la consideración de que la norma fundamental supone una nueva base para desarrollos aún inéditos de la historia jurídica en España. Se trata en ambos casos también de llamadas a la acción, de aldabonazos de aviso a una disciplina que se estaba ya mostrando tarda en la reacción. Mas, por encima de coincidencias, las diferencias eran también notables.

Clavero no partía de la constitución como categoría, sino de la particularísima española de 1978. Se trata de una constitución que expresamente llama a la historia no sólo para justificar, sino también para componer la estructura territorial compleja por la que opta. El pronunciamiento constitucional pudo parecer en su momento políticamente comprensible, sobre bases no ajenas a la historia, además: en él latían tanto el decidido rechazo a la inmediatamente anterior España una, como el consiguiente enlace, más cargado de significación ideológica que de sentido práctico, con la precedentemente frustrada España integral. Mas lo cierto es que las dificultades que abría, valoradas también desde la historia, resultaban más que considerables. En primer lugar porque la historia pertinente, según ya podía irse poniendo de manifiesto, no era precisamente la brevísima republicana, ni tampoco siquiera globalmente la contemporánea. En realidad, la falta de atención expresa que muestran los textos básicos de nuestro constitucionalismo histórico frente a una posible construcción territorialmente plural de la nación española llevaba necesariamente, aparte ahora discursos esencialistas sobre el rápido fracaso de ensayos no unitarios, a que las posiciones foralistas hubieran de buscar sus recuperables esplendores en un complejo pasado preconstitucional. Y lanzadas, en efecto, así hacia tiempos pretéritos, tales posiciones tendían a situar sus fundamentos originarios no ya en un momento previo y contiguo al de aparición de las primeras constituciones —no podía encontrarse ciertamente base para señalar la presencia, entonces, de una alternativa que resultara vencida y acallada—, sino en épocas aún anteriores, en las que una constitución, fuese del signo que fuese, ni siquiera era concebible: las Españas plurales de la Monarquía Católica, previas a la igualadora guadaña de la Nueva Planta borbónica, cuando no la misma formación medieval de los diversos reinos peninsulares, podían constituirse en referencia. Hasta qué punto una historia más o menos remota podía resultar determinante, por encima de los mecanismos democrática y constitucionalmente establecidos, para la toma

digos y Constituciones (1808-1978), Madrid, Alianza, 1989, pp. 125-151, y finalmente en *Obras Completas* (cit. en nota 5), vol. III, pp. 2001-2021.

de decisiones básicas en el desarrollo de la norma fundamental, era discusión entonces abierta, y Clavero, buscando despejar un terreno que él reputaba de necesaria confluencia entre juristas historiadores y juristas no historiadores, recordaba la obviedad (que no lo es, interesada o ingenuamente, ni para todos los que profesan la historia ni para todos los que profesan el derecho) de que la historia no tiene voz propia distinta de la de quien la reconstruye. Resultaba ciertamente necesario que desde el campo de la historia jurídica se llamara así la atención sobre los peligros no ya de su abuso, sino de su simple uso para deshacer seculares entuertos obviando los cauces institucionales legítimamente establecidos en el nuevo marco constitucional.

Tomás y Valiente no se enfrentaba a las mismas cuestiones, pues, asumiendo la nueva situación constitucional como reto para el historiador, su posición no dependía tanto de las concretísimas opciones de la norma fundamental española de 1978; en parte considerable, su exposición no hubiera debido cambiar mucho si el texto constitucional hubiera sido otro, con o sin referencias expresas, tan potencialmente perturbadoras, a ese pasado que se quiso presente. Planteaba Tomás y Valiente cuestiones muy primarias, adecuadas para ser respondidas por el profesional de la historia tras concienzudo examen en su gabinete de trabajo: así, las relacionadas con la determinación del lugar que históricamente habría de corresponder, en la serie de constituciones españolas, a la recién estrenada de 1978, con la eventual y previa fijación de líneas o tendencias constitucionales de diverso signo a lo largo de los siglos XIX y XX; así, también, las ligadas al estudio de los posibles precedentes que cupiera señalar para los concretos enunciados del texto de la Constitución. Se trata, como habrá observado el lector, de preguntas parecidas a aquéllas sobre cuyo planteamiento expresábamos reservas al principio de estas páginas. Y es que, con ellas, acota el historiador su terreno propio, en el que puede ofrecer sin interferencias de especialidad su aportación específica: ciencia histórica constitucional proyectada para explicación del presente, con consciencia pero sin prevención, al menos expresa, de que así se recompone el ayer en la misma medida en que el mañana se construye. No dejaba nuestro autor, sin embargo, de poner de relieve alguna virtualidad práctica en las tareas que quedaban a cargo del estudioso del pasado, a través sobre todo de la vía ofrecida por la hermenéutica histórica de los preceptos constitucionales. Era ahí donde Tomás y Valiente más directamente conectaba con las particulares menciones a la historia de la norma fundamental del 78, pero no porque pusiese en cuestión, como hacía Clavero desde una posición más radical y claramente incompatible con la de su colega, la misma posibilidad de la respuesta histórica al requerimiento constitucional, sino por la previsión de que dicha respuesta pudiera enunciarse "con poco rigor, mucha carga emotiva y ningún cuidado", tratándose así de "legitimar determinadas reivindicaciones políticas. Como el pasado está muerto y no puede protestar contra quienes lo invaden, vemos cómo cada cual lo interpreta y utiliza a su antojo"[29]. Tomás y Valiente no daba el paso siguiente, no llegaba a expresar el que parece ser corolario natural de un argumento como el que acaba de entrecomillarse, a saber, que a su juicio cabía una respuesta histórica objetiva y atendible, imparcial y no manipulada, profesional y no abusiva; la conclusión no era necesariamente ingenua, puesto que una tal respuesta, sin perder ninguna de sus características, habrá de ser compleja para no quedarse en la superficie del dato accidental rescatado del olvido, y podrá perfectamente no ser ni única ni necesaria, residiendo en ello el carácter esencialmente problemático que también desde la óptica que ahora analizamos cabe atribuir a las alusiones de la Constitución a la historia[30].

Dos posiciones bien diversas, pues, pero ambas verdaderamente sustantivas para lo que perseguíamos desde el principio de estas páginas: las aportaciones de Clavero y de Tomás y Valiente mostraban hasta qué punto podían ser plurales los desarrollos disciplinares que podían abrirse en el terreno de la Historia del Derecho bajo el estímulo directo de la Constitución. Asumiendo los riesgos que toda simplificación lleva consigo, creo que puede decirse que, en el señalamiento de nuevas tareas para sus cultivadores, Clavero se dirigía al jurista historiador, y Tomás y Valiente al historiador jurista. Lo que es indudable es que ambos comenzaban a trabajar la parcela baldía de una historia constitucional hasta el momento inexplorada.

Con el resultado primario, además, de generar una base explicativa válida para la comprensión de otras aportaciones que simultáneamente veían la luz en el mismo número de 1980 del AHDE. Éste se convertía así, en cierto modo, en contexto de sí mismo: Miguel Ángel Pérez de la Canal analizaba en él y pu-

29 La cita es de pp. 748-749 del trabajo citado en la nota anterior.

30 Para contextualización en la obra de Tomás y Valiente, y para eventual confrontación de valoraciones, ha de acudirse a Bartolomé Clavero, *Tomás y Valiente, una biografía intelectual*, con "Pagina introduttiva" de Paolo Grossi, Milano, Giuffrè (Per la Storia del Pensiero Giuridico Moderno, Biblioteca, 47), 1996, aun sin análisis específico, salvo alusiones (y salvo inadvertencia por mi parte) a este artículo de Tomás y Valiente en pp. 88, 89 y 113, pero aportando el dato, interesante en esta sede, de ser originalmente conferencia pronunciada en la Facultad de Derecho de Sevilla en 1980.

blicaba un discurso de Cánovas del Castillo "en cuanto sirve para ampliar el conocimiento de un tema de evidente trascendencia política en estos momentos en que está planteada la actualización del régimen foral de Navarra"[31]. Resulta evidente que planteamientos de este tipo no toman como punto de partida reflexiones parecidas a las plasmadas en las páginas de los dos autores que nos ocupaban en los párrafos anteriores, quienes, por otra parte, no dejaban de preverlas. Se trataba en este caso, sin más, de adecuar la elección de objeto de estudio a las oportunidades que brindaba un presente en el que el desarrollo constitucional era interés de primer orden. Quien recorra el nutrido índice de artículos del volumen de 1980 no dejará de advertir hasta qué punto tal actualidad pudo impregnar en ocasiones la elección de objeto o la formulación de los títulos. Fijémonos en uno: Jesús Lalinde escribía sobre "Los derechos individuales en el Privilegio General de Aragón"[32]; sin que hubiera en este caso referencia expresa a la circunstancia constitucional, ni tampoco pretendida recuperación institucional, lo cierto es que el lector de 1980 habría de verse abocado a imaginar, al compás de la lectura y dadas las inequívocas resonancias del título, el mismo paralelismo entre el medievo y el presente que ya valiera a fines del siglo XVIII como motivo de clarísima potencialidad constitucional[33].

Eran similares razones de oportunidad las que guiaban la publicación, en posteriores volúmenes del AHDE, de trabajos para los que se buscaba una justificación de presente en el nuevo contexto de construcción de un ordenamiento jurídico plural con base en la Constitución de 1978. Por lo que ya sabemos, no nos extrañará que, aun con dicha justificación bien expresa, tales trabajos no aumentasen el volumen de nuestros conocimientos sobre la historia constitucional española. El máximo grado de utilidad para el presente se otorgaba a la recuperación, no de la etapa de nuestra historia que conoció constituciones, que las disfrutó o las padeció, que las hizo y que reflexionó sobre ellas, sino de un pasado más lejano en el que situar realizaciones institucionales que al parecer podían y debían ser traídas a colación en razón de actualidad constitucional. El tácito Jesús Lalinde de 1980 era explícito al año siguiente: escri-

31 Miguel Ángel Pérez de la Canal, "La naturaleza de la ley de 16 de agosto de 1841 según Cánovas del Castillo", en AHDE 50 (1980), pp. 891-907, cita de p. 895, última del comentario previo a la transcripción.

32 AHDE 50 (1980), pp. 55-68.

33 Gerard Dufour, "El tema de la Constitución antigua de Aragón en el pensamiento político de la Ilustración española", en *Actas del I Symposium del Seminario de Ilustración Aragonesa*, Zaragoza, Diputación General de Aragón, 1987, pp. 215-222

biendo sobre la "Vida judicial y administrativa en el Aragón barroco", señalaba en página introductoria que "si actualmente se reivindican derechos aragoneses históricos, lo primero que hay que saber es qué es exactamente lo que se truncó violentamente y en bloque" a principios del Setecientos[34]. De modo aún más cristalino, en 1985 Román Piña Homs encabezaba su artículo sobre "La condición de natural del Reino de Mallorca. Bases para una aproximación histórica a la ciudadanía mallorquina", con estas consideraciones, entre otras: "...creemos que un análisis del concepto histórico de la nacionalidad mallorquina, podría facilitarnos, con mayores garantías de acierto, una regulación más precisa del nuevo concepto de ciudadano de la comunidad autónoma y del de su conexión con el de vecindad civil. Si el legislador dice partir de la historia para legitimar el propio fenómeno autonómico balear [...] no puede en modo alguno parecer ocioso recurrir a los viejos textos legales [...], textos expresamente derogados con los Decretos de Nueva Planta, pero que nos ayudan a entender la filosofía que a este respecto, durante más de quinientos años, adoptaron los pueblos del archipiélago"[35]. La mirada histórico-institucional de la nueva España del último borbón Juan Carlos I habría, pues, de remontarse más allá del advenimiento de Felipe V, iniciador de la dinastía.

No se discute aquí que tales propuestas tuvieran su lógica política. La histórica es la que me parece dudosa: asumir como principio la búsqueda de la directa utilidad presente en el estudio de la institución pretérita supone a menudo emprender la investigación histórica con el riesgo extremo de dinamitar el requisito básico de la contextualización rigurosa. La historiografía resultante podía encontrar desde luego mejor acomodo en publicaciones periódicas de otro signo o en obras editadas *ad hoc*, que las hubo y las hay, pero ya vemos que nuestro acogedor y representativo AHDE puede también documentar el género. Y la sede no es indiferente: dejando al margen suposiciones más o menos fundadas sobre la trascendencia real del AHDE fuera de las estrictas fronteras de la profesión (casi con toda seguridad escasísima, de todas formas), lo cierto es que lo publicado en sus páginas sobre las cuestiones que nos interesan ha de tender a valorarse, precisa y presuntivamente, como respuesta profesional. Si ese valor potencial pudo en alguna ocasión convertirse en actual es algo que sólo podría determinarse en una investigación planteada sobre bases, y también sobre fuentes, no tan limitadas como las que las presentes páginas asumieron como propias desde su inicio, pero lo que sí

34 AHDE 51 (1981), pp. 419-521; la cita es de p. 420.

35 AHDE 55 (1985), pp. 307-332; la cita es de pp. 311-312.

podemos en cualquier caso percibir es que de tal valor podía hacerse uso para construir una posición dialécticamente contrastante con otras, presentadas en bloque como diversas; es de nuevo Jesús Lalinde quien, siempre sensible ante los nuevos condicionamientos, nos proporciona el ejemplo: ofreciendo en 1985 unas "Precisiones conceptuales sobre la legítima aragonesa", advertía que "en virtud de ese carácter *historicista* ["de los derechos conocidos, no siempre con propiedad, como *forales*"], que, actualmente, puede cambiar al amparo de la Constitución de 1978, los foralistas se han visto obligados a indagar el pasado histórico de cada una de las instituciones"[36].

Me parece que este pequeño conjunto de contribuciones se bastaba por sí solo para ir marcando una cierta tendencia; que sus resultados fuesen realmente apreciables es algo sobre lo que creo no cabe discusión en las presentes páginas, a las que sí resulta relevante señalar, sin embargo, que el valor que se les deba atribuir habrá de proyectarse en terrenos definitivamente ajenos al de la historia constitucional, y marginales con respecto a la misma. Ya advertíamos que la apelación de la Constitución a la historia estaba destinada a toparse, de modo casi natural y por razones justamente históricas, con ese tipo de respuesta: lo que podía entenderse como invitación, para la búsqueda de resultados constitucionalmente relevantes, de la norma fundamental a sumergirse en las aguas profundas del pasado, podía estar sugiriendo, en casos, el uso del batiscafo más que el de la escafandra.

No llegaban a constituir alternativa estudios que muy ocasionalmente acogían las páginas del AHDE y que podían seguir sin poner realmente en crisis el esquema general del índice de materias en el que se habían ordenado los contenidos de los primeros cincuenta números de la revista: y es que, orientándose más hacia la historia administrativa, tal y como había venido ésta consolidándose desde años atrás, que hacia la constitucional, el primer lustro de la década de los ochenta fue también testigo de la publicación de trabajos que incidían en asuntos tales como la "Génesis histórica de las provincias españolas" (Gonzalo Martínez Díez en 1981) o como la relación entre "Desamortización y Jurisdicción de Hacienda" (Francisco Javier Jiménez de Cisneros Cid en 1984), primando en el primer caso una visión de mayor amplitud cronológica, y situándose el segundo en un punto de vista más estrictamente técnico[37].

36 AHDE 55 (1985), pp. 333-387; la cita es de p. 334.

37 Respectivamente, en AHDE 51 (1981), pp. 523-593, y en AHDE 54 (1984), pp. 449-475.

4. La espera

¿Había caído en mala tierra la simiente lanzada en 1980 por Bartolomé Clavero y Francisco Tomás y Valiente? No lo parecía al menos en los primeros momentos, aunque a veces no pudiese apreciarse desde el mismo AHDE: de Benjamín González Alonso fue la específica contribución tal vez más inmediata y sustantiva en sintonía con lo predicado por Tomás y Valiente, al publicar, en sede desde luego idónea dada la potencial proyección de su trabajo, en 1981 un estudio sobre un aspecto nuclear de la institución constitucional de mayor calado histórico[38]. Y el AHDE daba noticias de una producción monográfica que se advertía creciente: en la sección de bibliografía se ponía de relieve el valor de presente del abordaje histórico que Juan Antonio Alejandre realizara de la institución del jurado[39], se destacaba el escrúpulo textual de una edición de textos constitucionales[40], o se dejaban ver los inciertos resultados de la retroproyección histórica de categorías constitucionales tan relevantes como los derechos de asociación y reunión[41]. Se manifestaba, aun sin cristalizar, un interés del que el AHDE, sin duda, no constituía cauce.

En 1985 se advierten cambios en la revista: no los hay en su aspecto externo, pero se altera su división interna añadiéndose una nueva sección y, lo que es más importante, se renueva al completo su Consejo de Dirección[42]. Como si las nuevas circunstancias quisieran responder a la hasta entonces relativa indiferencia de nuestro Anuario, espectador en el mejor de los casos de lo que, con vario criterio, se construía fuera de sus páginas, en ese mismo año vuelve a producirse en ellas la misma conjunción de nombres que nos permitió más arriba señalar el intersticio angosto por el que pudo colarse la temática constitucional entre las cubiertas de cartulina naranja en 1978. El modo en el que

38 Benjamín González Alonso, "La historia de la sucesión en el trono y el artículo 57 de la Constitución de 1978", en *Revista de Estudios Políticos (Nueva Época)*, 19 (1981), pp. 7-42.

39 AHDE 51 (1981), pp. 689-691.

40 AHDE 52 (1982), pp. 816-817.

41 AHDE 52 (1982), pp. 799-802.

42 Con nombres en su mayoría ya conocidos para el lector de estas páginas: Francisco Tomás y Valiente, Benjamín González Alonso, Jesús Lalinde Abadía, Aquilino Iglesia Ferreirós, José Antonio Escudero y Bartolomé Clavero Salvador. Hay en realidad cierto breve periodo de transición entre este nuevo Consejo y el antiguo, pero no nos incumben ahora esos detalles, de los que, por otra parte, el propio AHDE informa; puede verse además Bartolomé Clavero, *Tomás y Valiente* (cit. en nota 30), pp. 145-146 y notas correspondientes.

la reaparición se produce confirma la impresión que ya tenemos de que los hitos historiográficos más relevantes se han ido situando después de 1980 fuera de las páginas del AHDE, y además nos indica dos cosas: que nuestros estudiosos han seguido adelante con sus reflexiones histórico-constitucionales, y que lo han hecho por caminos bastante diferentes. Hasta parecen entre ellos mal avenidos: Bartolomé Clavero firma un corto artículo, incluido en la nueva sección de "Historiografía", en el que pone en cuestión los criterios a los que responde una colección de clásicos constitucionales dirigida por Francisco Tomás y Valiente[43], y Alicia Fiestas Loza pone su nombre al pie de una recensión fuertemente crítica de un breviario de historia constitucional publicado por Bartolomé Clavero[44]. Éste no rehuye el debate y responde de inmediato (esto es, un año después), de nuevo en la recién estrenada sección (ya se ve que da juego en nuestro terreno), señalando las debilidades del punto de partida en el que se situaba su recensionista y poniendo de manifiesto, de paso y puesto que estaban en el origen de dicho punto de partida, las inconsistencias de la propuesta que en 1980 lanzara Tomás y Valiente en las páginas de AHDE[45].

Ya que éste prefirió reflexionar en silencio, asomémonos brevemente a la explícita polémica recién recordada. Alguna que otra clave del libro de Clavero celebraba Fiestas de buen grado, como lo novedoso de su atención a las vísperas constitucionales ilustradas[46], o a la interdependencia, siempre buscada, entre modelos constitucionales y cultura social coetánea. Y en este

43 Bartolomé Clavero, "Editar clásicos como empresa pública en tiempo constitucional", en AHDE 55 (1985), pp. 793-805.

44 Se trata de Bartolomé Clavero, *Evolución histórica del constitucionalismo español*, Madrid, Tecnos, 1984; la recensión en AHDE 55 (1985), pp. 837-842.

45 Bartolomé Clavero, "Amos y sirvientes, ¿primer modelo constitucional?", en AHDE 56 (1986), pp. 995-1016.

46 Ciertamente desatendidas por entonces, hasta el punto de haberse desaprovechado ocasiones verdaderamente propicias para su más profundo tratamiento: así J. Antonio Escudero en AHDE 50 (1980), pp. 815-831 a propósito de "La dimisión del Marqués de Rubí (Consejo de Ministros y Juntas Especiales en el Reinado de Carlos III)", con muy expresivas citas de Campomanes sobre la "constitución" de la Monarquía, o el propio Bartolomé Clavero en 1982, apareciendo como objeto secundario o decididamente marginal de su "*Leyes de la China*. Orígenes y ficciones de una historia del Derecho español", en AHDE 52 (1982), pp. 193-221 (también en *Studi Sassaresi*, 8, 1980-1981, pp. 349-379). Y, pese a Clavero y a Fiestas, aún tardaría algunos años en producirse el florecimiento de una específica historiografía sobre este objeto.

punto surgía la discrepancia, concretándose la crítica en la a su juicio insuficiente justificación en las fuentes de un extremo en absoluto secundario en la reconstrucción claveriana del primer constitucionalismo español, como es el de la determinación de las exclusiones que socialmente produjo la concepción gaditana de la ciudadanía. No dejaba Clavero de responder específicamente a la objeción, pero nos interesan más sus apreciaciones generales sobre la historia constitucional, dirigidas no tanto a proporcionar recetas sobre el modo de abordarla, como a poner de manifiesto la funcionalidad política de ciertas maneras de escribirla. En cierto modo, y a pesar de deberse a circunstancias distintas, el texto de Clavero de 1986 complementaba el que publicara en el mismo AHDE en 1980. Seguía en realidad reflexionando sobre la contribución posible del historiador del Derecho a la construcción del presente constitucional, en este caso proponiendo una intervención no por indirecta menos necesaria: la circunscripción precisa de cada constitución histórica a su momento propio, con la consecuente contextualización de las categorías básicas que históricamente definen lo constitucional. El programa es sencillo sólo en apariencia, puesto que supone tanto la identificación de las circunstancias de más profunda relevancia en cada uno de los capítulos constitucionales de la historia contemporánea española (aquéllas que afectan a la conformación social interna a la que responden los mismos textos de las normas fundamentales y con respecto a la cual tales textos son funcionales), como la relegación, a segundo o tercer plano, de aspectos que habían venido teniéndose como más trascendentes, tales como la manifestación externa del poder político o la superficie aparente del discurso jurídico.

Mas, con las dificultades del caso (son especialmente graves las que tienen que ver con la engañosa transparencia, todavía para nosotros a comienzos del siglo XXI, del lenguaje jurídico decimonónico), diríase que Clavero predicaba ahora la encerrada labor de gabinete cuya defensa atribuíamos a Tomás y Valiente líneas más atrás. Éste, dicho sea de paso, completaba mientras tanto esta curiosa inversión de posiciones trabajando codo con codo con juristas no historiadores en la más rabiosa actualidad del Tribunal Constitucional. Pero ni renunciaba Tomás y Valiente a su condición de investigador del pasado, ni daba Clavero la espalda al presente. Todo lo contrario: recuperar para el pasado su tiempo propio, esta tarea que parece una obviedad como propia de historiadores pero que tan pocas veces se cumple, no supone en verdad otra cosa que dar al presente valor de presente, nueva tautología aparentemente banal pero en realidad profundamente liberadora: se trata de eliminar el lastre y la rémora del tiempo pretérito, aliviar al que ahora transcurre evitándole la carga pesada del condicionamiento histórico, romper con la extendida idea de un larguísimo presente que, con modulaciones diversas, ya se formó al parecer en Cádiz a partir de 1810; en la labor de escritura de la historia todo ello se traduce en la necesidad de adquirir conciencia de la diferente significación de términos idénticos en cronología diversa, de cuidar la utilización en el discurso historiográfico de un vocabulario diferenciado, de evitar la proyección de significantes, con toda su carga de realidad presente, hacia un pasado que queda así sin relieve, arrasado y malentendido en una imposible unidad con un presente también entonces falseado. Y no es que se sucumba a un ansia hipertrofiada de exquisitez lingüística o al pretencioso anhelo de una aséptica exactitud distintiva: reconstruir historiográficamente la coherencia de una línea imaginaria que agrupe como "democráticas" a las constituciones de 1812, 1869 y 1978 —concretaba Clavero, aludiendo a un argumento del por entonces activo en el TC y pasivo en el AHDE Francisco Tomás y Valiente, quien incluía también en la serie la de 1931—, implica o rebajar el valor del adjetivo al vincularlo a las dos primeras, o debilitar la sustantividad de la valoración al aplicar idéntica calificación a la Constitución ahora vigente; la operación contribuye, en todo caso, a confundirlas todas[47].

En lo que supone hasta cierto punto un lugar común cuando se trata de reflexionar sobre historiografía constitucional, Clavero atribuía en parte las trabas que dificultaban su mejor desenvolvimiento al hecho de que no acabase de estar en manos de historiadores. No lo afirmaba sin matices, pues siempre apreció las iluminantes incursiones históricas de algún que otro constitucionalista, pero el comentario le servía para hacer ver cómo el descuido en la configuración de un pasado constitucional distinto y separado del presente podía seguir produciendo el efecto, a veces inconsciente o inadvertido, de dotar a la historia, o más precisamente y peor aún, a la historiografía, de un potencial conformador de presente al que cabe atribuir, por decirlo en los términos más abiertos, valor constituyente. En cualquier caso, el singular momento que vive el AHDE en la segunda mitad de los años ochenta, tras el estimulante revulsivo de la polémica, desmentirá de modos diversos el tópico, acogiendo en sus páginas un bastante diversificado conjunto de artículos tocantes a nuestro asunto: los hay de historiadores, del Derecho o no, no muy escrupulosos a la hora de marcar distancias con la realidad historiada; los

47 Francisco Tomás y Valiente, "La Constitución" (cit. en nota 28), pp. 729 y ss., y Bartolomé Clavero, "Amos y sirvientes" (cit. en nota 45), pp. 1008-1009.

hay de historiadores no juristas capaces de entrar con sólido pie en los más escabrosos pantanos del proceso de constitución de España en el siglo XIX; los hay de historiadores juristas que siguen la senda señalada por Clavero (y es que su pluma no descansa); y los hay finalmente de constitucionalistas metidos ocasionalmente a historiadores, la especie a la que, en conjunto, suelen apuntar los dardos más hirientes cuando se trae a colación el frecuente argumento con el que comenzábamos este párrafo.

Empecemos por este último caso, señalando un artículo que pulveriza el tópico: el acercamiento histórico de José María Morales en 1988 a los grupos parlamentarios es epistemológicamente ejemplar[48]; asume resueltamente el carácter histórico de su objeto, y adscribiéndolo efectivamente a su cronología propia, cuya determinación es resultado y no presupuesto de su investigación, evita identificaciones atemporales de realidades semejantes o retroproyección de la que se encuentra viva en nuestros días; se trata de un impecable modelo de acercamiento al pasado para mejor comprensión de un distinto presente institucional al que se pone además al socaire de eventuales intentos de determinación según pretendidos modelos pretéritos. Orientación diversa había sido la de Santos Coronas al enfrentarse en 1986 al problema de la responsabilidad ministerial durante las primeras décadas del siglo XIX, predeterminando su objeto de estudio sin problematizar su misma entidad en el periodo atendido[49]; se trata, por razones opuestas a las anteriormente expuestas, también de una exposición modélica en la metodología que representa: el lector no puede dejar de apreciar en la historia del instituto los factores de permanencia y estabilidad que parecen convertirlo en consustancial no sólo al ejercicio del ejecutivo en época constitucional, sino al del poder público también en periodos anteriores, pudiendo transmitirse entonces la idea de que la vigente previsión constitucional del mecanismo fuese sólo la última modulación de una configuración institucional cuyas posibles debilidades serían condicionamiento y enseñanza fatales de la historia. El AHDE, que sigue acogedor y variado, no sólo nos ofrece en estos años esta curiosa inversión de posiciones entre lo que cabría esperar —con más o menos fundados prejuicios— del constitucionalista y —tras las advertencias que venían lanzándose desde la misma revista— del historiador del Derecho, sino que riza aún más el

48 José María Morales Arroyo, "Génesis y consolidación del régimen de los grupos parlamentarios en el Derecho español", en AHDE 58 (1988), pp. 413-489.

49 Santos Coronas González, "La responsabilidad de los ministros en la España constitucional, I: Orígenes (1808-1836)", en AHDE 56 (1986), pp. 543-590.

rizo de las complejidades ligadas al carácter aún naciente de la historia constitucional: en 1988 da entrada en sus páginas a un estudio de historia política cuyo autor ha de construir, en la limitada medida que considera relevante, la base histórico-constitucional de su análisis, sin que dicha construcción pueda lógicamente sustituir a la que la propia revista que lo hospeda debería tal vez haberle ofrecido; aun con el condicionamiento, los resultados que a propósito del papel de las Cortes en la crisis de la monarquía isabelina alcanza J. Ignacio Marcuello Benedicto no carecen de interés[50].

5. Primeros brotes

Ya se ha señalado algún resultado apreciable en este paradójico y variado segundo lustro de los ochenta. Hay más, y aún más certeros en el señalamiento de la potencial imbricación entre historia jurídica y norma constitucional.

En 1986 un historiador no jurista trae al AHDE el difícil proceso de configuración de un régimen propio para los territorios vascongados en el siglo XIX[51]. Las páginas de José María Portillo son especialmente oportunas en el contexto abierto por las muy directas menciones de la Constitución de 1978, pues, frente a lo que sucede con los territorios de la antigua corona aragonesa que hasta el momento hemos visto aparecer en nuestra revista invocando a la norma fundamental vigente (o con otros que, incluso fuera del ámbito de dicha corona, hubieran podido reivindicar una conspicua individualidad histórica con ocasión y al pretendido amparo de las disposiciones constitucionales), sí cabe con respecto a ellos una historia específica de singularidad propia en la época, digamos, clásica del constitucionalismo español, que incluyendo la Restauración abarca y supera en un par de décadas el siglo XIX (no pretendo, dicho sea de paso, ni establecer ni respaldar denominaciones o cronologías: separo y excluyo, sin más, la etapa de aquellas "modernas tendencias" que coetáneamente identificaba B. Mirkine-Guetzevitch[52]). Los lectores de Portillo podían además convencerse de que la posición particular

50 J. Ignacio Marcuello Benedicto, "Las Cortes y los factores de crisis política de la Monarquía constitucional de Isabel II (1845-1868)", en AHDE 58 (1988), pp. 81-172.

51 José María Portillo Valdés, "El provincialismo exacerbado. La consolidación del régimen foral vasco, 1845-1850", en AHDE 56 (1986), pp. 167-218.

52 Y que exponía, bien se sabe, en su conocidísima obra *Modernas tendencias del Derecho constitucional*, trad. del francés por Sabino Álvarez Gendín, Madrid, Reus, 1934.

que indudablemente alcanzan las provincias vascas en época constitucional no depende de la mera conservación, más o menos compleja desde luego en el nuevo contexto decimonónico, de prácticas y estructuras institucionales tradicionales, sino de la específica construcción de un "edificio foral" que resultó posible cimentar en las muy peculiares circunstancias históricas que rodearon en España el tránsito discontinuo del Antiguo Régimen al Estado liberal. El vaivén de periodos de progreso constitucional y regresión absolutista en las primeras décadas del siglo, con especial relevancia, para el caso, de esos más largos tiempos de retroceso, y el enquistamiento de la política moderada desde los años cuarenta, posibilitaron la apertura de vías de traducción de la foralidad histórica a las nuevas condiciones de implantación territorial del poder del Estado.

La aportación de Portillo en el AHDE suponía, por su objeto (se trataba de la historia que más directamente la Constitución de 1978 parecía animar a reconstruir), un punto de confluencia entre las separadas posiciones de Clavero y Tomás y Valiente en 1980, aunque por su orientación incrementara en la balanza el peso del platillo del primero: silente Valiente, existía sintonía entre el modo de hacer historia constitucional de Portillo y el modo en el que, según Clavero también en 1986, había que hacerla. No extrañará a los lectores de estas páginas que éste se lanzara tras la estela de aquél, convirtiéndolo así en cierto modo (no confundamos las cosas aunque éstas sean a veces opacas si las contemplamos sólo desde el AHDE) en seguidor perseguido[53]. Ya en 1987 recomendaba a los hojeadores del Anuario una lectura más amplia de los planteamientos de este historiador[54], y entraba directamente en materia en 1988 y 1989, respectivamente con una amplia revisión de la creciente historiografía y con un más sustancial intento de valoración propia de las fuentes[55].

Interesaba a Clavero en esas páginas dejar bien cubiertas las partes del cuadro que Portillo había apenas tocado. El diseño de éste, de trazo seguro,

53 Hay ocasiones, de todos modos, en que la obra de los dos autores resultan acentuadamente complementarias: a la luz de las aportaciones de Portillo adquieren más nítido relieve, por ejemplo, las páginas de Bartolomé Clavero, *Fueros vascos. Historia en tiempo de Constitución*, Barcelona, Ariel, 1985.

54 Me refiero a la recensión del libro de José María Portillo *Los poderes locales en la formación del régimen foral. Guipúzcoa, 1812-1850*, escrita por Bartolomé Clavero y publicada en AHDE 57 (1987), pp. 1038-1040.

55 Bartolomé Clavero, "*A manera de Vizcaya*. Las instituciones vascongadas entre Fuero y Constitución", en AHDE 58 (1988), pp. 543-559; del mismo, "Entre Cádiz y Bergara: lugar de encuentro de la Constitución con los Fueros", en AHDE 59 (1989), pp. 205-282.

dejaba los iniciales periodos constitucionales como áreas de relevancia menor, como esos espacios negativos que el dibujante define sólo hacia fuera, casi por exclusión. ¿Fue entonces la del primer constitucionalismo una actitud de rechazo o ignorancia?, podía preguntarse el lector del AHDE de 1986. No lo parece, le respondería seguramente el de 1988 y 1989, aunque no sea fácil advertir ni esa misma actitud ni sus posibles consecuencias, éstas en cualquier caso frustradas por las cadenas de 1814 y los cien mil de 1823. Se nos muestra, con todo, que hubo posibilidades reales de coexistencia entre una Nación que acababa de consumar su voluntad de constituirse, y unos territorios que, integrándola, se estimaban dotados de constituciones (así literalmente llamadas) internas de ininterrumpido tracto histórico. Éstas tienen así su espacio propio no sólo en periodos de reacción absolutista, sino también de afirmación constitucional, aun con un notable grado de indeterminación que se irá agudizando desde los años treinta del Ochocientos.

Estamos así, después de una década balbuceante de discontinuos estudios, ante el que creo es el primer resultado de verdadera importancia historiográfica surgido en AHDE a partir del impulso de la Constitución de 1978. Es fácil, o al menos así me lo parece, apreciar su valor en lo que supone de ampliación de perspectivas sobre el proceso de construcción contemporánea de la nación española. Pero tal vez no resulte tan sencillo o tan inmediato atribuirle valor de presente. Y el caso es que lo tiene, pues la historia también constituye. En los anaqueles de las bibliotecas que recrean la historia contemporánea de España se puede ahora comenzar a sentir el peso de fundadas interpretaciones de unos orígenes no tan unidireccionales como se habían venido tradicionalmente mostrando, de posibles desarrollos plurales que no dependen de la fatalidad sino del complejo juego de voluntades en presencia. La historia mostrada, la historia escrita, la historiografía, no modifica por sí sola la realidad presente, pero al tender a explicarla propicia siempre un juicio que raramente se considera indiferente, y que las más de las veces se traduce en legitimación o condena. Al igual que la Constitución tamiza la luz a la que se escribe la historia, ésta a su vez, hurgando en las raíces de aquélla, también condiciona (¿no lo hace, acaso, ese atisbo de vocación federal que la investigación desvela?) la contemplación de la norma fundamental.

En términos generales, y no sólo referidos ya al caso vasco, lo plantea entonces en nuestro AHDE Bartolomé Clavero, que no ceja en el empeño. Se diría que, viendo no sólo ya interés sino también resultados, quiere dar las orientaciones definitivas a la historia constitucional cuya eclosión persigue.

Esta vez el impulso no ha de venir, como cinco años antes, de una polémica, aunque parece que las condiciones se reproducen: ha publicado Clavero un *Manual de historia constitucional de España* del que tienen noticias los lectores del AHDE gracias a la siempre acechante Alicia Fiestas[56], mas las objeciones de la reseña, esta vez menos comprensivas, no tienen directa respuesta; mejor parece recibirse el mensaje del *Manual* en una revista relativamente atenta a la historia pese a que no sea éste su principal objeto[57]. No, no hay polémica directa, aunque sean de análisis historiográfico los dos artículos en los que, en 1989 y 1990, desgrana Clavero sus indicaciones más sustantivas[58].

El tono es de denuncia y los objetivos, de ruptura. No son características nuevas, pero tal vez sea aquí donde más exacerbadas se muestren. La historiografía que ha tomado como objeto la realidad constitucional —nos dicen estas temperamentales páginas— se ha venido irremediablemente tiñendo de política, convirtiéndose realmente en eso, en una historia-política que es una rémora para la conformación de una cultura constitucional de incidencia presente; ello ha podido suceder, entre otras cosas, porque dicha historiografía no ha sabido distanciarse de su objeto ni siquiera a través del imprescindible escrúpulo metodológico consistente en la identificación rigurosa y el cuidadoso manejo de las fuentes. Y esa resolución de la historia en política ha sido también consecuencia de la preferente atención dedicada al levantamiento del imponente edificio de los poderes estatales, en construcción desde los orígenes de la etapa contemporánea; una tal historiografía es cómplice entonces del triunfo histórico del constitucionalismo de poderes, que ha podido afirmarse aplastando al originario constitucionalismo de derechos.

La vehemente prédica de Clavero se produce en un momento en el que

56 Su recensión en AHDE 59 (1989), pp. 898-906.

57 José María Portillo, "¿Existe una historia constitucional de España? Reflexiones sobre un primer manual de esta especie", en *Revista de las Cortes Generales*, 24 (1991), pp. 295-341; la pregunta del título se justificaba por la provocadora negativa de Bartolomé Clavero, clausurando toda una historiografía tenida por tal y cuyas realizaciones más clásicas habían sido inventariadas y valoradas, sin plantearse por supuesto un rechazo tan global, por Francisco Tomás y Valiente, "Notas para una nueva historia del constitucionalismo español", en *Sistema*, 17-18 (1977), pp. 71-88, y ahora en *Obras Completas* (cit. en nota 5), vol. IV, pp. 3355-3372; la posición más pormenorizada de Bartolomé Clavero frente a esa historiografía puede consultarse en las páginas finales de su *Evolución histórica* (cit. en nota 44).

58 Bartolomé Clavero, "Materiales primeros" (cit. en nota 2) y "De un derecho, la constitución, y un revés, la historia", en AHDE 60 (1990), pp. 607-632.

la celebración de un decenio constitucional es, recordémoslo, puramente local: la conmemoración relevante por entonces, en un ámbito jurídico-cultural mucho más amplio, es la del segundo centenario de la Revolución Francesa, o, más específicamente en términos constitucionales, de la Declaración primera europea de derechos individuales. La desviación de las consecuencias revolucionarias, codificación napoleónica mediante, hacia la minoración de libertades por la afirmación de la categoría absoluta de la ley, es denunciada y discutida en medio de los fastos del aniversario sobre todo por Paolo Grossi, que, emitiendo tenaz la desgarradora nota disonante de su "absolutismo jurídico", condena la consonancia del complaciente conjunto de concelebrantes[59].

Clavero lucha en el mismo frente: "¿Qué se podría realmente decir de la historiografía constitucional española? Para que nadie se ofenda, digamos que, haya sido factura ya de juristas, ya de historiadores, ha venido a encontrarse de lo más arraigada en las posiciones más *estatalistas*, con las distorsiones más exageradas de los períodos más constitucionales"; no se trata sólo de la crítica hacia la adopción de un punto de vista más o menos, según el crítico, equivocado, pues las consecuencias son mayores: "la historiografía tradicionalmente ha sido uno de los mecanismos de suplantación del derecho individual por el derecho estatal, de un constitucionalismo por otro". Siendo tan sombrío el panorama ("una presunta ciencia de cultivo y adoctrinamiento fundamentalmente universitarios, esta especie de inculturación, ya adopta un principio histórico distinto al constitucional genuino"), no había sin embargo razón para la desesperanza: "puede levantarse la hipoteca precisamente cuando llega la recuperación constitucional del derecho individual"[60]. Es tiempo propicio, y es la Constitución la que lo ha traído.

La oportunidad, de hecho, no se está desaprovechando del todo, y hay contribuciones de interés. No son del otrora diligente Valiente, que se sigue pensando el pasado de la Constitución mientras actúa su presente, pero la invocación de su nombre se justifica por el hecho de proceder de su escuela los más renovadores estudios, cercanos además a estos nuevos planteamien-

59 Preparando el terreno en su "Epicedio per l'assolutismo giuridico (dietro gli Atti di un Convegno milanese e alla ricerca di segni)", en QF 17 (1988), pp. 517-532, el texto tal vez más beligerante que su autor ha dedicado al mismo motivo puede leerse en español: "Absolutismo jurídico y derecho privado en el siglo XIX", discurso de investidura como doctor *honoris causa* por la Universidad Autónoma de Barcelona, Bellaterra, 1991, con versión italiana en la *Rivista di Storia del Diritto Italiano,* 64 (1991), pp. 5-17.

60 Los entrecomillados son de pp. 619-621 de Bartolomé Clavero, "De un derecho" (cit. en nota 58).

tos. Como si se estuviera desplegando un auténtico proyecto, se suceden las monografías que Tomás y Valiente dirige o anima, algunas de tan ambicioso aliento que el AHDE por extensión no puede recoger, como la de Marta Lorente sobre las infracciones a la Constitución gaditana[61], y otras de mayor concreción que sí pueden ser impresas en sus páginas: así las de Clara Álvarez Alonso sobre "El derecho de seguridad personal y su protección en las primeras etapas liberales", y Alicia Fiestas Loza sobre "La libertad de imprenta en las dos primeras etapas del liberalismo español", ambas publicadas en 1989[62]; a estas últimas sobre reconocimiento y limitación de derechos en el primer constitucionalismo, se une el propio Clavero en 1990 con su "Propiedad como libertad: la declaración del derecho de 1812", aplicación y despliegue de su aparentemente contagioso programa[63].

6. Cosecha tardía

Pareciera que la trayectoria última de nuestra revista había de significar un rompimiento de aguas definitivo y provocar en ella la continuidad de nuestra materia. Pero no es así: al relativo estruendo de 1989 y 1990 le siguen un corto murmullo en 1991, aislado en realidad pues no trae causa de las intervenciones inmediatamente anteriores[64], y el silencio absoluto en 1992. Ha sido pues, el del final de la primera década constitucional, un clamor sin eco; ni siquiera la voz de Clavero se hace oir, insólito fenómeno que el lector de AHDE no sabrá si atribuir ya al cansancio o a la afonía.

No hay nada de historia constitucional en esos primerísimos noventa, pero sería equivocado decir que no sucede en ellos nada relevante. No es la primera vez que tenemos que fijarnos en pequeños detalles. Este es uno: en el volumen de 1992 el nuevo director de la revista, cargo ahora unipersonal, firma unos corteses párrafos prologales que sirven de introducción a la recién estrenada etapa; el nombre que aparece al pie es el de Francisco Tomás y Valiente. Sí, ha vuelto, después de estar 12 años en la brecha constitucional

61 Marta Lorente Sariñena, *Las infracciones a la Constitución de 1812: un mecanismo de defensa de la Constitución*, con prólogo de Francisco Tomás y Valiente, Madrid, Centro de Estudios Constitucionales, 1988.

62 AHDE 59 (1989), pp. 283-350 y 351-490, respectivamente.

63 AHDE 60 (1990), pp. 29-101.

64 Miguel Ángel Pérez de la Canal, "Restablecimiento de la gobernación constitucional en el interior del Reino en 1820", en AHDE 61 (1991), pp. 549-577.

como magistrado y presidente del Tribunal que garantiza los derechos reconocidos en la primera norma, controla el cumplimiento de sus disposiciones y las interpreta. Ha permanecido silencioso en el AHDE y lo hemos imaginado atento y reflexivo[65]. Toma las riendas de la revista cuando en ella se encuentra en pleno reflujo la ciencia histórica constitucional, tras una oleada de esperanzadoras páginas que prometía más que lo que pudo finalmente cumplir.

El nuevo director no quiere limitarse a invitaciones a la participación ni anquilosarse en la continuidad. El tomo siguiente, doble (1993-1994), expresa con verdadera fuerza su notoria voluntad de cambio. Cualquiera puede comprobarlo, de un simple vistazo, en los estantes correspondientes de las bibliotecas de las Facultades de Derecho: el híbrido color naranja de Carande se sustituye por el básico color rojo, y la feble cartulina de Sánchez-Albornoz se convierte en rígida tapa dura. Se empiezan a notar las decisiones nuevas, pero la influencia de la renovadora dirección parece no permear todavía el contenido. Al componer el extenso volumen del bienio no se cuenta en la redacción con material suficiente como para sospechar que la negativa tendencia que parece apuntar vaya a invertirse. Hay un artículo de historia constitucional, es verdad, pero su presencia precisamente en ese primer tomo de la serie roja es sólo fruto de la rara conjunción de una azarosa coincidencia y una acogida generosa[66]. Hay también un largo y enjundioso artículo de Bartolomé Clavero, pero en apariencia no debe interesarnos: trata de objeto precontemporáneo, un *dictum* atribuido a San Bernardo que recorre los siglos bajomedievales y modernos[67]; trata también, y es finalidad epilogalmente expresa, de la imposibilidad de historiar un pasado tan culturalmente distante. Así nuestro autor parece querer espantar a los muchos historiadores del Derecho que aún cultivan esas etapas remotas, conduciéndoles a los más fructíferos campos de investigación situados al otro lado de las revoluciones burguesas; pero salvo ese giro estratégico, nada de sustancialmente constitucional aportaba esta vez Clavero.

O eso pensaba él. Resulta que a veces, efectivamente, la del AHDE se toma como respuesta profesional a las preguntas que de vez en cuando el presente

65 Sobre Tomás y Valiente y el AHDE en estos años, Bartolomé Clavero, *Tomás y Valiente* (cit. en nota 30), pp. 112 ss., 139, 144-146 y 155 ss.

66 Afirmaciones como ésta son inadmisiblemente arriesgadas salvo que se cuente con información privilegiada. Es el caso: el artículo en cuesión es "Ortografía y heterografía constitucionales (1869)", de Jesús Vallejo, publicado en AHDE 63-64 (1993-94), pp. 615-699.

67 Bartolomé Clavero, "*Beati dictum*: derecho de linaje, economía de familia y cultura de orden", en AHDE 63-64 (1993-94), pp. 7-148.

inopinadamente lanza, y sus contenidos trascienden el círculo estrecho de la disciplina: es difícil de creer, pero las páginas que explican la significación y tortuosa historia del dicho apócrifo de un santo son, de las escritas por Bartolomé Clavero, las de más concreta relevancia constitucional[68].

Piruetas jurisprudenciales aparte, aún otro artículo reclama nuestra atención en este doble volumen de tránsito. Francisco Tomás y Valiente ofrece su lectura de "Dos libros para una misma historia", que es la constitucional[69]. Son páginas breves, condicionadas por las obras de Pablo Fernández Albaladejo y de nuestro ya conocido José María Portillo que sirven de cimiento a sus reflexiones, pero con todo ello, y aun sin que se vea todavía con claridad la evolución en sus planteamientos epistemológicos (propone la distinción entre historia constitucional e historia del constitucionalismo, la primera referida al orden preliberal, y reconoce efectiva una historia constituyente), muestran su voluntad clara de incidencia en el terreno que nos interesa[70].

Esa voluntad se realiza plenamente en el siguiente volumen. Tomás y Valiente introduce entonces un cambio más en la revista. Lo explica en la "Presentación": considera "razonable fomentar la publicación conjunta de trabajos de investigación concentrados en un tema amplio, enfocado desde ángulos diversos pero convergentes", y como asume que "la elección del tema largo a estudiar corresponde, como parece natural, al director de la revista", ejercita su privilegio: "los orígenes del constitucionalismo español es el campo propuesto en esta ocasión al trabajo confluyente de todos". El resultado son nada menos que 700 buenas páginas de historia constitucional agrupadas dentro de la nueva sección "Tema monográfico"; y casi 100 más añadidas, si incluimos, como creo que se debe, las tres intervenciones de un debate ubicado en

68 Y es que contribuyeron a fundar la sorprendente Sentencia del Tribunal Constitucional 126/1997 (*Boletín Oficial del Estado* de 18 de julio). Relato y valoración de primera mano en Bartolomé Clavero, "Sexo de derecho, acoso de justicia (comentario de jurisimprudencia)", en *Revista Española de Derecho Constitucional*, año 18, número 52 (enero-abril 1998), pp. 189-217.

69 AHDE 63-64 (1993-94), pp. 1255-1266; ahora en *Obras Completas* (cit. en nota 5), vol. V, pp. 4297-4306. Y conviene recordar que también en este caso la Facultad de Derecho de Sevilla escuchó la viva voz de Valiente exponiendo sus planteamientos antes de ser publicados.

70 La evolución del pensamiento sobre historia constitucional de Francisco Tomás y Valiente es asunto principal del extenso homenaje de Bartolomé Clavero, *Tomás y Valiente* (cit. en nota 30), *passim*.

la sección de "Historiografía"[71], y un artículo más de "historia constitucional" en el sentido definido precisamente por Tomás y Valiente en el volumen anterior, que ocupa su lugar en la sección "Miscelánea"[72].

Señala además el director que no ha promovido la investigación que publica en el monográfico, sino que se ha limitado a aprovechar la que estaba en marcha. Dados los resultados, la declaración es interesante, porque nos induce a mirar al volumen de 1995 como fruto de un momento de feliz convergencia entre parte considerable de la ya notablemente activa historiografía constitucionalista española y el AHDE, siendo éste entonces receptáculo ocasional de una ciencia histórica constitucional que había ido creciendo sin vinculación necesaria ni directa, aunque sí con lógicas conexiones, a la revista. Tal vez hubiera llamadas no respondidas, pero parece claro que el poder de convocatoria de Tomás y Valiente es esencial para componer el tomo. La operación podía haber cuajado con su repetición en posteriores volúmenes, aun sin periodicidad anual, pero es claro que, en este caso, el oportuno manejo por parte del director de los recursos disponibles es lo que produce el brillante resultado que está a la vista.

El propio Tomás y Valiente encabeza el notabilísimo volumen con la que es su aportación más sustancial a la revista que conduce, estudiando cercanías y distancias entre constitución histórica —sobre la que ofrece también sólida y contigua información Santos Coronas[73]— y Constitución gaditana, en un análisis que, lejano no sólo en el tiempo a su anterior intervención constitucional en el AHDE, la de 1980, determina ya el contexto histórico propio en el que habían de ser leídos los restantes estudios[74].

71 Bartolomé Clavero, "Cádiz entre indígenas (Lecturas y lecciones sobre la constitución y su cultura en la tierra de los mayas)"; Clara Álvarez Alonso, "El Derecho, los indígenas y el Derecho indígena (Algunas consideraciones sobre *Derecho indígena y cultura constitucional en América*, de Bartolomé Clavero)"; Bartolomé Clavero, "Colonos y no indígenas. ¿Modelo constitucional americano? (Diálogo con Clara Álvarez)", tres artículos contiguos que cubren en conjunto las pp. 931-1021 de AHDE 65 (1995).

72 Pablo Fernández Albaladejo, "*De Regis Catholici praestantia*: una propuesta de 'Rey Católico' desde el Reino Napolitano en 1611", en AHDE 65 (1995), pp. 913-927.

73 Santos M. Coronas González, "Las Leyes Fundamentales del Antiguo Régimen (Notas sobre la constitución histórica española)", en AHDE 65 (1995), pp. 127-218.

74 Francisco Tomás y Valiente, "Génesis de la Constitución de 1812. De muchas Leyes fundamentales a una sola Constitución", en AHDE 65 (1995), pp. 13-125, ahora en *Obras Completas* (cit. en nota 5), vol. V, pp. 4449-4555; hay recentísima traducción italiana en edición exenta, bajo el título *Genesi di un costituzionalismo euro-americano. Cadice 1812*

Entre éstos hay aportaciones relevantes sobre fuentes, ese requerimiento básico que pudo estimarse poco antes desatendido, según sabemos (José Luis Bermejo aclarando aspectos oscuros de la obra de Martínez Marina[75], Alicia Fiestas reconstruyendo la difícil historia inicial de la publicación de los debates parlamentarios[76], Enrique Gacto examinando incisivamente la trayectoria de un notable representante del periodismo político de la época[77], ofreciendo todos ellos criterios imprescindibles para valorar la información que los textos transmiten), hay trabajos de profundización en la composición territorial compleja de la España peninsular doceañista (José María Portillo sobre la interconexión entre nación representada y nación constituida[78], Carmen Muñoz de Bustillo sobre el fascinante caso, y olvidado, de Asturias, que tuvo la posibilidad de entrar en la historia constitucional integrada, sí, en la nación española pero conservando a la vez una posición propia que, en las convulsiones de las primeras décadas del siglo, no pudo o acaso no quiso mantener[79]), un originalísimo ensayo de comprensión de la Constitución desde un elemento que venía tomándose, en el mejor de los casos, como secundario o accesorio, el juramento, desvelado aquí como punto de vista privilegiado para el entendimiento de la norma fundamental gaditana (Marta Lorente)[80], un acercamiento a aspectos tan sensibles del

(Con un'autobiografia dell'autore), con una "Prefazione" de Andrea Romano, Milano, Giuffrè (traducción de Ada Aragona, M. Antonella Cocchiara y Octavio Salazar Benítez, y revisión del texto por M. Antonella Cocchiara), 2003. Sobre su significación en el conjunto de su obra, o más exactamente en su tramo final, Bartolomé Clavero, *Tomás y Valiente* (cit. en nota 30), especialmente pp. 207 ss. [El trabajo de Francisco Tomás y Valiente que centra esta nota ha sido de nuevo reeditado por la editorial Urgoiti, Pamplona, 2011, con prólogo de Marta Lorente].

75 José Luis Bermejo Cabrero, "Tríptico sobre Martínez Marina", en AHDE 65 (1995), pp. 219-265.

76 Alicia Fiestas Loza, "El *Diario* de sesiones de las Cortes (1810-1814)", en AHDE 65 (1995), pp. 533-558.

77 Enrique Gacto, "Periodismo satírico e Inquisición en Cádiz: la *Abeja Española*", en AHDE 65 (1995), pp. 633-701.

78 José María Portillo Valdés, "Imaginación y representación de la nación española. (El debate sobre la naturaleza de la representación nacional y la *tentativa* de Francisco Xavier Uriortua)", en AHDE 65 (1995), pp. 267-320.

79 Carmen Muñoz de Bustillo, "De Corporación a Constitución: Asturias en España", en AHDE 65 (1995), pp. 321-403 [ahora en Carmen Muñoz de Bustillo, *Historia. Derecho. Territorio*, Sevilla, Universidad, 2014].

80 Marta Lorente, "El juramento constitucional", en AHDE 65 (1995), pp. 585-632.

periodo como son los que afectan a la concepción de los poderes de los diputados, cuya naturaleza es esencial para conocer hasta qué punto fueron efectivamente liberales las Cortes de Cádiz (Salustiano de Dios)[81], un estudio estrictamente jurídico de la potestad reglamentaria, que conjura los peligros tanto de un abordaje político de menor rigor, como de un tratamiento técnico de menor penetración, y se dirige a desentrañar los modos de decisión y ejecución propios del constitucionalismo gaditano (Carlos Garriga)[82], y un desvelamiento desmitificador del primer pensamiento liberal sobre derechos, vigorosamente marcado en el trágico giro que señala el último término de su título: "Libertad y propiedad. El primer liberalismo y la esclavitud" (Clara Álvarez)[83].

7. Barbecho

La apoteosis de 1995 es desbordante: en el volumen del año siguiente aún se incluyen dos estudios que podrían perfectamente haber ocupado su lugar en esa celebración de la Constitución de 1812 que el director del AHDE propiciara: José Luis Bermejo Cabrero escribe sobre "Prensa política en los orígenes del constitucionalismo (Cinco aproximaciones al tema)", y Joaquín Varela Suanzes, destacado estudioso de la materia a la que hemos venido atendiendo, titula su primer acercamiento sustantivo a nuestra revista "La Monarquía imposible: la Constitución de Cádiz durante el Trienio"[84].

Pero este último estudio ya está dedicado "A la memoria de Francisco Tomás y Valiente". Hay una página de "Presentación" en el volumen de 1996, firmada por el nuevo director Enrique Gacto, en la que expresa el dolor colectivo por el asesinato, el 14 de febrero de ese año, de su predecesor en el cargo. Con el retraso habitual en la edición de los tomos, también da tiempo a que se imprima la noticia de la celebración de un Congreso Internacional en su memoria: Carlos Garriga, su cronista, afirma que ha "supuesto... un notable replanteamiento de la problemática del primer constitucionalismo español,

81 Salustiano de Dios, "Los poderes de los diputados", en AHDE 65 (1995), pp. 405-448.

82 Carlos Garriga, "Constitución, ley, reglamento: el nacimiento de la potestad reglamentaria en España (1810-1814, 1820-1823)", en AHDE 65 (1995), pp. 449-531.

83 En AHDE 65 (1995), pp. 559-583.

84 AHDE 66 (1996), pp. 615-652 y 654-687 respectivamente.

que habrá de rendir sus frutos en los próximos años"[85]. Los rinde, y considerables, en la publicación de las Actas del Congreso[86]; pero ¿y en el AHDE?

En el AHDE no. Parece que otra vez la historia constitucional camina, esquiva, por sendas ajenas a sus páginas. Los dos volúmenes en que se divide el extenso número de 1997, de homenaje a Francisco Tomás y Valiente, ofrecen un relativamente escaso bagaje de aportaciones directas teniendo en cuenta la amplitud de la convocatoria. La ocasión, de circunstancias, no favorecía la profundidad en el tratamiento, y por eso tal vez lo más destacable sea tanto la apertura de la cronología (con el precedente ilustrado[87], el entorno gaditano[88], y acercamientos dispersos a diversa problemática constitucional de los siglos XIX y XX[89]), como la visible y consciente trascendencia constitucional de diferentes aspectos de la historia jurídica no sólo contemporánea[90], inclu-

85 Carlos Garriga, "Seminario Internacional de estudios sobre constitucionalismo en memoria de Francisco Tomás y Valiente", en AHDE 66 (1996), pp. 1255-1257.

86 Andrea Romano (a cura di), *Il modello costituzionale inglese e la sua recezione nell'area mediterranea tra la fine del 700 e la prima metà dell'800. Atti del Seminario Internazionale di Studi in memoria di Francisco Tomás y Valiente (Messina, 14-16 novembre 1996)*, Milano, Giuffrè, 1998.

87 Santos M. Coronas González, "El motín de 1766 y la constitución del Estado", en AHDE 67 (1997), pp. 707-719; José María Portillo Valdés, "Locura cantábrica, o la república en la monarquía. Percepción ilustrada de la constitución vizcaína", en AHDE 67 (1997), pp. 749-775.

88 Andrea Romano, "En los albores del constitucionalismo europeo: la *Carta* siciliana de 1812", en AHDE 67 (1997), pp. 777-797; Raquel Rico Linage, "Constitución, Cortes y opinión pública: Sevilla, 1809", en AHDE 67 (1997), pp. 799-819; Carmen Muñoz de Bustillo, "Los antecedentes de las Diputaciones provinciales o la perpleja lectura de un pertinaz lector", en AHDE 67 (1997), pp. 1181-1191 [ahora en Carmen Muñoz de Bustillo, *Historia. Derecho. Territorio*, Sevilla, Universidad, 2014].

89 Jesús Vallejo, "Orden, libertad, justicia: figuración constitucional republicana (1873)", en AHDE 67 (1997), pp. 821-845; Beatriz Bernal Gómez, "Propuestas y proyectos constitucionales en la Cuba del siglo XIX", en AHDE 67 (1997), pp. 861-872; Jorge J. Montes Salguero, "La lucha por el sufragio: Clara Campoamor", en AHDE 67 (1997), pp. 847-859.

90 Carlos Garriga, "La *enfermedad política* de Cataluña: en torno a la Diputación de los Colegios y Gremios de Barcelona (1773-1775)", en AHDE 67 (1997), pp. 721-748; José Sarrión Gualda, "La Instrucción de 23 de junio de 1813 para el gobierno económico-político de las provincias y la *rebelión* de sus Diputaciones", en AHDE 67 (1997), pp. 1195-1213; Fernando Martínez, Marta Lorente y Reinaldo López, "Amparos posesorios y presentación de títulos. La abolición del señorío jurisdiccional, Casa Aranda-Híjar (1811-1854)", en AHDE 67 (1997), pp. 1447-1464.

yendo los cercanos terrenos de la historia administrativa y judicial[91]. Mas si miramos en conjunto este ramillete de contribuciones, el considerable esfuerzo de reflexión y construcción del decenio anterior no se aprecia lo suficiente.

Tal vez carezcamos aún de perspectiva para enjuiciar el rumbo histórico-constitucional del AHDE después de 1995. Creo que la falta de continuidad, ese morbo recurrente, se manifiesta de nuevo en los últimos números, y es difícil apreciar hasta qué punto este hecho se debe a que el cargado volumen de dicho año apareciera ya un poco tarde, o a que quien lo dirigió desapareciera, como fue lamentablemente el caso, demasiado pronto. Hasta ese volumen, con sus ecos en los números de 1996 y 1997, no es que nos haya mostrado el AHDE una imagen exacta de los *neue Wege* de la historia constitucional en España, pero sí creo que fue llevando una trayectoria particular bastante representativa de lo que iba ocurriendo fuera de sus páginas, reflejando carencias y abundancias, avances y retrocesos. El pequeño mundo del AHDE estaba en sintonía con el universo exterior, aun con notabilísimas lagunas y casi —diríamos— a pesar suyo, en virtud de esa pesante inercia propia de revista de especialidad académica, plural y sin programa, que arrastra desde su fundación.

Esa sintonía parece haber quebrado, pues mientras una poderosísima producción monográfica florece al margen de anuarios[92], va quedando en el AHDE sólo un goteo mortecino de contribuciones desiguales: las más sustantivas son de José Luis Bermejo en 1998 (ha cambiado de nuevo la dirección de la revista; ha vuelto la cartulina naranja), que incide en materia de reconocimiento y garantía de libertad bajo el régimen constitucional gaditano[93],

91 A. Carlos Merchán Fernández, "Las Ordenanzas fiscales de los Ayuntamientos constitucionales previas al Estatuto municipal (1870-1924)", en AHDE 67 (1997), pp. 1355-1365; Juan Baró Pazos, "Notas acerca de la formación de la jurisprudencia del Tribunal Supremo hasta la codificación del Derecho civil", en AHDE 67 (1997), pp. 1511-1524.

92 Permítaseme ejemplificar en unos pocos títulos, aunque su examen salga de nuestro objeto: Fernando Martínez Pérez, *Entre confianza y responsabilidad. La justicia del primer constitucionalismo español (1810-1823)*, Madrid, Centro de Estudios Políticos y Constitucionales, 1999; José María Portillo Valdés, *Revolución de nación. Orígenes de la cultura constitucional en España, 1780-1812*, Madrid, Centro de Estudios Políticos y Constitucionales, 2000; Marta Lorente Sariñena, *La voz del Estado. La publicación de las normas (1810-1889)*, Madrid, Boletín Oficial del Estado - Centro de Estudios Políticos y Constitucionales, 2001.

93 José Luis Bermejo Cabrero, "La Junta de Protección de la Libertad de Imprenta en el Trienio liberal", en AHDE 68 (1998), pp. 11-44.

y la de Bartolomé Clavero en 1999, que escarba en la herida absolutista que infligiera Paolo Grossi a la historiografía jurídica contemporánea[94]. Por lo demás, también en 1999 María Dolores Álamo Martell se acerca brevísimamente a las "Repercusiones de la Constitución gaditana de 1812 en el Reino de Cerdeña"[95], y en 2001 Santos Coronas, fiel a su línea, diserta sobre "Príncipe y Principado de Asturias: Historia dinástica y territorial de un título"[96]; ese mismo año Antonio Linage Conde nos muestra a un "Francisco Tomás y Valiente (1932-1996) en la historiografía jurídica de España" irreconocible desde las páginas que el lector tiene en sus manos[97]. Nada que nos afecte encontramos en los volúmenes de 2000 y 2002; cuando escribo estas líneas, el correspondiente al año 2003 aún no ha visto la luz, e ignoro si aprovechará el vigésimo quinto aniversario.

A partir de mediados de los años noventa, pues, lo que sí parece poder decirse es que el AHDE ha perdido la oportunidad de convertirse, de forma intermitente o continua, con sección fija o sin ella, en revista de esa potencial disciplina de Historia Constitucional que hemos visto en formación. Parece que no quiso nunca, tal vez con buen criterio, aprovecharla[98], pero tuvo la posibilidad, pues las otras publicaciones periódicas que venían dando acogida a la historiografía pertinente (la *Revista de las Cortes Generales*, la *Revista de Estudios Políticos*, la *Revista del Centro de Estudios Constitucionales*, la *Revista Española de Derecho Constitucional*..., o las histórico-jurídicas de trayectoria más reciente y rigurosa, como *Initium* o *Ius Fugit*...) no podían constituir alternativa, unas por su carácter no histórico, y otras por su vocación hacia la cronología amplia propia de la especialidad. La carencia en cualquier caso se siente y otras revistas van cubriendo ya el evidente vacío: *Fundamentos* desde 1998[99], *Historia Constitucional (Revista Electrónica)* desde 2000[100]. No cancelan, por el momento, la dispersión, con sus focos también fuera de nuestras fronteras: sobre todo, los rigurosos *Quaderni Fiorentini*

94 Bartolomé Clavero, "*La Paix et la loi*. ¿Absolutismo constitucional?", en AHDE 69 (1999), pp. 603-645; la paradoja es que resultó en su momento herido el propio AHDE: véase Bartolomé Clavero, *Tomás y Valiente* (cit. en nota 30), p. 202.

95 AHDE 69 (1999), pp. 359-365.

96 AHDE 71 (2001), pp. 49-73.

97 AHDE 71 (2001), pp. 585-619.

98 Bartolomé Clavero, *Tomás y Valiente* (cit. en nota 30), p. 157.

99 Tampoco de modo absolutamente específico: *Fundamentos. Cuadernos Monográficos de Teoría del Estado, Derecho Público e Historia Constitucional.*

100 Acceso en http://hc.rediris.es.

per la Storia del Pensiero Giuridico Moderno de Florencia, a los que ahora acompaña el vivaz *Giornale di Storia Costituzionale* de Macerata.

Nuestro AHDE, como terreno de cultivo de historia constitucional, parece de momento agotado. La verdad es que hay que reconocerle, en conjunto, el esfuerzo. Dejémosle descansar por ahora, que a la vuelta de otro cuarto de siglo quizás convenga echar otra ojeada.

Índice onomástico

PROGRAMA HISTORIA DEL DERECHO
PUBLICACIONES

1. Luis Grau, *Origenes del constitucionalismo americano. Corpus documental bilingüe / Selected Documents Illustrative of the American Constitutionalism. Bilingual edition*, 3 vols., Madrid 2009, 653+671+607 pp.
http://hdl.handle.net/10016/5669

2. Luis Grau, *Nosotros el pueblo de los Estados Unidos. La Constitución de los Estados Unidos y sus enmiendas. 1787-1992. Edición bilingüe / We the People of the United States. The U.S. Constitution and its Amendments. 1787-1992. Bilingual edition*, Madrid 2010, 338 pp.
http://hdl.handle.net/10016/8517

3. Carlos Petit, *Fiesta y contrato. Negocios taurinos en protocolos sevillanos (1777-1847)*, Madrid 2011, 182 pp.
http://hdl.handle.net/10016/10145

4. Pablo Mijangos y González, *El nuevo pasado jurídico mexicano. Una revisión de la historiografía jurídica mexicana durante los últimos 20 años*, Madrid 2011, 110 pp.
http://hdl.handle.net/10016/10488

5. Luis Grau, *El constitucionalismo americano. Materiales para un curso de historia de las constituciones*, Madrid 2011, xxii+282 pp.
http://hdl.handle.net/10016/11865

6. Víctor Tau Anzoátegui, *El taller del jurista. Sobre la Colección Documental de Benito de la Mata Linares, oidor, regente y consejero de Indias*, Madrid 2011, 175 pp.
http://hdl.handle.net/10016/12735

7. Ramon Llull, *Arte de Derecho*, estudio preliminar de Rafael Ramis Barceló, traducción y notas de Pedro Ramis Serra y Rafael Ramis Barceló, Madrid 2011, 178 pp.
http://hdl.handle.net/10016/12762

8. Consuelo Carrasco García, *¿Legado de deuda? A vueltas con la Pandectística*, Madrid 2011, 158 pp.
http://hdl.handle.net/10016/12823

9. Pio Caroni, *Escritos sobre la codificación*, traducción de Adela Mora Cañada y Manuel Martínez Neira, Madrid 2012, xxvi + 374 pp.
http://hdl.handle.net/10016/13028

10. Esteban Conde Naranjo (ed.), *Vidas por el Derecho*, Madrid 2012, 569 pp.
http://hdl.handle.net/10016/13565

11. Pierangelo Schiera, *El constitucionalismo como discurso político*, Madrid 2012, 144 pp.
http://hdl.handle.net/10016/13962

12. Rafael Ramis Barceló, *Derecho natural, historia y razones para actuar. La contribución de Alasdair MacIntyre al pensamiento jurídico*, Madrid 2012, 480 pp.
http://hdl.handle.net/10016/13983

13. Paola Miceli, *Derecho consuetudinario y memoria. Práctica jurídica y costumbre en Castilla y León (siglos XI-XIV)*, Madrid 2012, 298 pp.
http://hdl.handle.net/10016/14294

14. Ricardo Marcelo Fonseca, *Introducción teórica a la historia del derecho*, prefacio de Paolo Cappellini, Madrid 2012, 168 pp.
http://hdl.handle.net/10016/14913

15. Alessandra Giuliani, *Derecho dominical y tanteo comunal en la Castilla moderna*, Madrid 2012, 134 pp.
http://hdl.handle.net/10016/15436

16. Luis Grau, *An American Constitutional History Course for Non-American Students*, Madrid 2012, xx + 318 pp.
http://hdl.handle.net/10016/16023

17. Antonio Ruiz Ballón, *Pedro Gómez de la Serna (1806-1871). Apuntes para una biografía jurídica*, Madrid 2013, 353 pp.
http://hdl.handle.net/10016/16392

18. Tamara El Khoury, *Constitución mixta y modernización en Líbano*, prólogo de Maurizio Fioravanti, Madrid 2013, 377 pp.
http://hdl.handle.net/10016/16543

19. María Paz Alonso Romero/Carlos Garriga Acosta, *El régimen jurídico de la abogacía en Castilla (siglos XIII-XVIII)*, Madrid 2013, 337 pp.
http://hdl.handle.net/10016/16884

20. Pio Caroni, *Lecciones de historia de la codificación*, traducción de Adela Mora Cañada y Manuel Martínez Neira, Madrid 2013, 213 pp.
http://hdl.handle.net/10016/17310

21. Julián Gómez de Maya, *Culebras de cascabel. Restricciones penales de la libertad ambulatoria en el Derecho codificado español*, Madrid 2013, 821 pp.
http://hdl.handle.net/10016/17322

22. François Hotman, *Antitriboniano, o discurso sobre el estudio de las leyes*, estudio preliminar de Manuel Martínez Neira, traducción de Adela Mora Cañada, Madrid 2013, 211 pp.
http://hdl.handle.net/10016/17855

23. Jesús Vallejo, *Maneras y motivos en Historia del Derecho*, Madrid 2014, 184 pp.
http://hdl.handle.net/10016/18090

Made in the USA
Las Vegas, NV
12 April 2026

45216982R00105